E-Book inside

Mit dem Kauf dieses Buchs erhalten Sie das zugehörige E-Book gratis. Sie können dabei aus zwei Dateiformaten wählen: EPUB (gängiges Format für E-Reader und Tablets) und PDF (für PC und Laptop). So kommen Sie an Ihr kostenloses E-Book:

Rufen Sie im Internet diese Website auf:
↗ http://www.junfermann.de/ebook-inside

Geben Sie den unten stehenden Code in das dafür vorgesehene Feld ein und klicken Sie → Code einlösen. Nach Eingabe Ihrer E-Mail-Adresse und Auswahl des E-Book-Formats erhalten Sie sofort einen Download-Link für das gewünschte E-Book an Ihre E-Mail-Adresse.

Bitte beachten Sie, dass der Code für Sie personalisiert wird und nur einmal gültig ist. Die Datei müssen Sie zunächst auf Ihrem Computer speichern, bevor Sie sie auf ein mobiles Endgerät überspielen können.

RLMUSFJZ

Joanna Lisiak

Trauerrituale – in neuer Form verbunden

www.junfermann.de

planetpsy.de

blogweise.junfermann.de

www.facebook.com/junfermann

x.com/junfermann

www.youtube.com/user/junfermann

www.instagram.com/junfermannverlag

JOANNA LISIAK

TRAUERRITUALE – IN NEUER FORM VERBUNDEN

Junfermann Verlag
Paderborn
2024

Copyright © Junfermann Verlag, Paderborn 2024

Coverbild © Pansfun Images / Stocksy (AdobeStock)

Covergestaltung / Reihenentwurf JUNFERMANN Druck & Service GmbH & Co. KG, Paderborn

Satz & Layout JUNFERMANN Druck & Service GmbH & Co. KG, Paderborn

Bibliografische Information der Deutschen Nationalbibliothek: Die Deutsche Nationalbibliothek verzeichnet diese Publikation in der Deutschen Nationalbibliografie; detaillierte bibliografische Daten sind im Internet über http://dnb.d-nb.de abrufbar.

ISBN 978-3-7495-0557-9
Dieses Buch erscheint parallel als E-Book.
ISBN 978-3-7495-0558-6 (EPUB), 978-3-7495-0559-3 (PDF).

MIX
Papier | Fördert gute Waldnutzung
FSC® C013205

Hinweise

Bei einer stark ausgeprägten Trauer, ob sie sich physisch oder psychisch zeigt, können Rituale keine psychotherapeutische oder ärztliche Behandlung ersetzen. Die im Buch beschriebenen Rituale können keine Wunder bewirken, aber möglicherweise eine gewisse Milde in den inneren Prozess bringen. Es handelt sich um ein unterstützendes Angebot, um Ideen, aus denen man schöpfen kann. Es ist eine Einladung, sich darauf einzulassen, spielerisch und mit offenem Herzen auszuprobieren, was in einem resoniert, was einen anspricht oder was man mit dem verbinden kann, was man bereits selbst praktiziert.

Zugunsten einer besseren Lesbarkeit verwende ich an manchen Stellen nur die männliche Form. Frauen sind jedoch stets mitgemeint.

Inhalt

Warum Rituale für mich wichtig sind

Nach einem persönlichen Verlust suchte ich Wege, um auf möglichst verschiedene Weisen in Verbindung mit meinem geliebten Menschen zu sein. Ich fand viele Möglichkeiten, wobei die Rituale einen ganz besonderen Platz im Prozess einnahmen, wie ich nach und nach merkte. Rituale sind per se von einem bleibenden Wert. Sie sind zugänglich und durchführbar, wann immer ich es möchte. Es gibt keinen „Trauerprozess", der sich in dieser oder jener Weise entwickeln könnte, sondern im Gegenteil: Rituale trotzen den Prozessen, sie sind etwas ganz und gar Eigenes. Sie verdeutlichen den sichtbaren und gangbaren Weg, um der Verbundenheit und der Liebe, die bleiben, Ausdruck zu verleihen. Einen Ausdruck, der zu einem neuen Eindruck wird und welcher sich fortsetzt.

Die Trauer bringt alles durcheinander. Alles ist anders. Nichts kann je wieder so sein, wie es war. Vieles ist infrage gestellt. Die Strukturen zerfallen. Die Zukunft sieht ohne den geliebten Menschen unwirklich und düster aus. Das Lebensgefühl ist das eines verlorenen Kampfes, einer persönlichen Niederlage. Man fühlt sich so allein wie der letzte Mensch auf Erden. Ein Mensch, der untröstlich bleibt und dem nichts und niemand helfen kann. Außer, wenn die Umkehrung des Unumkehrbaren sich vollzöge.

Das Fühlen ist in dieser Zeit ein diffuses Durcheinander. Das Denken verkommt zu purem Chaos. Man fühlt sich ohnmächtig und spürt in sich die Lethargie und die Leere wachsen. Wünsche und Hoffnungen werden zu Hohlkörpern und man wünscht sich irgendetwas, das einem eine Stütze sein könnte. Die Lyrikerin Hilde Domin sprach von einer „Rose als Stütze". Auch wenn wir diese Rose noch nicht sehen können, sie vielleicht nicht zu wünschen wagen, so hoffen wir innerlich doch, irgendetwas zu fassen zu bekommen, egal wie klein und zart es auch ist: einen Halm, ein undeutliches Zeichen, ein bisschen Ordnung, ein Mü Hoffnung. Man wünscht sich, wieder zuversichtlich zu sein, denn genau das ist einem anscheinend durch die Trauer und den Verlust abhandengekommen.

Vor allem fehlt einem die geliebte Person so unermesslich und unendlich. Wir möchten mit ihr im Austausch sein, mit ihr teilen. Wir vermissen ihren Beistand, ihren Rat oder ihre wohlwollende Art, die uns Sicherheit gab. Dass der geliebte Mensch physisch nicht mehr ist, ist schier oder überhaupt unbegreiflich und in gewissen Momenten kaum auszuhalten. Hier kann ein Ritual, das physischer Natur und in sich etwas Abgeschlossenes ist, das sich in Raum und Zeit abspielt, entgegenwirken. Es kann mich aus meinen inneren Räumen entführen und in neue Räume überführen – die da sind, wenn ich sie öffne.

Ich fand viele Wege, die gut für meine Trauer waren und sind, die sich weiterhin bewähren und die ich nicht missen möchte: Gespräche, innere bewusste Reisen, Meditieren, das Schreiben in vielen Formen, ob literarisch, ob als Tagebuch, in Zusammenfassungen meiner spirituellen Erfahrungen oder durch das Verändern alter Gewohnheiten. Doch es entwickelte sich in mir auch der große Wunsch nach Ritualen, insbesondere an speziellen Tagen, die ich mehr hervorheben, als dass ich sie vorbeiziehen lassen wollte. Zunächst war mir nicht bewusst, dass es Rituale waren, die ich suchte. Ich wollte solche Tage dann aber gestalten, ihnen Form und Absicht verleihen, sie in einen Ablauf betten, sie mit einem bestimmten Gefühl, einer Sprache jenseits der Sprache verbinden. Ich wollte das, was ich ohnehin lebe – die Verbindung mit meinem geliebten Menschen zu pflegen –, zusätzlich in einer äußeren Form darlegen. Das heißt nichts anderes als die Verbindung zu leben, zu fühlen, zu intensivieren und durch das Gestaltungselement Ritual alles nochmalig steigern, leicht umwandeln, in eine neue Sichtweise rücken.

Die Rituale fanden mich nach und nach von selbst. Sie boten sich an, während ich meine innere Reise machte. Bald gab es mehr Rituale als Tage. Sie kamen wohl auch deswegen mit einem gewissen Tempo und einer Dringlichkeit, weil sie alle derselben Familie entstammen und weil sie vielleicht nicht mir allein galten, sondern auch anderen Trauernden respektive Liebenden helfen könnten.

Ich mag das Wort „Trauerarbeit“ nicht, und gerade die Rituale sind für mich nicht darunter einzugliedern. Sie haben hierfür einen zu eigenständigen und einen viel zu erhebenden Charakter. Sie sind auch nicht der Fluss, der strömt, sondern sie sind gewissermaßen der aufgestaute Fluss, in den man bewusst baden geht. Sie sind das, was man „Erinnern mit Form“, „Verbinden durch Gestaltung“ nennen könnte.

Rituale sind für mich persönlich Samen geworden, die ich gerne über eine große weite Wiese säe, die dann mehr und mehr erblüht, die zunehmend in immer weiteren Farben prächtig strahlt. Es ist eine geschaffene, eine neue Natur und auch eine Natur, die für sich und aus sich heraus lebt und weiterwächst. Ich bin an ihrer Entstehung beteiligt. Ich darf an ihrer Entwicklung und Entfaltung teilhaben. Ich kann ihr helfen, zu sein, so, wie mir diese Natur hilft, einen gewissen inneren Frieden zu finden. Bereits der Anblick ihrer Pracht ist ein Geschenk an mich. Das Wissen, dass sie als Ort existiert, besänftigt mich. Meine Saat ist mein Geschenk an diese Natur und sie gibt es mir auf ihre Weise in vielfacher Art zurück.

Ein Ritual kann die Hand sein, die unsichtbar nach einem greift und eine Richtung weist. So kurz ein Ritual auch immer währt, es kann eine erste kleine Oase sein, auf der man ausruhen darf. Ein Ritual ist eine Brücke, über die ich zum anderen Ufer gehen kann und die mich von meiner eigenen Uferseite nicht wegdrängt. Rituale sind temporäre, friedliche Zufluchtsorte. Sie sind Wunder, auch wenn sie die Trauer nicht abschaffen können. Doch sie setzen ihr etwas Feierliches entgegen. Sie laden zum Perspektivwechsel ein. Rituale lassen die Trauernden sich als Menschen wieder anders spüren: distanzierter und innerlicher in einem. Ein Ritual ist ein bewusster Akt und wer es ausführt, ist zumindest währenddessen aufgehoben und geschützt vor der aktuellen Wirrnis in seinem Leben; sie kann ihn nicht überwältigen. Dies bedeutet allerdings nicht, dass Rituale selbst einen nicht überwältigen können. Sie tun es durchaus. Aber auf wundersame Weise: liebevoll, heilend, harmonisch, kräftig.

Rituale in der Trauer bringen die vorhandene lähmende Starre und Hilflosigkeit in Bewegung. Diese äußere Bewegung hat eine Auswirkung auf das Innere der Trauernden. Ein Ritual konfrontiert den Menschen, was nicht ohne Wirkung bleibt. Es kann ein lichtvoller Türöffner zu anderen Wahrnehmungen sein und manchmal sogar in andere Welten entführen. Wir verlassen die Welt der Ratio, geben uns hin und lassen uns auf die Form ein: körperlich, geistig, seelisch. Oftmals kommt dabei eine Klarheit heraus, die man durch rein rationelles Denken nicht erreichen würde, die aber am Ende zu Teilen just in diese Ratio führt. Ein Ritual ist immer eine mehrdimensionale Reise.

Nicht nur vom Ereignis oder vom Alltag hebt sich ein Ritual ab; es verdeutlicht überhaupt, was alles zum Leben dazugehören kann. Woraus es sich zusammensetzt, gerade, wenn es zersplittert erscheint. Ein Ritual kann ein anderes Denken hervorbringen und auch die Empfindungen in andere Bahnen lenken. Es kann das Festgefahrene von innen her auflockern. Es lässt die Trauer, das Chaos, das Profane des Alltags hinter sich, um sich demütig und durch Zuwendung zum Moment hin zu erhöhen, zu steigern, zu vertiefen. Die Qualität von Ritualen lässt sich schwer bemessen, aber eine Wirkung haben sie, das ist Fakt.

Raum für Rituale zu schaffen bedeutet auch, mehr Raum für sich selbst zu schaffen. Wenn man sie mit und für den geliebten Menschen macht, heißt das im Folgeschluss nicht weniger, als in diesem Raum Zeit mit der geliebten Person zu verbringen und Zeit für sich zu gewinnen.

Auch wenn einige Rituale rein äußerlich verlaufen, so zeigen sie doch Wege ins Innere. Sie erleichtern den Druck des erlittenen Schmerzes, den man selbst vielleicht (noch) gar nicht wahrnimmt. Zudem sorgen bewusst ausgeführte Rituale für eine besondere Langsamkeit, die für sich genommen einen Genuss in sich trägt. Und Rituale schaffen noch etwas anderes: Der Gedankenballast und der „Overload“ der Gefühle können geradezu mühelos zur Seite gelegt werden, was mit bewusstem, sprich rationalem Arbeiten oftmals nicht gelingt.

Man führt in einem Ritual etwas zusammen, das auseinander zu liegen scheint, und Verklumptes zerlegt man in einzelne Stücke. Das Ergebnis ist nie klar einheitlich und absehbar. Es gibt keine Noten zu vergeben und keine Erfolge einzuheimsen. Wer jedoch aufrichtig und mit Offenheit an ein Ritual herangeht, wird am Ende etwas finden, das man mit Attributen wie „wirkungsvoll“ oder gar „heilsam“ versehen kann.

Wenn die Trauer nicht mehr so stark spürbar ist, sind Rituale, die man ausüben möchte, in einer Form aufgehoben, die die Verbundenheit mit dem geliebten Verstorbenen wieder intensiviert und gestaltend weiterträgt. Sie sind weder Fesseln, noch haben sie etwas mit dem allgemein gepredigten Loslassen zu tun. Und nichtsdestotrotz ist die Anbindung zum geliebten Menschen via Ritual ein Befreiungsschlag. Man merkt: Man muss hier nicht loslassen, was man nicht loslassen möchte. Man kann der geliebten Person im rituellen Rahmen nah sein. Man hat die Möglichkeit, sie auf andere Weise zu ehren und das, was einen mit ihr verbindet, kann man im Ritual hüten und wahren.

In Bezug auf Trauerarbeit hielt man es früher in der Psychotherapie für angemessen, die geliebten Menschen ziehen zu lassen. Das ist inzwischen richtigerweise nicht mehr so, denn das Herz möchte die Verbindung, die ja ohnehin ist und bleibt, beibehalten. Trauernde wollen und können nicht ziehen- und loslassen, was ja ist. Umso mehr gilt es, neue Formen der Beziehung zu finden, die Beziehung zu verlagern, weil sie 1:1 nicht mehr lebbar ist. Man darf diese neue Form innerlich, punktuell oder eben in den Ritualen ausleben. Das bedeutet, sie gedeihen zu lassen und den geliebten Menschen für sich auf neue Weise anders spürbar zu machen als zu Zeiten, wo er physisch da war. Dies ist zunächst nur subtil wahrnehmbar, und es ist auch ungewohnt, gleichwohl ist es innerlicher denn je.

Das mag paradox klingen, doch tendenziell ist das Leben eher widersprüchlich; es verläuft nicht unbedingt in dualistischen und logischen Bahnen und lässt sich nicht nach Ursache und Wirkung ordnen. Tatsächlich machen solche Einordnungen einem am Ende mehr etwas vor, als dass dadurch tatsächlich eine Ordnung entsteht. Von heute auf morgen kann die Welt bekanntlich eine andere sein und siehe da: Es ist wirklich so. Trauernde wissen das besonders. Der Mensch ist auf einmal nicht da. Und doch ist er hier. So sehe ich das. Physisch ist die Person nicht mehr zugegen, kann nicht mehr auf mich zukommen und mich umarmen. Doch sie ist umso anwesender in dieser vermeintlichen Abwesenheit – so meine persönliche Erfahrung. Der geliebte Mensch ist nicht mehr, aber die Liebe, die Verbindung, das Band und die Beziehung: Sie bleiben bestehen. Mehr noch: Sie können wachsen, sich entwickeln, sich fortsetzen. Das ist meine tiefe Überzeugung.

Ich habe das Entweder-oder-Prinzip schon lange abgelegt und es umso mehr auf das Sowohl-als-Auch verlegt. Ich habe mich dem Nicht-Wissen geöffnet, und ich bin bereit, mit offenem Herzen darauf zuzugehen. Die Erfahrung zeigt, dass ich dadurch beschenkt werde – von dem, was ich nicht hätte erwarten können, weil ich es nicht im Blick meines engen Horizonts hatte. Ich habe gelernt, dass es wohl besser ist, gute Fragen zu stellen, als zu rasch klug anmutende Antworten von sich zu geben oder sie stracks anzunehmen, weil man als Trauernde/r scheinbar kritiklos alles zu absorbieren hat, weil man gerade in der Seele so sehr verletzt ist. Aber selbst inmitten der Trauer kann man neue Stärken entwickeln, für sich einstehen, sich verteidigen, seine eigene Wahrheit suchen. Nicht zuletzt durch die Unterstützung just des Menschen, der physisch nicht mehr ist. Ich lasse vermehrt viele Fragen offenstehen. Ich akzeptiere, dass das nicht Erklärbare integraler und möglicherweise wesentlicher Bestandteil meines / unseres Daseins ist.

Ich bin mir sicher, dass man mit Ritualen, wie ich sie in diesem Buch beschreibe, etwas zusammenhalten kann, das sich im Lauf der Zeit verwässern könnte oder das beginnt, sich zu verfremden. Es stellen sich keine Fragen mehr und auch Antworten bleiben aus. Das vorliegende Angebot ist eine Einladung, dagegenzuhalten.

Ich habe erlebt, dass Rituale Erfüllung schaffen. Sie tilgen die Trauer nach und nach, zumindest temporär und zu einem Teil. Und wenn sie es tun, dann immer auf besonders schöne Weise. Rituale stützen, wenn wir gelegentlich wieder fallen. Sie geben Halt und Frieden in der Zerstreuung oder wenn Orientierungslosigkeit sich erneut breitmacht.

In ihrer Form sind die Rituale äußerlich und physisch, aber sie haben vor allem einen tiefen, inneren Charakter, der sich nicht sofort offenbart. Die physische Durchführung eines Rituals durchdringt durchaus die geistigen, seelischen, mentalen und emotionale Ebenen und schafft neue Verbindungen in diesen Bereichen.

Außerdem gibt es mitunter nichts Schöneres, als friedlich in der inneren Welt zu sein, wo auch der geliebte Mensch seinen Platz hat. Ob man ein Ritual gemeinsam macht oder allein: Man ist in diesem Raum mit und bei sich, und die Pflege dieses Inneren ist elementar wichtig für alles andere, was sich außerhalb dieser inneren Welt abspielt. So meine Überzeugung.

Für mich ist es wichtig, in Verbindung mit dem geliebten Menschen zu bleiben und das Nicht-Vergessen bewusst zu leben. Rituale helfen mir dabei, denn sie sind dafür da, die Liebe auch auf diese Weise zum Ausdruck zu bringen. Sie öffnen Räume, um den geliebten Menschen zu feiern, zu ehren, ihn bewusst ins Leben zu integrieren, dort, wo er ist und seinen Platz hat. Es sind Zeitfenster, in denen es manchmal besonders weh tut, bevor die heilsame Wirkung einsetzt. Aber es sind Fenster, durch die man auch unter Tränen ins Unbekannte sehen und eine neue Wirklichkeit kreieren kann, die zu einem gehören darf. Die Rituale sind auch Anker, um so die neue Beziehungsform zu leben und sich seiner selbst und der Beziehung zum geliebten Menschen besonders bewusst zu werden.

Ich glaube nicht nur an die Kraft der Liebe, sondern auch an das Potenzial des klaren, reinen Bewusstseins. Ich bin mir gewiss, dass sich mit Ritualen andere Bewusstseinsformen öffnen, einem zugänglicher werden können und dass die Rituale hierfür relativ einfache Werkzeuge darstellen. Was auch immer das für Bewusstseinsformen sein mögen; ob wir vom Unter- oder Über-Bewusstsein sprechen oder ob von allerlei Zwischenformen: Das klare Bewusstsein zu leben bedeutet nicht zuletzt, eine innere Ruhe, eine Zufluchtsstätte, eine Kraftquelle zu haben. Es ist so, als hätte man eine Apotheke bei sich mit Mitteln gegen das, was einen belastet oder mit solchen, die stärkend auf den aktuellen Zustand einwirken, darauf, wo man derzeit im Leben mit sich und mit seinem geliebten Menschen steht.

Was ist das Besondere an Ritualen?

Rhetorische Frage: War die Gute-Nacht-Geschichte von damals deswegen so ein Highlight, weil die Story ein Kracher war? Oder war es das Regelmäßige, Vertraute daran, das uns die Geborgenheit gab und eine Verbindung zu der Person schuf, die diese Geschichte für uns vorlas und somit Vertrauen, Heimat in uns weckte?

Im Vergleich zu Routinen haftet Ritualen etwas Feierliches, Anmutiges, Weihevolles an. Auch wir werden anmutig, nehmen eine andere Haltung ein, wenn wir ein Ritual durchführen oder uns darauf vorbereiten. Rituale sind jedoch mehr als die reine Durchführung. Wichtig sind auch die Vorbereitung und die Zeit direkt danach, mitsamt dem, was ein Ritual vorher auslöst, wie es nachwirken kann und wie es sich während der Aktivität selbst anfühlt. Es ist mitunter die Schönheit dieser Trinität, die Rituale so besonders macht. Der Anfang, der Mittelteil und das Ende.

Diese Abgeschlossenheit bildet einen eigenen Zeitraum. Gleichwohl sind Rituale, die regelmäßig durchgeführt werden, ebenso in ein Kontinuum eingebunden. Diese beiden Aspekte, einerseits das Wesenhafte eines Rituals, das in sich ist und sich innerhalb des Durchgangs entfaltet, andererseits die Fortführung eines Rituals zu einem anderen Zeitpunkt, binden auch uns in die Reisen ein, auf denen wir uns jeweils befinden. Wir können im Ritual immer im Jetzt sein und auch in jenem Jetzt, das war oder das noch kommen wird, wenn wir das Ritual zu einem späteren Zeitpunkt durchführen.

Rituale sind keine Strukturen, die wir im Alltag benötigen. Sie sind gewissermaßen Extras. Innerhalb ihrer Abläufe haben sie aber allemal Struktur und je mehr solcher rituellen Ankerpunkte wir haben, können sie gar zur Struktur des Lebens beitragen. Rituale können also Bestandteil unseres Lebens und Teil dieser Lebensstruktur sein. Sie können auch jene schönen Orte sein, die wir ab und zu oder regelmäßig aufsuchen und die uns somit auf eine besondere Weise „gehören".

Es ist wichtig zu unterscheiden, dass Rituale nicht Gewohnheiten oder Routinen sind. Sie sind gewissermaßen ihre Durchbrecher. Während Routinen oft unbewusst vonstattengehen, sind Rituale bewusste Akte. Sie geschehen nicht nebenbei, sondern in für sie vorgesehenen Zeiteinheiten und in bewusst für sie geschaffenen inneren / äußeren Räumen. Rituale sind die wahrgenommenen Pausen vom Fluss, der unsere Lebenszeit oftmals, um nicht zu sagen zumeist, unbewusst durchströmt.

Rituale sind etwas Ur-Menschliches. Ohne Ethnologin, Soziologin oder Historikerin zu sein, möchte ich behaupten, dass es in der menschlichen Entwicklung wohl nie eine Zeit ohne Rituale gab. Sie gehören zur Conditio humana. Man könnte sagen, sie sind in unserer DNA gespeichert und sie sind ebenso universell wie sie archaisch sind. Rituale sind Kulturgut, Teil unserer Gesellschaft und schaffen Ordnung, vermitteln ein gemeinschaftliches Gefühl. In bestimmten Kontexten sind sie ein gemeinsamer Nenner; sie verbinden uns miteinander und mit uns selbst.

Wie eine Fackel, die von Generation zu Generation weitergereicht wird, haben Rituale etwas Energetisches in sich, wie eine „ewige Flamme", die nicht vergehen kann. Die Rituale in diesem Buch sind zunächst etwas individuell Erprobtes, sie sind Vorschläge von Mensch zu Mensch und subjektiver Herkunft. Sie erheben deshalb keinen universellen Anspruch. Und dennoch haben sie aufgrund ihrer Beschaffenheit, ihrer Absicht und ihres Aufbaus das Potenzial, über den persönlichen Rahmen hinauszuwachsen – wenn sie praktiziert und gelebt werden. Seit jeher werden Rituale übernommen; sie werden auseinandergenommen, neu zusammengefügt und am Ende weitergegeben. Nichts anderes wünsche ich mir für die Rituale in diesem Buch.

Ein Ritual ist stets eine Erfahrung. Erfahrungen sind aktiver Natur und deshalb ist es etwas komplett anderes, über Rituale nur zu lesen oder von ihnen gehört zu haben, als aktiv an ihnen beteiligt zu sein. Man kann in den blumigsten Worten nicht vorwegnehmen, was bei oder nach einem Ritual alles in Gang gesetzt, oder umgekehrt, was besänftigt wird.

In allererster Linie schaffen Rituale Zeitfenster und zwar solche, die sich bewusst öffnen. Es entsteht ein Rückzugsraum, der allein dem Ablauf eines Rituals vorbehalten ist. Indem man tut, was ein solcher Ablauf von einem gerade verlangt, nimmt man sich währenddessen selbst wahr, man spürt, dass man lebt. Dieser Fokus bringt, in Verbindung mit dem lieben Menschen, dem man sich zuwendet, eine Ruhe, in der ein anderes Denken und Fühlen möglich sind: Empfindungen und Wahrnehmungen, die man manchmal nicht in Worte übersetzen kann, mitunter, weil sie nur im Kontext der rituellen Handlung auftauchen.

Als physischer Akt und geistiger Raum schafft das Ritual eine Dringlichkeit, ergo eine Bedeutsamkeit. Gemeinsam ausgeführte Rituale wirken eher verbindend, allein durchgeführt können sie jedoch ein Öffner zu neuen inneren Ebenen sein. Rituale erzeugen Ruhe und Harmonie. Selbst diejenigen, die bereits ruhig und harmonisch im Einklang mit sich und der Welt sind, werden möglicherweise hier eine Erhöhung bzw. Vertiefung erfahren. In Verbindung mit einem Ritual entsteht oftmals eine größere Wertschätzung oder man ordnet Dinge bewusst neu ein. Das gilt für die hier vorliegenden Rituale, denn sie zeichnen sich ja durch die Liebe zu unseren geliebten Menschen aus.

Sich bewusst und wohlwollend eines Rituals anzunehmen bedeutet am Ende, sich von ihm einnehmen zu lassen. Seine Macht ist gerade im Mikrokosmos des Subtilen zu suchen und seine Kraft und somit auch alles, was ein Ritual uns schenkt, wächst im Tun und in der Wiederholung. Rituale können Energie kanalisieren und ebenso Energie spenden und freisetzen. Grundsätzlich kann jede Form des Rituals das Leben aufwerten und festigen, auch außerhalb der Ritualdurchführung. Im Ritual selbst aber erliegen wir manchmal der Illusion, die Welt überschauen und sie nach eigenen Regeln ordnen zu können. Diesen Unterschied dürfen wir nicht aus den Augen verlieren.

Während oder nach einem Ritual können vorher nicht zugängliche Sinnzusammenhänge und Klarheiten entstehen. Rituale können einen inneren Frieden schaffen und Halt geben, selbst dann, wenn die subjektive Erfahrung mehr im Bereich einer Ahnung liegt und man das, was man in der Tiefe seiner vielen Ebenen und zutiefst erlebt hat, nicht unbedingt ausformulieren kann. Rituale schaffen subtile, intime und harmonische Orte, wo Worte nicht greifen.

Und nicht zu vergessen ist, dass wir durch Rituale gestalten. Was? Das Leben. Einen Teil davon.

Bevor es losgeht

Grundlagen

Rituale finden in Räumen statt

Betrachte ein Ritual als einen Raum, der sich innerhalb eines Rahmens und der Rahmen sich wiederum innerhalb einer bestimmten Zeit abstecken lässt. Der Ort deines Rituals ist dort, wo du gestalten darfst, wo du dich mit einer Absicht, aber auch ganz offen einbringst. Wo du dich einfinden kannst, um nichts anderes zu erreichen, als durch diesen Ritual-Raum in einen anderen zu gelangen. Um von dem Ort aus, an dem du jetzt gerade bist, an einen anderen Ort zu kommen, der dieses „Jetzt" ablöst und zu einem ewigen „Jetzt" macht. Sprich, ein Ort, an dem sich Zeit und Raum auflösen können.

Atmosphäre

Atmosphäre ist wichtig. Sie ist Bestandteil deiner wohlwollenden Absicht, das Ritual aufrichtig und erwartungsfrei zu machen. Allein dadurch, dass du dir diese Zeit gibst und bereit bist dich einzulassen, entsteht Atmosphäre.

Du brauchst nicht unbedingt einen fürs Ritual eigens geschaffenen, also physisch vorhandenen Raum in der Wohnung. Mach dir deshalb keinen Druck, denn fast niemand hat so etwas. Man darf sich von den inzwischen klischeehaften Bildern, die man mit innerer Einkehr verbindet – Meditationskissen, Buddhastatuen, altarähnliche Gebilde und dergleichen –, gerne distanzieren. Auch ein Klangraum kann ein Raum sein, den man z. B. mit einer Klangschale gestaltet. Sie ist rund und hüllt dich in eben einen solchen runden Raum ein. Durch das Einläuten entsteht bereits der Raum, in dem das Ritual seinen Anfang nehmen darf. Ein Klang vor und nach dem Ritual macht das Vorhaben perfekt.

Zweifelsohne ist dies den buddhistischen Meditationspraktiken entlehnt, aber ich habe selbst sehr gute Erfahrungen mit diesem schwingenden, monotonen und angenehm einlullenden Ton gemacht, der zudem ein nachklingender Teppich ist, auf dem man atmen kann. Auf den man die Alltagsgedanken legen und zur Stille bringen kann, bevor man mit dem Ritual beginnt.

Du erkennst: Bereits die Vorbereitung fürs Ritual kann und soll kleine Rituale enthalten. Später im Buch werde ich dir noch mehr solcher Rahmenbedingungen vorstellen.

Zeitfenster

Verabrede dich zum Ritual. Lege eine Zeit fest, und wenn du das Ritual zeitlich begrenzen möchtest, sorge dafür, dass das gewählte Zeitfenster nicht zu eng ist. Wenn du dir z. B. zehn Minuten vornimmst, beim Durchführen aber merkst, dass du erst herunterkommst, wo der Alarm schon läutet, ist das sehr schade. Das unterbricht unnötig die sich aufbauende positive Energie.

Gute Daten für Rituale können diejenigen Tage und Stunden sein, die du ohnehin im Auge hast; freie Tage oder Momente, die schon immer dir allein gehört haben. Ich empfehle dir, im Kalender weitere gut geeignete Tage zu vermerken, die vielleicht für ausgiebigere Rituale reserviert werden können. Beispiele: Geburtstag der geliebten Person, Jahrestag des Kennenlernens oder des Heiratsantrags, Valentinstag, Hochzeitstag, Allerheiligen, Tag X, der schon immer besonders war, weil … usw. usf.

Wo es möglich ist, gebe ich an, wie viel Zeit du in etwa für ein Ritual benötigst. Oft liegt es aber an dir selbst, wie intensiv du es durchführen möchtest. Bei einigen Ritualen wirst du über einen längeren Zeitraum hinweg kleinere Einheiten ausführen und manche Rituale sind an Aktivitäten gebunden, die vermutlich ohnehin zu deinem Leben gehören, z. B. Spaziergänge machen oder Gäste einladen.

Ablenkung

Stell dein Handy auf Nacht- oder Flugmodus. Auch die Benachrichtigung für E-Mails auf deinem Computer sollte nicht aktiviert sein und nicht unnötig stören. Minimiere oder schalte auch andere Geräuschquellen aus. Vielleicht musst du dich bewusst abkapseln und abmelden. Tu dies und rechtfertige nicht, warum. Du bist von dann bis dann beschäftigt und basta.

Überlege zudem, was getan werden sollte, damit du eine gewisse innere Ruhe hast. Musst du vorher eingekauft, die Pflanzen gegossen, die E-Mails gecheckt haben? Könnte der Postbote kommen und an der Türe klingeln? Erledige, was zu tun ist gerne vorher, aber betreibe diese Tätigkeiten nicht derart exzessiv, bis du vor lauter Tun das Ritual auslassen musst, weil du danach zu erschöpft bist. Sei dir also bewusst, was das Allerwichtigste und Notwendigste ist, das dich in Gedanken nicht ablenken darf und hake das ab.

Fixiere nach diesen Erledigungen einen genauen Beginn für das Ritual. Sei dir im Klaren, was du bis dahin geschafft hast und dass der Rest später erledigt wird. Mach vor dem Ritual noch eine kurze Pause von maximal fünf oder zehn Minuten. Danach geh unmittelbar ins Ritual über. Denk daran: Ein Ritual zu machen ist kein Muss, es unterscheidet sich von den Aufgaben und Pflichten, die vorher und danach erfolgen. Ein Ritual braucht seine Zeit und gleichzeitig blockiert es dich zeitlich nicht übermäßig. Es hat eine etwas andere Zeitqualität, es ist gleichzeitig kurz und bündig und dehnbar.

Musik

Wenn du Musik als Hintergrund benötigst, dann achte darauf, dass sie dich nicht ablenkt, etwa, dass sie dich nicht verführt, mitzusingen oder mitzutanzen. Etwas anderes ist es, wenn du dich zur Einstimmung singend oder musizierend auf ein Ritual mental vorbereiten möchtest. Falls du Hintergrundmusik wünschst, empfehle ich etwas ganz Neues, das nur in Zusammenhang mit den Ritualen steht. Es kann auch eine reine Geräuschkulisse sein: die Wellen des Meers, meditative Musik oder das, was dich auf dem inzwischen riesigen Markt an Angeboten anspricht. Oder nimm etwas Passendes, das du bereits in deiner Mediathek hast und von dem du weißt, warum es der richtige Sound für dich ist.

Vorfreude

Wenn du ein Ritual ausgesucht hast und weißt, wann und wie du diesen Raum fürs Ritual schaffen kannst, und wenn du zudem auch zeitlich weißt, wann es stattfinden wird und dass nichts dich stören wird, dann erlaube dir, dich darauf zu freuen. So, wie du dich auf eine Feier freuen würdest oder darauf, jemanden bald zu sehen. Die Vorfreude bringt dich in eine harmonische, gute Stimmung, die dem Ritual von innen Schwung verleiht und das Vorhaben bereits im Vorfeld lebendig macht.

Konkrete Einstimmung

Wenn du das Obige gut vorbereitet und geplant hast und du dich auf das Ritual freust, sind die nachstehenden Abläufe weitere Möglichkeiten, um dich konkret einzustimmen, bevor du das Ritual angehst.

Äußere dein Wohlwollen

Bitte innerlich darum, deine Gedanken und Gefühle, die nicht mit dem Ritual zu tun haben, zur Seite legen zu dürfen. Halte hierfür einen imaginären Koffer oder einen Korb bereit, in dem du alles, was an ablenkenden Gedanken aufkommen möchte, verstauen kannst. Nach dem Ritual kannst du den Koffer oder Korb wieder hervorholen.

Sei mit deinem physischen Körper zugegen

Das mag zunächst paradox klingen, denn wir sind nun einmal im Körper. Es wird dich aber im Ritual stärker erden, wenn du dir des Körpers als Vehikel, als Adressat bewusst bist.

Was du hierfür tun kannst:
- Klopfe aufs Herzchakra.
- Öffne die Arme oder die Hände, strecke sie von dir und atme tief durch.
- Nimm, wenn es das Ritual erlaubt, eine ganz bestimmte und für dich bequeme Position ein.
- Falte gegebenenfalls deine Hände.
- Schließ deine Augen, bevor das Ritual beginnt oder wenn es das Ritual erlaubt.
- Du kannst auch beide Handflächen auf deine Augen legen, um die Dunkelheit und Energie in diesem Bereich zu verstärken.

Ritual-Duft

Träufle dir einen bestimmten Duft (z. B. ein Duftöl) auf bestimmte Körperstellen, zum Beispiel auf die Schläfen, auf die Unterseiten der Arme, aufs Kopf-Chakra. Auf diese Weise wirst du dein Ritual mit einer olfaktorischen Note versehen. Wenn du das regelmäßig tust und den Duft exklusiv für Rituale (bzw. für jedes einzelne Ritual einen bestimmten Duft) verwendest, wirst du die Rituale mit der Zeit mit diesem Duft auf der sinnlichen Ebene verbinden.

Du kannst auch einen Raumduft verwenden, z. B. in Form von Räucherstäbchen, Weihrauch, einer Duftkerze oder eines Energie-Sprays. Das Angebot ist vielfältig. Wähle aus, was für dich passt und hülle dich oder den Raum beziehungsweise das Ritual in einen exklusiven Duft ein.

Wenn du keine Düfte magst, empfehle ich, falls das Ritual nicht draußen stattfindet, vorher bewusst zu lüften. Du kannst zum Beispiel Fenster um Fenster öffnen und sie dann nach und nach wieder schließen. Das bringt eine gewisse Energie in die Wohnung und lenkt auch dich von aktuellen Problemen oder Gedanken ab.

Bewusst beginnen

Beginne das Ritual, indem du laut oder leise zu dir selbst sagst:

„Schön, dass ich [Vorname] jetzt das Ritual [Name des Rituals] machen darf."

Wenn du es gemeinsam mit anderen durchführst, sagst du:

„Schön, und Danke dafür, dass ich mit dir / euch jetzt das Ritual machen darf."

Während des Rituals

Deine Gedanken und Probleme des Alltags hast du vor dem Ritual aus dem Kopf in den Koffer verbannt. Auch jede Form von Alltagsgespräch sollte, wenn es sprachliche Anteile in deinem Ritual gibt, außen vor sein. Bleib konzentriert, als würde es sich um etwas Zeremonielles, eine Art Auftritt handeln, wo das Geschwätzige eines Subjekts nicht zugelassen ist, sondern das Stück und die eingenommene Rolle im Fokus stehen.

Bewusst abschließen

Bedanke dich im Stillen oder verlautbare:

„Danke, dass ich [Vorname] dieses Ritual habe machen dürfen."

Du kannst die Hände zum Dank falten und mit dieser Pose das Ende einläuten. Wie gesagt, ist auch der Klang einer Schale ein schönes „Schlusswort".

Noch einige Anmerkungen

Ich duze dich, denn ich spreche zu dir. Wir sind in einer persönlichen Erfahrung unterwegs, vom Ich zum Du.

Auch für diejenigen, die an ein großes Ewiges bzw. Ganzes glauben: Ich spreche nicht vom Tod, weil ich das Wort problematisch finde und weil es aus meiner Sicht die Zäsur nur in der physischen Ausprägung gibt und alles fließender, transformativer Natur ist.

Ich spreche vom geliebten Menschen oder von der geliebten Person und meine damit alle Geschlechter, die ein Mensch haben kann – männlich, weiblich oder divers.

Das Buch ist auch offen gegenüber denjenigen, die eher skeptisch sind und die Wirkung von Ritualen infrage stellen. Vieles kann auf den ersten Blick allzu einfach anmuten oder den Anschein erwecken, rein symbolischen Charakter zu haben. Erlaube dir, wenn du besonders kritisch bist, dich dennoch einzulassen, vor allem Kategorien wie eben den Ausdruck „Symbolcharakter" zur Seite zu legen. Das Potenzial der Rituale liegt nicht in einer konkreten Bewertung und theoretischen Zuordnung, sondern im Akt, in der wohlwollenden Handlung selbst und vor allem in der wertfreien Umsetzung.

Manchmal lese ich mehrere Bücher zu einem bestimmten Thema oder wälze mich durch hunderte von Seiten, um dann den einen Satz zu finden, der für mich wichtig ist. Eine Aussage, die in mir anklingt, die mir ein persönlicher, mir geltender Wegweiser ist oder eine Möglichkeit, innezuhalten, mich gegebenenfalls neu zu positionieren. Wenn in diesem Angebot von 88 Ritualen eines dabei ist, das mit dir resoniert, welches sich also gut anfühlt, wenn du es durchführst, dann habe ich geschafft, den Leserinnen und Lesern das zu schenken, was ich gerne weitergeben möchte.

Wenn du einen oder mehrere Orte des Friedens für dich schaffen und finden kannst, wenn neue weite Horizonte erkennbar werden und gar Erkenntnisse mit sich bringen, dann ist das mehr als sehr viel und du darfst dich glücklich schätzen. Vielleicht ist es am Anfang so, dass die Rituale lediglich Ruhe in dein Leben bringen. Aber auch diese kurzzeitige Zufriedenheit ist „nicht nichts" und auf diesem „nicht nichts" kannst du allemal Stück für Stück aufbauen.

Rituale haben etwas Reinigendes und sie können an Stellen Klarheit schaffen, an denen einem zuvor nicht einmal bewusst war, wie getrübt sie eigentlich waren oder dass es ein solches Thema überhaupt gab. Bei aller Bescheidenheit bin ich überzeugt, dass du in und durch die Rituale dein Fühlen und deine Bindung zu deiner lieben Person vertiefen kannst. Die Rituale werden etwas in Bewegung bringen, dich vermeintlich zurückwerfen, Wunden aufreißen. Sei geduldig und vertraue dem Prozess.

Manchmal wandert man fünf Stunden, um *den einen* Anblick zu genießen, doch ist man oben angekommen, erwartet einen vielleicht ein Wolkenmeer, das die gewünschte Aussicht erstmals nicht zulässt. Aber vielleicht wartet eine umso schönere Perspektive auf dich, wenn du sagst: „Okay, ich komme wieder."

Nimm dir zudem nicht zu viel auf einmal vor. Lass dich inspirieren. Lass dich einen Weg durch das Angebot finden. Geh dasjenige Ritual an, das dein Herz sofort anspricht. Schmökere und überlass es dem „Zufall". Oder lese alles in Ruhe, lass nachwirken und komm zu einem späteren Zeitpunkt darauf zurück, wenn es um die Umsetzung geht oder ein Datum heranrückt, das du rituell gestalten möchtest. Nichtsdestotrotz hat das Buch einen Aufbau: Die eher „leichteren" Rituale sind vorne zu finden.

Es gibt bei der Durchführung kein Richtig oder Falsch. Es ist zudem wenig sinnvoll, dieses Buch als eine „To-Do-Liste" anzusehen, die man abarbeiten könnte. Alles, was du hier lesen kannst, sind Vorschläge und Einladungen. Es wäre schön, wenn ich dich damit mitnehmen kann auf hoffentlich wunderschöne, innere Reisen, die mögliche Erwartungen übertreffen. Am besten ist es, wenn du dich spielerisch und frei von jeglichen Erwartungen darauf einlässt. Und bevor du ein Ritual durchführst, solltest du den jeweiligen Ablauf durchgelesen haben, damit du über alle notwendigen Informationen verfügst.

Es gibt bei Ritualen kein Mehr, sondern nur das für dich Richtige. Regelmäßigkeit ist dennoch gut, denn Rituale zeichnen sich just dadurch aus, dass sie wiederkehrend durchgeführt werden. Druck ist bei Ritualen weniger gut, wie man auch lieber entspannt meditiert oder überhaupt besser locker als verkrampft etwas ausübt. Wobei es bei Ritualen auch nicht darum geht, dass die Übung den Meister macht. Um beim Thema Meditation zu bleiben: Wer an einen Mönch denkt, der täglich meditiert, nicht etwa, weil er üben muss, sondern, um im Meditationskontinuum zu bleiben, und wer dann auch bei Ritualen eine solche „mönchische Haltung" einnimmt, der bleibt am Ball. Dem werden die Rituale zu etwas Natürlichem werden. Was nicht bedeutet, dass sie dadurch an ihrer Besonderheit einbüßen.

Fühl dich frei, die vorliegenden Vorschläge nach deinem Gutdünken abzuändern, sie zu vermischen oder sie als Anregung zu nutzen, um ganz eigene Ideen umzusetzen. Am Ende des Buchs sind ein paar Seiten just hierfür reserviert: Dort kannst du deine ganz persönlichen Rituale notieren und auch solche, die du adaptiert hast. Oder du kannst diese Seiten nutzen, um die gemachten Erfahrungen, die du nicht missen möchtest, dort zu notieren.

Bleib spontan, bleib dir treu. Folge deiner Intuition und nimm die Sache nicht derart ernst, als dass du meinst, nur salbungs- und weihevoll dabei sein zu dürfen. Du kannst ebenso kopf- und orientierungslos dabei sein, wenn es dein momentaner Zustand nicht anders erlaubt. Ebenso darfst du dich darauf freuen, besonders hingebungsvoll und zeremoniell einem Ritual beizuwohnen. Etabliere deine Lieblingsrituale, wenn dir danach ist. Lass sie aber durchaus locker und in der Annäherung offen, wenn dir dies lieber ist und du dich nicht entscheiden möchtest. Probiere einfach aus, um dann weiterzusehen.

Einige Rituale beziehen Menschen aus deinem Umfeld mit ein. Selbstverständlich kannst du auch alle anderen mit einer vertrauten Person oder mit mehreren lieben Menschen durchführen. Manchmal ist das sogar schöner. Um gegebenenfalls den Druck rauszunehmen, macht vorher aus, nach dem Ritual das Geschehene, das Gefühlte nicht zu zerreden. Es sei denn, der Wunsch nach einem Austausch der Erfahrungen ist immens. Man darf nicht unterschätzen, dass nach einem aktiv durchgeführten Ritual auf die Wirkung oftmals eine Nachwirkung folgt. Vielleicht findet es mehr Anklang, wenn alle Beteiligten ihre Erfahrungen für sich niederschreiben oder ihnen innerlich nachspüren, statt in einen regen verbalen Austausch zu treten, in dem es oft darum geht, kognitiv zu erklären, was jenseits der kognitiven Begrenzung liegt. Es liegt außerdem nicht jedem und jeder, etwas innerlich Gefühltes gleich mit anderen zu teilen oder es zu verbalisieren.

Ich wünsche dir viel Freude und ganz besondere Erfahrungen mit den Ritualen. Mögen sie deine Trauer nicht nur lindern, sondern dich deinen geliebten Menschen, die physisch nicht mehr hier sind, auf neue Weise wieder näherbringen.

1. Rituale in der Natur

1.1 Ich gehe zu den Bäumen

In die Natur gehen, dort die Kraft, den Antrieb wieder finden. In die Natur, zur Quelle pilgern. Dahin, wo die Ruhe ist.

Gerade das fällt jedoch jenen nicht ganz so leicht, die nicht gewohnt sind, in der Natur zu spazieren oder für die solche Spaziergänge mit der geliebten Person verbunden sind, die physisch nicht mehr da ist. Man weiß, dass es einem gut tun würde und doch fehlt die Grundmotivation, diesen ersten Schritt ins Grüne zu unternehmen. Es ist, als müsste man sich dazu überwinden. Es gibt drei Gründe, es dennoch zu tun:

1. **Du weißt vom Kopf her um diese Kraftquelle.**
2. **Immer mehr Menschen ermuntern dich, rauszugehen.**
3. **Die Bäume sind alle schon da und warten auf dich.**

Wer keinen Hund oder keine Begleitung hat, wer keinen Sport im Wald treibt oder nicht im Waldbaden geübt ist, der macht sich vermutlich nicht einfach dorthin auf, weil irgendjemand meint, es sei eine gute Idee. Gerade in der Trauer tut man sich äußerst schwer damit. Und man dreht sich im Kreis. Weil man eigentlich weiß, dass der Wald in dieser Zeit heilsam wäre. Weil man zugleich spürt, dass man keine Kraft hat. Am Ende ist man frustriert, verunsichert, hat Angst. Immer wieder verschiebt man Pläne, rauszugehen, bis man sie vergisst.

Verabrede dich deshalb mit den Bäumen, wie du es mit Freunden tun würdest. Verabrede dich mit diesem einen besonderen, der heute dein Baum sein wird. Zieh los, um diesen einen zu finden. Wenn du vor diesem Baum stehst – und du wirst wissen, dass es dieser und kein anderer ist –, dann begrüße ihn ordentlich. Umarme den Baum, selbst, wenn er noch ganz klein ist, und sei dir bewusst: Das ist nicht nur ein Baum, es ist ein Lebewesen.

Ablauf

Wenn du dich überwinden musst, fixiere einen Tag in deinem Kalender und halte dich an den Termin. (Er)finde keine Ausrede, diesen Termin nicht einzuhalten. (Es sei denn, es besteht eine Gefahr, weil z. B. ein Unwetter, ein Sturm aufzieht. Das ist die einzige Ausnahme!) Fühl dich beglückt, wenn es nicht regnet. Sei gelassen, wenn es doch so ist. Du kleidest dich entsprechend, sprühst dich gegebenenfalls gegen Zecken ein und ziehst los. Du wirst von deinem geliebten Menschen begleitet und du willst nicht nur ganz allgemein etwas Kraft von den Bäumen bekommen, sondern du hast eine Mission: diesen einen Baum ganz offiziell zu begrüßen.

Schau dir an, was du auf dem Weg sehen kannst: Formen von Baumgruppen im Park, die Form des Waldes von Weitem, aber auch die Formen und Strukturen einzelner Pflanzen und Bäume. Halte immer wieder an und entdecke, was da ist. Betrachte die Blätter, lies Zapfen oder Äste auf, lass dich darauf ein. Im Hinterkopf denkst du gleichsam an diesen einen Baum, der da sein wird, um dich einzuladen. Du wirst ihn entdecken.

Umarme diesen Baum, wenn du magst. Hör hinein, schmieg dich an ihn an. Wenn andere Spaziergänger vorbeigehen, grüßt du höflich und nimmst ihnen den Wind aus den Segeln, sich über dich zu wundern. (Wobei das eher selten ist, da sich das Waldbaden und das Bäume-Umarmen inzwischen einigermaßen etabliert haben.) Fühl den Baum, den Ort, wo du stehst. Aber fühl unbedingt auch deine geliebte Person, die Teil dieses Kosmos ist. Lass dir Zeit und lass Gefühle zu, die in dir hochkommen. Vielleicht kommen auch Gedanken auf oder du erhältst Impulse. Oder du wirst von einem Eichhörnchen aus deinem Erlebnis gerissen und aufgemuntert. Spüre in dieser Anordnung von Natur, Ort und Verbindung zu deiner geliebten Person auch die Kraft in dir selbst. Fühl dich dankbar für dieses Da-Sein und spüre, dass dies im Moment der perfekte Ort ist, um alles, was gerade wichtig ist, in diesem Moment zu bergen.

Als Abschluss verabschiedest du dich von dieser Kraftquelle, von deinem Baum, indem du versuchst, ihn – oder einen anderen Baum oder Strauch in der Umgebung – mit deiner Haltung, mit deinen Gliedern nachzuahmen. Erlaube dir, dass deine geliebte Person diese Bewegungen mit dir macht oder dich dabei betrachtet. Vielleicht lächelt sie oder lacht sogar oder sie unterstützt dich moralisch bei dieser Unternehmung. Sei selbstironisch dabei, gerade dann, wenn andere Menschen vorbeigehen. Lass dich nicht ablenken und lass sie denken, was du sowieso nicht beeinflussen kannst. Nicht jetzt und grundsätzlich nie.

Du kannst dieses „Nachstellen“ des Baums auch nur vor deinem geistigen Auge vollziehen. Oder dieses physische Nachstellen mit nach innen nehmen und dieses Bild in dir abspeichern.

1.2 Der Mond und du und ich

Simpel, schlicht und schön. Immer wieder und jedes Mal anders. So, wie jeder Vollmond anders und nie wieder derselbe ist, so sind auch wir morgen wieder andere oder zumindest die, die wir nicht heute sind. Der Vollmond kehrt immer wieder. Er ist in seinem Zyklus. Er ist so fern wie nah. Er steht mit der Erde, mit uns in Verbindung. Wenn er sichtbar ist, übersieht man ihn nicht. Wer ihn spürt, der kann dieses Gefühl nicht aus sich herauslösen.

Es gibt viele Parallelen zwischen Vollmond und Trauer. Auch sie kehrt wieder und wenn sie da ist, kann sie nur vordergründig ignoriert werden. Möglicherweise taucht die Trauer mehr chaotisch als zyklisch auf, doch wer weiß: Am Ende steht sie doch in einem geordneten System, wo die Knöpfe in unserem Gefühlsapparat präzise und zu bestimmten Zwecken jeweils gedrückt werden. Die Trauer verändert uns unmerklich. Sie kommt auf uns zu, die wir heute sind und auf die, die wir morgen sein werden, derweil wir uns an Vollmondnächten entlanghangeln. An solchen, die schon waren und an jenen, die noch kommen werden.

Das Vollmond-Ritual ist banal einfach. Ein idealer Zeitpunkt dafür ist, wenn sich eine Vollmondnacht ankündigt und du möglicherweise etwas später zu Bett gehen kannst. Noch besser ist es, wenn der Mond gut sichtbar ist, damit du die runde Kugel visuell erfassen kannst. In einer solchen Vollmondnacht (wenn es früh dunkel wird, vielleicht auch schon abends) gehst du nach draußen, an einen friedlichen, ungestörten Ort, wo du dich dem Anblick des Vollmondes hingibst. Ist es wirklich jener Mond, der schon damals war, als meine geliebte Person physisch da war? Er ist es! Ist es derselbe Mond, der war, bevor ich überhaupt war? Ja. Es ist sogar derselbe Mond, der schon damals bei den Römern, den alten Ägyptern, den Griechen war … Und ist es derselbe, genau dieser Mond, der einst sein wird, wenn auch ich nicht mehr sein werde? So ist es.

Dies alles weißt du bereits. Aber sich diese Gewalt von Zeit, Planet und Raum vor Augen zu führen, die vielen Verbindungen all derer, die da waren, die sind oder die noch sein werden, zu diesem, eben diesem und keinem anderen Mond, und die ihn einst oder jetzt, so wie du gerade, ansehen, angesehen haben oder es noch in der Zukunft tun werden, kann zugleich überwältigen und klein machen. Was immer du spürst, lass dich darauf ein. Sei demütig, dankbar. Fühl dich klein, zerbrechlich, aber ebenso universell, über alle Zeiten hinweg verbunden und als Teil des größeren Bildes. Mit allen möglichen Konstellationen und Menschen, vor allem mit dir selbst und mit deiner geliebten Person.

Ablauf

Es ist Vollmondnacht und du erlaubst dir, an den Ort zu gehen, wo es für dich stimmt. Es ist ein Ort, an dem du dich sicher fühlst. Das kann eine Bank mitten in der Stadt sein oder ein Platz auf deinem Balkon. Es darf auch ein Ort sein, zu dem du mit dem Auto hinfahren kannst.

Lass dich in diesen simplen Anblick nach und nach verwickeln. Du kannst dir hierfür die unten folgenden Sätze sagen und sie nachwirken lassen. Schau, ob – und wenn ja, wie – sich die Sätze fortführen. Wenn nichts passiert, wiederholst du das Nachstehende für dich. Lass dir Zeit, gib dir Raum und denke immer wieder daran, dass dies derselbe Mond ist, der schon immer war. Er ist die sich verändernde Konstante. Er ist, was (erstmals) bleibt.

Diese Sätze sind ein Vorschlag für den Raum, der um deine eigenen Gedanken und andere Sätzen ergänzt werden möchte:

> Ich. Ich schaue zum Mond.
> Du bist der Mond. Der Mond, der schon immer war.
> Die Zeit.
> Die Menschen.
> Der Menschen Geschichten.
> Meine Geschichte.
> Mein geliebter Mensch.
> Auch er hat diesen Mond gesehen. Ihn gespürt. Sich Gedanken gemacht.
> Wer weiß, vielleicht ist meine geliebte Person just auch zugegen. Ist bei mir. Schaut. Staunt.
> So wie viele andere auch schauen.
> Liebende. Leidende. Menschen.
> Heute.
> Ich hier.
> Der Mond ist da.
> Die Liebe.
> Du.
> …

Vielleicht wird dich dieses Ritual aufrütteln, vielleicht innerlich friedlich stimmen. Auf jeden Fall wird es eine gewisse Stimmung und Farbe mit sich bringen. Du wirst nach dieser kleinen Session anders herauskommen als du hineingegangen bist und dich darauf eingelassen hast. So subtil dieses Gefühl auch sein mag.

Du kannst dir diesen Text auch laut vorlesen oder ihn vorher aufnehmen. Und während du ihm zuhörst, kannst du dich einstimmen wie auf einen inneren Dialog.

1.3 Zwei Tickets fürs Wolkenkino, bitte

Wenn die Augen die Tore zur Seele sind, was ist dann der Blick? Und wenn ein solcher Blick, verbunden mit der Seele, ins Tor des Himmels schaut, in welcher Form sind wir zugegen? Wo sind wir abwesend, wo präsent oder gar außerhalb? Als Kinder, manchmal auch als Erwachsene, sehen wir in den Wolken auf einmal Gesichter, Tiere, seltsame Landschaften. Ein Wolkenmeer kann zu einem fantastischen Land werden. Eine Wolke kann sich mit Rüssel oder einem lachenden Gesicht zeigen, Kobolde hervorzaubern. Ob wir uns hinreißen lassen von diesen Strukturen oder nicht: Der Mensch hört nie auf, in den Himmel, zu den Wolken zu schauen. Es ist in uns, nach dort oben zu blicken.

Nutze die Gelegenheit, zusammen mit deiner geliebten Person in die Wolken zu schauen. Buche einen Logenplatz. Nimm dir Zeit und lass dich ins himmlische Spektakel entführen. Spüre die Aufregung wie bei einem Theaterbesuch oder einem Date. Freu dich über deine wunderbare Begleitung. Werte nicht, übergib die Verantwortung dem Regisseur, dem Kapellmeister, allen, die sich hier beteiligen und für dich und deinen geliebten Menschen etwas Wunderbares vorbereitet haben. Sei offen für entstehende Zwiegespräche mit deiner geliebten Person. Sei offen für Fantasien, Erinnerungen, eine leichte Trance-Erfahrung und für Tagträume.

Ablauf

Du hast dir Zeit reserviert – eine halbe, eine ganze oder eine Viertelstunde -, um mit deiner geliebten Person in den Wolkenhimmel zu schauen.

Der Tag sollte nach Möglichkeit nicht wolkenfrei sein und auch nicht so verhangen, dass man die einzelnen Wolken nicht mehr sieht. Weil man schlecht vorhersehen kann, wie die Wolkensituation sein wird, kann man diesen Tag nicht ganz so gut im Voraus planen, aber sei offen und halte Ausschau. Finde einen geeigneten Wolkenbeobachtungsplatz, z. B. vor einem großen Fenster oder an einem anderen relativ rasch zu erreichenden Ort.

Überlege vorher, was du benötigst, damit es für dich angenehm ist: einen bequemen Liegestuhl, eine Matte, Kissen, Decken … Stell auch ein Getränk bereit, z. B. Weißwein, Prosecco oder Tee. So, wie man sich auch vor einem kulturellen Anlass ein Glas gönnt. Oder nimm dieses Getränk zu dir, wenn du eine kleine Pause einläutest, analog zu einem Theaterbesuch.

Lade deinen geliebten Menschen dazu ein, dem Spektakel beizuwohnen und sich ebenfalls darauf einzulassen. Anfangs wirst du wahrscheinlich den Himmel absuchen, interpretieren und nach der richtigen Stelle Ausschau halten. Wenn du diese

Stelle nach einer kurzen Weile gefunden hast, lass deinen Blick dort ruhen und lass die Wolken an diesem gefestigten Blick vorbeiziehen. Dann lässt du wieder los und erlaubst dir, einen anderen Punkt zu fixieren. Starre dabei jedoch nicht, sei entspannt und freudvoll. Schau dich um, so wie du im Theater nicht nur zu den Schauspielern blickst, sondern auch die gesamte Bühne betrachtest.

Musik, leise im Hintergrund oder über Kopfhörer, kann deine aufkommenden Alltagsgedanken etwas zurückhalten. Achte darauf, dass es Musik ist, die eher beruhigend wirkt, als dass sie dich zum Tanzen animiert. Gut geeignet ist beispielsweise klassische, instrumentale Kammermusik.

Wenn du einen besonderen Effekt erzielen möchtest, dann lege dich umgekehrt hin und betrachte die Gebilde am Himmel umgekehrt liegend, sodass deine Augen nach oben/leicht nach hinten gehen müssen, um sich den Bildern hinzugeben.

1.4 Ein Zeichen der Verbundenheit

Kraftorte sind dort, wo das Herz aufgeht. Wo viele oder nur bestimmte Menschen hingehen. Orte mit Ausblicken oder inmitten einer atemberaubenden Natur, die man mit Worten nicht beschreiben, mit einer Kamera nicht einfangen kann. Orte, die stimmig sind, wo etwas Äußeres subtil etwas Inneres anregt, harmonisiert. Es können beeindruckende Orte sein oder kleine Flecken, die wunderbarerweise auf einmal da sind und einen einladen zu verweilen. Wenn du einen solchen Kraftort erneut erleben möchtest, musst du wiederkommen. Du kannst ihn nicht einpacken, nicht wirklich konservieren. Der Ort gehört dir nicht und doch gehört er dir ganz und gar, wenn du da bist.

Du musst nicht unbedingt jene Kraftorte aufsuchen, die allgemein als solche bekannt sind, sondern kannst selbst welche finden, z. B. auf einem Spaziergang in einer für dich neuen Umgebung. Kirchen oder Kapellen stehen oft an magischen Stellen. Ebenso kann auf Wanderwegen eine Waldlichtung, eine Bank oder ein Aussichtspunkt dich in Erstaunen versetzen, und dein ganz persönlicher Kraftort findet dich auf diese Weise. Lass dich auf ihn ein und binde dort, als Zeichen der Verbundenheit mit deiner geliebten Person, Zweige, Blätter oder Blumen zusammen.

Ablauf

Lass dich von einem besonderen Ort finden, indem du offen durch die Landschaft spazierst oder wanderst. Sieh dich auch in der Umgebung von Kirchen um, die oft an wunderschönen Plätzen stehen. Sprich darüber, dass du einen Ausflug an einen Ort planst, wo es besonders harmonisch sein soll und sei offen für Tipps. Wenn du einen bekannten und bei Touristen beliebten Kraftort aufsuchst, dann versuche eine Zeit zu wählen, in der es nicht vor zu vielen Menschen wimmelt, die dich ablenken könnten.

Lass dich an diesem Ort nieder, schließ die Augen und verbinde dich im Geist mit deiner geliebten Person. Als Zeichen deiner Verbundenheit suchst du zwei Blüten, Zweige oder Blätter in der Natur, die du miteinander verbindest. Dies können Feldblumen sein, zwei Kleeblätter, zwei schöne Zweige oder Wildkräuter, die du findest. Fürs Zusammenbinden nimmst du auch etwas aus der Natur, z. B. einen Grashalm. Suche und binde alles mit liebevollen Gedanken an deine geliebte Person. Der Ort, der Akt und das Gebinde symbolisieren eure Verbundenheit. Überlasse dein kleines „Bündel“ diesem wunderbaren Ort als Geschenk und als Erinnerung an deine Existenz und die Existenz deines geliebten Menschen, mit dem du eine Geschichte teilst.

Dein kleines Gebinde kannst du auch schon vorher zuhause liebevoll in Ruhe anfertigen, beispielsweise aus Kräutern aus deinem Garten, und es an diesen Kraftort mitnehmen.

1.5 Ich lieb dich, ich lieb dich sehr, ich lieb dich ...

Das Abblättern des Gänseblümchens, dazu der Singsang des „Liebt-mich-liebt-mich-nicht“, entfällt bei Trauernden. Es ist keine Frage, ob, sondern wie sehr man den Menschen, der physisch nicht mehr ist, geliebt, gemocht, geschätzt hat. Angesichts des Lebens, das seinen Lauf genommen hat, kann man auch den Lauf gewisser Traditionen umkehren und für sich anpassen. Gänseblümchen umgekehrt. Gänseblümchen andersherum.

Du besorgst dir eine Blume (oder mehrere Blumen), die gerade angeboten wird oder die dir gefällt. Wenn es nur eine einzige Blume ist, sollte sie möglichst viele Blütenblätter haben. Du suchst dir zudem einen schönen Platz in der Natur, wo Wasser ist, an dessen Ufer du gut herankommst. Es kann auch nur ein kleiner Bach sein. Übergib dem Wasser die Blumenblüten als Geschenk. Rupf die Blätter ab, überlass sie der Natur als Zeichen der Energien und dessen, dass alles im Fluss ist und dass du bist. Fühl dich mit deinem geliebten Menschen in diesem Ritual innig verbunden.

Ablauf

Such einen geeigneten Wasserplatz – real oder in deiner Vorstellung. Oder überlass es dem Zufall beim Spaziergang, wenn du die Blume/n bereits gekauft hast.

Eine Blume mit möglichst vielen Blütenblättern eignet sich hier besonders gut. Lass dich in einem Blumenladen inspirieren. Genieß die Blumen, den frischen Duft, das stimmige Ambiente dort. Lass dir Zeit bei dieser Wahl. Es ist in Ordnung, länger in einem solchen Laden zu sein und am Ende trotzdem nur etwas Kleines zu kaufen.

Such dir einen schönen Ort aus, an dem du ungestört bist und das Ritual vollziehen kannst. Rupf die Blütenblätter von der Blume und lege sie ins Wasser. Du kannst dabei ein kleines Mantra aufsagen, das dir spontan in den Sinn kommt. Es gibt so viele Möglichkeiten. Im Stillen kannst du ansonsten auch diese anwenden:

> Ich liebe dich.
> Ich vermisse dich.
> Ich liebe dich.
> Ich vermisse dich ... usw.

Sei dabei offen für eine Abwandlung, die von selbst kommen möchte.

Auch den Namen der geliebten Person aufzusagen, kann sehr friedvoll sein:

> Für dich [Name].
> Von mir.
> Für dich …

Wenn du mehrere Blumen besorgt hast, kannst du die Blüten ganz lassen und sie eine nach der anderen ans Wasser übergeben.

Lass dich darauf ein. Schau den davon schwimmenden Blüten(-Blättern) hinterher. Fühl dich im Fluss des Lebens, im Fluss der Energien mit deiner geliebten Person verbunden. Fühl dich im Jetzt. Fühl dich in diesem einfachen Ritual aufgehoben. Lass den Emotionen, die womöglich kommen möchten, freien Lauf.

1.6 Mein spontaner Wunsch im Feuer

Verbrennen und Feuer stehen für Transformation schlechthin. Was war, bekommt durch das Element Feuer eine neue Form. Was das Feuer umgewandelt hat, kann man nicht mehr zusammenfügen, nicht einmal mehr erahnen. Beim Verbrennen entstehen Licht und Hitze, und beide wärmen, während sie das Gebilde, das war, für immer zerstören. Am Ende die Asche, die Erde. Aber zuvor das Lichtvolle, das Lebendige und Kraftvolle des Feuers. Der dramatische Akt.

Bis etwas brennen kann, braucht es lange. Zunächst muss das, was brennen wird, überhaupt erst entstanden sein. Die Transformation im Feuer steht in einem ungleichen Verhältnis zum Werden. Wuchs ein Ast über Jahre, verbrennt er in wenigen Minuten. Wir sind Pyromanen, die das Spiel mit dem Feuer lieben. Weil wir vielleicht um die dramatischen Gesetzmäßigkeiten wissen. Weil wir wissen, dass etwas geopfert werden muss, wenn es brennen soll. Weil wir mit der Kraft des Feuers selbst in eine machtvolle Situation geraten. Weil die schnelle Zeit der Umwandlung auf die langsame Zeit des Wachsens trifft. Wenn die Asche verglüht, werden wir ruhig. Wieso auch immer; die Menschen vernichten gerne durchs Feuer, schließen durch Glut ab. Doch man kann sich auch der Kraft der Transformation zuwenden und in diesen einen besonderen und energievollen Moment einen Wunsch hineinlegen.

Ablauf

Bereite auf achtsame Weise ein kleines Stück Holz oder einen wohlriechenden Zweig vor, z. B. Rosmarin, Thymian oder Lavendel. Wenn du keine Feuerschale hast, kannst du auch ein anderes feuerfestes Gefäß nehmen, um das Stück Natur dort zu verbrennen. Oder du suchst eine offizielle Feuerstelle auf.

Geh kurz in dich und verbinde dich mit dir und deiner geliebten Person. Nimm dir fest vor, einen Wunsch auszusprechen. Es kann ein Wunsch für dich selbst sein, für deinen geliebten Menschen, für etwas Gemeinsames oder für etwas, das dir spontan als Idee kommt.

Auch wenn dieser Wunsch noch keine ganz klaren Konturen für dich hat und du ihn nicht wirklich erfassen oder formulieren kannst: Lass ihn wiederkommen, sobald du den Zweig anbrennst. In dem Moment, in dem er Feuer gefangen hat, sprichst du den Wunsch, der sich jetzt in dir auftut, leise, laut oder innerlich aus. Das geht extrem schnell und genau das ist die Absicht. Du sollst keinen Wunsch konstruieren, sondern denjenigen aussprechen, der in dir auftaucht, sobald es brennt.

Wenn du dieses Ritual ab und zu machst, wirst du durch die Auseinandersetzung mit den Wünschen wohl den einen oder anderen einfacher aus dem Ärmel schütteln. Vielleicht gibt es auch nur einen Wunsch, der sich bei jedem Mal wiederholt, und das ist alles in Ordnung so.

Dieses Ritual des Verbrennens ist vergleichbar mit einer Sternschnuppe, die oft rascher auftaucht, als man den Wunsch einfangen kann. Und doch lässt man sich eine solche Gelegenheit nicht entgehen und schnappt sich den nächstbesten Wunsch, der einem blitzschnell durch den Kopf geht.

1.7 Zwei Tickets für die Dämmerung, bitte

Obschon wir alle eins sind, wie es heißt, und in unserem Kosmos alles mit allem verbunden ist, fällt es uns nicht leicht, dies so profund für uns selbst anzunehmen. Wir sehen uns als Individuen. Wir pflegen die Grenzen. Wir nehmen die Dinge in die Hand und umfahren die Umrisse. Das, was wir erfühlen, sehen und hören können, glauben wir eher als das, was unhörbar, unsichtbar und undeutlich fühlbar ist. Die Verschmelzung mit der Umgebung gelingt uns in der Abgrenzung schlecht, denn für uns ist diese Abgrenzung nicht nur Gewohnheit und Teil unserer wahrnehmenden Grundnatur, sondern sie bedeutet für uns auch Schutz.

Wer schon einmal versucht hat, sich in einer Meditation in der Vorstellung im Raum aufzulösen, der weiß, wie schwierig das sein kann. Oft kommen wir in einer solchen Übung über das Gedanken-Abstellen und die reine Entspannung gar nicht hinaus. Als Trauernde haben wir den Wunsch, uns mit der geliebten Person zu vereinigen. Physisch, mental, aber auch darüber hinausgehend. Diese Sehnsucht ist ohne Worte. Doch sie ist da. Zentral oder unbewusst.

Die Zeit der Dämmerung verwischt die Spuren zwischen Tag und Nacht. Diese Zeit eignet sich daher gut, um mit der Umgebung, mit dem geliebten Menschen zu verschmelzen. Wie beim Wolken-Ritual (siehe 1.3) legst oder setzt du dich hier bequem mit deiner geliebten Person hin und lässt den Blick nach oben wandern. Du schaust, wie der Himmel den Tag in sich aufsaugt und den Abend- bzw. Nachthimmel nach und nach freilegt.

Ablauf

Nimm dir genügend Zeit, um die Verwischung zwischen Tag und Abend visuell wahrzunehmen. Je nach Saison bist du hier früher oder später unterwegs. Mindestens 15 Minuten solltest du einplanen, sodass du möglichst drei Lichtspektakel erleben kannst: den späten Tag / Vorabend, den Übergang, die beginnende Dunkelheit.

Besonders schön ist es, wenn sich dieses Ritual mit einem Sonnenuntergang verbinden lässt.

Überlege vorher, was du benötigst, damit es für dich angenehm ist: einen bequemen Liegestuhl, eine Matte, Kissen, Decken … Halte auch ein Glas Wein, eine Tasse Tee oder ein anderes Getränk bereit. Achte aber darauf, dass die Getränke dich nicht zu sehr ermüden und du nicht einschläfst.

Lade deinen geliebten Menschen dazu ein, dem Spektakel beizuwohnen und sich ebenfalls darauf einzulassen. Besonders der Übergang wird dir womöglich wie ein Nichts vorkommen, in das du blickst. Werte dies jedoch nicht, sondern fühle diese

Überblendung als eine Kraft und Energie, die dich und deinen geliebten Menschen in ihren Sog ziehen. Fühl dich in diesem Sog aufgelöst und fühl dich in diesem sich verändernden, schwindenden Licht geborgen, vereinigt mit deiner geliebten Person. Genieß ein vielleicht ganz neues Gefühl.

Versuche den peripheren Blick, starre nicht und sei entspannt. Leise Musik im Hintergrund oder über Kopfhörer kann deine dich beherrschenden Gedanken, Probleme oder Zweifel dämmen. Achte darauf, dass es Musik ist, die eher beruhigend wirkt, als dass sie dich zum Tanzen animiert. Gut geeignet ist beispielsweise klassische, instrumentale Musik.

Wenn du dieses Ritual im Sommer machst, denke daran, dich mit einer guten Sonnenbrille zu schützen. Vermeide es in jedem Fall, direkt ins Lichtspiel der Sonne zu schauen.

1.8 Ich versenke die Trauer

Der Wasserspiegel fasziniert. Bei Sonne glitzert er. Nachts ist er von einer unendlichen Tiefe. Die glatte Oberfläche, die ständig in sanfter Bewegung ist, bändigt den Blick, ergreift dich, zieht dich magisch an. Ganz anders unser unruhiger Geist: Ständig sind wir mit irgendetwas beschäftigt, gehen von hier nach dort, bewegen uns von innen nach außen. Wir drehen uns im inneren oder äußeren Kreis, absorbieren, sortieren, kommen wenig zur Ruhe. Und da ist noch die Trauer, die sich zwischen die Fasern webt und die gelegentlich abgelegt werden möchte oder mit der man nicht weiß, wie man mit ihr umgehen soll, um sie greifbar, handlich und verdaubar zu machen. Der glatte Wasserspiegel erinnert uns, wie unruhig wir sind, wie viel ruhiger wir noch werden können.

Such dir eine Wasseroberfläche aus, die du gerne anschaust. Es kann ein See sein, ein sanft dahinziehender Fluss oder auch ein kleiner Teich. Ebenso kannst du die größte Schale, die du zur Verfügung hast, mit Wasser auffüllen und dir dein eigenes kleines Gewässer schaffen. Während du auf dieses Wasser blickst, nimmst du dir vor, jenen Teil deiner Trauer, der zu groß und zu bleiern für dich ist, um mit ihm fertig zu werden, dort zu versenken. Du blickst auf die Wasseroberfläche und versenkst dort deine Trauer, respektive einen gewissen Brocken von ihr. Du spürst die Tiefe und den Sog unter dem Wasserspiegel und dass das Wasser bereit ist, dieses Trauerstück für dich zu übernehmen.

Ablauf

Es ist gut, wenn du im Vorfeld bereits weißt, welcher Teil der Trauer dich belastet und dazu führt, dass du dich damit im Kreis drehst. Um das herauszufinden, eignen sich zwei Rituale aus diesem Buch: „Heute habe ich schon was“ (siehe 3.5) oder „Meine Stimmung hat eine Farbe“ (siehe 3.3), die du im Vorfeld durchführen kannst.

Du kannst dir aber auch vornehmen, deine Trauer in kleinere Einheiten zu zerteilen. Dies darf ganz abstrakt sein und ohne, dass du weißt, um welche Teile es sich im Einzelfall genau handelt. Du spürst, dass die Trauer schwer ist und dich behindert, dass sie deinen Alltag blockiert. Du möchtest diesen lähmenden Teil abtrennen. Du bestimmst also zum Beispiel, dass die Trauer derzeit aus fünf Stücken besteht und dass du heute das erste Stück versenken möchtest.

Geh zu einem Wasser und sorge dafür, dass du dort für mindestens zehn Minuten nicht allzu sehr gestört wirst. Such dir eine Stelle, von der aus du möglichst viel Wasseroberfläche siehst. Nimm dir zunächst genügend Zeit, um das, was dich und das Wasser umgibt, bewusst wahrzunehmen. Platziere dich dann ebenfalls bewusst inmitten dieser Kulisse, damit du genau weißt, wo du bist und du dich anschließend nicht erst in deiner Umgebung orientieren musst.

Äußere die Absicht, dass du hier bist, um mithilfe des Wassers etwas Trauerballast abzuwerfen.

Blicke nun auf das Wasser. Beobachte die Ruhe, das sanfte Kräuseln, mögliche Wellen und Wogen. Sieh die Schatten- und Lichtspiele, horche auf ein mögliches Murmeln. Versuche, den Blick lange und ruhig möglichst nur auf dem Wasser zu halten. Schau nicht nach links oder rechts, sondern lass dich hypnotisch in die Magie des Zentrums hineinziehen.

Wenn Gedanken oder Gefühle aufkommen, ist das in Ordnung. Sie dürfen sein, aber du hängst ihnen nicht nach. Du konzentrierst dich aufs Wasser. Denn das Wasser und das Vorhaben, nämlich den bleiernen und müden Teil der Trauer hier zu versenken, sind das Wichtigste.

Das Ritual ist subtil und du wirst wahrscheinlich weder die Trauerbrocken plumpsen sehen, noch wirst du federleicht davonfliegen, wenn es vorbei ist. Doch unterschätze die meditative Ruhe nicht, die dich für diese zehn Minuten in den Bann des Wassers entführt und womöglich weitergeführt hat, auch wenn du es nicht deutlich spürst. Das ist selbst dann so, wenn du meinst, dass alles exakt so geblieben ist wie es war.

Um das Versenken besser für dich zu manifestieren, kannst du stellvertretend für die belastenden Trauerstücke Steine ins Wasser werfen.

Wenn du in dein eigenes kleines Gewässer schaust, zum Beispiel in eine gefüllte Wasserschale, kannst du, um den Spiegeleffekt zu erhöhen, das Licht dimmen und flackernde Kerzen in die Nähe der Schale stellen.

1.9 Im Herbst die Blätter

Wir haben herrliche Bilder vom Herbst im Kopf. Und ganz oft ist dieses Bildermeer an Rot-, Gelb-, Orange- und Violett-Tönen nur von kurzer Dauer und bereits vorbei, ehe wir uns seiner richtig gewahr werden. Eine bestimmte Wetterlage und schon ist die Farbenpracht verweht. Nicht lange, nicht lang genug, konnte sie im herbstlichen Sonnenlicht glänzen und das Auge erfreuen. Doch der Herbst und all seine Herrlichkeit sind weiter und tiefer in uns angelegt und vielleicht können wir ihre so kurze Zeitspanne innerlich verlängern und größer für uns machen. Über Herbststürme, über einen wolkenverhangenen Himmel setzen wir uns hinweg, wenn wir „Herbst" sagen und ihn verlängern.

Im Spätherbst gibt es christliche Totengedenktage. In der katholischen Kirche ist es am 2. November Allerseelen, in der evangelischen Kirche spricht man vom Toten- oder Ewigkeitssonntag, der immer auf den letzten Sonntag vor dem 1. Advent fällt. Wenn du deiner geliebten Person zu dieser Jahreszeit mit einem herbstlichen Ritual gedenken möchtest, sollen diese Gedenktage jedoch lediglich Orientierungspunkte sein. Zu wissen, dass viele Menschen zu dieser Zeit sich ihren geliebten Menschen, die physisch nicht mehr da sind, zuwenden, kann das Ritual aber zusätzlich stützen und ihm Kraft verleihen. Die Zeit, der Herbst, ist geeignet: Da sind deine geliebten Menschen, die physisch nicht mehr da sind. Da sind die farbigen Blätter, die die Natur vor deine Füße geweht hat, eins schöner und farbenfroher als das andere. Da ist zudem die melancholische Stimmung, dieses „Noch-ist-Herbst", bevor die Stille des Winters bald übernimmt. Und da ist die Energie aller, die dieses Fest im Stillen oder in der Gemeinschaft feiern und in deren Energie man sich einschwingen kann.

Ablauf

Mit dem Wissen, dass der Herbst mit einem Mal vorbei sein kann und die Farbenpracht vielleicht von nur allzu kurzer Dauer ist, versuche den nächsten Herbst bewusst wahrzunehmen. Die Blätter verfärben sich, allmählich und doch rasant. Während die einen Bäume schon scharlachrot erstrahlen, sind andere noch gänzlich grün. Doch es gibt diesen einen magischen Moment, der manchmal nur einen Tag lang dauert, wenn nämlich alles perfekt zueinander stimmt: Da sind fast alle Bäume ins herbstliche Laub gehüllt. Da ist ein windfreier, sonniger Tag, der die Farben noch mehr erstrahlen lässt. Da stehen die gefärbten Kronen und wetteifern mit ihrer Schönheit. Ob ein einzelner Baum, ob ein ganzer Wald oder ein einzelnes Blatt mit rot-gelben Adern, ockerfarbenen Rändern, mit orangenen Flecken: Überall sind da Farben und Farbnuancen, die man oft mit einer Kamera nicht einfangen kann, die sich dir aber in ihrer Schönheit anbieten und dich einladen, am herbstlichen Spektakel teilzuhaben.

Geh an einem solchen Tag hinaus und lass dich finden von dieser Herbstpracht. Sammle schönes Laub, wie damals, als du Kind warst. Denk an deine geliebte Person, mit der du gerne hier wärst. Nimm auf diesen Spaziergang auch deine anderen geliebten Menschen mit, die dir näher oder weniger nah waren und die physisch nicht mehr an diesem Herbsttag teilhaben können. Nimm auf diesen Spaziergang gedanklich auch all jene Menschen mit, die du kennst und die sich mit ihren geliebten Personen vielleicht zu dieser Zeit verbinden, zu Allerheiligen, am Ewigkeitssonntag oder in dieser herbstlichen Zeit überhaupt.

Sammle Blätter, und zwar für jede deiner geliebten Personen, die physisch nicht mehr da ist. Sei offen auch für die, die du nur wenig kanntest, aber von denen du weißt, dass sie physisch nicht mehr da sind. Du wirst erstaunt sein, wie viele solcher Seelen du kennst.

Wenn du dann zu Hause bist, bereite eine möglichst weite Wasserschale (es können auch mehrere vielleicht kleinere Schalen sein) vor und lege die Blätter, die du vorher etwas abgespült hast, dort hinein. Beim Hineinlegen jedes Blattes gedenkst du der Person, die physisch nicht mehr hier ist. Die Blätter deiner Verbundenheit werden schnell welken und in einem oder zwei Tagen ist möglicherweise alles wieder vorbei. So, wie sich auch der Herbst draußen allzu schnell wandeln wird.

In diesem Ritual wirst du spüren, dass die Zeit relativ ist und sich so nicht messen lässt, wie wir es gerne tun. Das vermeintlich rasch Vorübergehende und ein langes, gedehntes Ritual gehen für einen Nachmittag Hand in Hand. Du wirst sehen, dass die Schönheit von kurzer Dauer ist und dennoch ewig sein kann.

Schön ist es, dieses Ritual mit anderen oder mit einer Vertrauensperson zu machen. Lade andere zum Spaziergang ein und genieße in aller Stille, wie auch sie ihre geliebten Menschen durch die Blätter finden, die sie auflesen. So wie die Blätter waren und nicht mehr sein werden, so wurden die geliebten Menschen zu ihren Lebzeiten gefeiert. In Form der Schönheit der Blätter darf dies als Erinnerung bleiben.

Du darfst das Ritual in Gedanken auch mit Menschen erweitern, die du nicht kennst und die gerade die erste Zeit der Trauer und des Verlusts durchlaufen oder unlängst durch die Trauer gegangen sind. Menschen, die auf ihrem Weg weniger weit sind als du.

1.10 Ich baue einen Wunschturm für dich

An Flüssen findet man manchmal gut ausbalancierte, zu Türmen aufeinandergestapelte Steine. Man nennt sie Wunschtürme. Menschen, die in der Natur Erholung oder Kontemplation suchen, erbauen sie und überlassen sie dem Anblick derer, die später dort vorübergehen.

Mit Steinen in der Natur zu spielen, sie aus einem Bach zu fischen, schöne Formen zu suchen und den einen oder anderen, scheinbar wertlosen Kiesel auch mitzunehmen, ist etwas, das die meisten von uns gerne tun. Suchen, finden, errichten und sich in der Zeit mit etwas zu beschäftigen, das vordergründig keinen Zweck erfüllt. Das ist Teil unseres Menschseins.

Wenn du ohnehin ein Naturmensch und regelmäßiger Spaziergänger in der Natur bist, dann ist dieses Ritual eine Erweiterung deines Tuns. Aber auch, wenn du dich damit schwertust, überhaupt in die Natur zu gehen, ist dieses Ritual für dich nicht minder gut geeignet. Die Vorgabe, einen Wunschturm zu errichten, ist nicht nur ein Anreiz, sondern gibt dem Rausgehen einen rituellen Charakter. Insbesondere, weil es in Verbindung zu deiner geliebten Person steht.

Ablauf

Wunschtürme lassen sich überall dort errichten, wo es Steine gibt. Am besten geeignet sind Flüsse, die ab und zu auch von Sandbänken unterbrochen werden, oder kleine Bäche. Suche einen Ort, an dem du dich wohlfühlst oder wohlfühlen könntest. Gummistiefel sind für deine Unternehmung sicherlich das passende Schuhwerk.

Wenn du magst, kannst du auch Kreide oder andere Stifte mitnehmen für den Fall, dass du die Steine zusätzlich dekorieren möchtest. Gut ist es allerdings, wenn die Farben umweltverträglich sind. So, wie die Türme einst nicht mehr stehen werden, solltest du auch gut damit umgehen können, dass die Farbe ausgewaschen wird und ins Erdreich bzw. ins Wasser gelangt.

Während du spazierst, hältst du Ausschau nach einem schönen Ort, wo du deiner kleinen Tätigkeit nachgehen kannst. Beginne damit, einen ersten guten Grundstein zu legen und nimm dir vor, einen Turm aus mindestens drei Steinen zu bauen.

Versieh den ersten Stein beim Hinlegen mit einem Wunsch. Dieser Wunsch soll dir spontan in den Sinn kommen und er kann sowohl dich selbst als auch deine geliebte Person betreffen. Wenn der erste Impuls einer ist, der dich betrifft, dann bleib dabei und lege den Stein mit dem innerlich geäußerten Wunsch bewusst hin: „Ich wünsche mir, dass …“

Such einen zweiten Stein und bleib bei dir: „Und dann wünsche ich mir noch, …“ Mindestens einen dritten Stein solltest du noch finden, damit man überhaupt von einem Turm sprechen kann. Auch hier bleibst du bei dir.

Bei deinem nächsten Turm, den du vielleicht noch auf demselben Spaziergang oder auch bei einem nächsten Ausflug baust, ist es möglicherweise so, dass du mehr deinen geliebten Menschen im Fokus hast. Dann könntest du auf Wünsche stoßen, die du für ihn hast oder gehabt hättest. Bleib dabei offen und lass auf dich zukommen, was dir als Gedanke zufällt.

Den Wunschtürmen kannst du Erfülltürme gegenüberstellen. Das sind mindestens drei aufeinandergestapelte Steine, die für erfüllte Wünsche stehen. Du sagst dann zu dir selbst: „Ich habe mir einst gewünscht, dass … und es ist eingetroffen. Danke.“ Es gibt weder richtig noch falsch, nur die Anregung, es auszuprobieren und offen für das zu sein, was in der Natur passieren wird.

Du kannst auch Grüße oder Botschaften an die Steine legen. Solche, die dich selbst betreffen – z. B. Versprechen, die du dir gibst. Oder solche, die deinen geliebten Menschen betreffen.

Es ist auch möglich, dass sich ein Wunschturm zu einem Dankbarkeitsturm wandelt. Und wenn du die Steine mit Worten versiehst, können es für diejenigen, die diese Steine einst finden, Worte oder Zeichen sein, die sie in irgendeiner Weise berühren.

Egal, ob laut ausgesprochen oder leise für dich gedacht: Sage konsequent bei jedem Stein, den du legst, was du dir gerade wünschst, welche Botschaft oder welche Dankbarkeit du in diesen Stein legst. Sei in diesem Prozess ganz im Jetzt.

Sei nicht zu sehr aufs Äußere bedacht. Es geht hier nicht darum, einen Wettbewerb zu gewinnen nach dem Motto: Wer baut den höchsten Wunschturm? Und kleine und unscheinbare Türme gelten dann womöglich weniger. Nein, der Turm ist bloß die Form und was dieser Form zugrunde liegt, geht weit über diese Ausgestaltung hinaus!

1.11 Ich verbinde mich mit den Elementen

Wenn man Glück hat, sind die Menschen (physisch) da, sie sind um einen, stehen zur Verfügung, sind gut erreichbar. Und doch sind sie so weit weg. Bücher werden empfohlen oder geschenkt. Man kann sie lesen, wichtige Zitate entnehmen, deren Wahrheit man versteht. Doch bei jedem noch so gütigen Blick, jeder noch so warmen Umarmung und jedem noch so wahren Wort: Man bleibt irgendwo außerhalb und untröstlich. Man fühlt sich nicht wie ein Teil dieser Welt, sondern ist vom Gefühl her stark von ihr abgetrennt. Eine gute Zeit, um die Welt in die vier Elemente Wasser, Feuer, Luft und Erde zu unterteilen und zu versuchen, sich auf diese Weise wieder in sie zu mischen.

In der Regel fühlt man sich zu einem der Elemente besonders stark hingezogen. Man empfindet sich schon immer als zum Wasser oder Feuer zugehörig oder man hat zeitlebens eine Faszination für die Erde, den Wind. Auch den geliebten Menschen könnte man vermutlich einem Element zuordnen. Wie du es auch angehst, versuche, dich in diesem Ritual zu verbinden. Die Verbindung wird dich weiten und beruhigen. Sie wird womöglich deine Trauer auf eine Weise verpacken, die dir wohltun wird.

Ablauf

Geh kurz in dich hinein, um zu fühlen, mit welchem Element du derzeit am meisten in Resonanz gehst. Mit „derzeit“ ist dein Zustand gemeint, der dich in deiner aktuellen Trauer, in Verbindung zu deinem geliebten Menschen, erfasst.

Ist es das Feuer, dessen Hitze, Wärme und Licht? Seine Kraft, Dinge zu transformieren, zu zerstören?

Ist es das Wasser, in das man nicht hineingreifen kann? Das Wasser, welches fließt, eine Tiefe hat, die gefährliche Strudel bergen kann? Oder das mit einer glatten Fläche dir das Spiel der Spiegelung für Träume anbietet?

Fühlst du dich dem Element Luft nah? Woran denkst du im Zusammenhang mit Luft? An den Atem oder das Spiel des Windes, der nicht sichtbar ist, der aber da ist und sanft die Welt bewegt? Oder an die Luft, die subtil, zart und doch so elementar ist und die sich mühelos, unbeachtet zwischen der festeren Materie bewegen kann?

Oder ist eine Verbundenheit in dir spürbar, wenn du an die Erde und ihre Urkraft denkst? Mit ihrer dunklen, tiefen und nährenden Art? Wie sie die Natur hält und ihr zur Verfügung liegt und stetig gibt? Eine Erde, in die du Wurzeln schlagen kannst?

Wenn du dein Element, mit dem du dich verbinden möchtest, weißt, dann mache einen konkreten Termin ab, um das Ritual anzugehen. Das Folgende sind lediglich einige Vorschläge.

Feuer:

Wenn es gerade vom Wetter passt und du eine Feuerstelle kennst, wäre dies eine gute Möglichkeit, dich im Freien mit dem Element Feuer zu verbinden. Aber auch ein Kamin bei dir zu Hause ist denkbar. Im Kleinstformat kannst du Feuer machen, indem du eine Kerze anzündest.

Lass dir dabei Zeit. Das Verbinden geht ohne Gedanken und ohne Gefühle sehr einfach: Du überlässt dich dem Spektakel. Du schaust, wie es sich entwickelt. Du siehst dem Feuer, vielleicht einer Kerzenflamme, konzentriert zu. Wenn du das fünf oder zehn Minuten lang schaffst, ist das schon sehr viel! Aber du kannst bei einem offenen Feuer auch länger verweilen und dabei bleiben. Versuche dann, so viel Nähe zum Element Feuer wie möglich zu halten und so wenig Ablenkung wie nötig zuzulassen.

Wasser:

Wenn du dich im Sommer mit dem Element Wasser verbinden willst, kannst du tatsächlich auf Körperfühlung gehen. Geh an einer flachen Stelle durch einen Bach. Oder tauche den ganzen Körper oder nur die Füße in einen See. In den kälteren Jahreszeiten kannst du dich sehend verbinden. Buche eine kleine Schiffsfahrt und sieh ins Wasser. Oder setz dich an einen Fluss und schau den Bewegungen, den Wasserspiegelungen zu. Auch hier sollte das Minimum zehn Minuten sein. Verbinde dich. Lass wirken. Lass nachwirken, ohne zu analysieren.

Luft:

Die Luft spürt man am besten, wenn es windet. Ob leicht, in Form einer sommerlichen Brise oder etwas stärker im Herbst oder Winter. Such dir einen ruhigen Ort, wähle eine entsprechende Kleidung und geh in den Wind hinein. Lass dich umspielen, atme tief ein und aus. Wenn du einen guten Aussichtsort hast, kannst du auch das Windspiel in der Natur beobachten. In den Blättern der Bäume, am Himmel, auf offenen Feldern. Fühl dich eins mit der Natur, in die der Wind greift. Sei mit ihr, mit dem Geschehenden verbunden. Reise mit dem Wind. Hab keine Angst, dich hinzugeben und mit ihm ein Stück weiterzuziehen. Lass dich mitnehmen und dich umspielen von diesem zarten Element.

Erde:

Wenn es dir gesundheitlich möglich und es nicht zu kalt ist, versuche barfuß in der Natur zu gehen. Im eigenen Garten herumzulaufen oder ein paar Minuten barfuß im Gras zu stehen, kann eine wundersame Verbindung ergeben. Auch mit den Händen kannst du in die Erde, in Herbstlaub greifen, zusehen wie deine Hände schmutzig werden. Wühle, berühre, reibe die Erde, den Sand, halte deine Handflächen auf ein Kiesbett. Verbinde dich auch in der eigenen Küche mit Gemüse, das in Erde gewachsen ist. Nimm eine Kartoffel nach der anderen in die Hand, spüre nach, wie sie einst aus einem Keimling in der Erde größer und größer wachsen konnte und in der Dunkelheit gedieh. Fühle, wie auch du Teil dieser Materie bist. Spüre beim Eingraben oder beim Nachfahren von Naturoberflächen mit den Händen, wie ähnlich alles ist.

Dich zu verbinden ist das eigentliche Ziel. Der Akt selbst ist wichtig, aber auch die Vorstellung einer Anbindung an etwas Größeres. Das Ritual soll nichts weiter bewirken oder bewegen, was du vordergründig erfassen müsstest. Es geht darum, dich einzulassen und dich als Teil des größeren Bildes zu spüren. Es geht darum zu erkennen: Als (momentan trauernder) Mensch, der sich allein und verlassen fühlt, darfst du dich aus diesem Zustand herausnehmen und dich abstrakt in eines der Elemente mitnehmen lassen.

Lass dich vom Element mit- und einnehmen. Vielleicht ist der Beginn etwas statisch, indem du nur schaust und dich lediglich auf einer äußeren Ebene verbindest. Wenn du jedoch den Impuls verspürst, hineinzugreifen, etwas auszuprobieren oder dich in die Richtung einer sinnlichen Wahrnehmung zu bewegen, gewissermaßen in die Materie reinzugehen, dann lass dies unbedingt zu.

Geh dabei immer auch mit allem, was dich derzeit ausmacht. Das heißt, nimm durchaus auch die Schwere der Trauer, den Schmerz, die ungelösten Fragen mit in diese Aktivität.

1.12 Findling, lass dich finden

Findlinge sind wunderbare Geschöpfe der Natur. Steinern liegen sie oft unbeachtet in der Landschaft, wurden platziert an Straßen oder an Wegrändern. Sie lassen sich stoisch von Moos überwachsen oder wehrlos von Hunden anpinkeln. Sie dienen gelegentlich zur kleinen Rast. Sie lassen sich nicht kurz zur Seite schieben, schon gar nicht irgendwo hinwerfen. Sie sind. Einst geformt, dann gefunden, aus der Tiefe hervorgebracht oder von einem Felsstück abgefallen, ist ein Findling weniger da, um etwas zu markieren, als paradoxerweise dazu, sich in seiner massiven Pracht geradezu unsichtbar zu machen. Mit einem solchen Brocken verhält es sich ähnlich wie mit der Trauer, die manchmal so einnehmend und da ist, dass man meint, dass sie gar nicht da sein kann. Bis eben ein Wort fällt, eine Geste gemacht wird, ein Gefühl überraschend hochkommt.

Achte bei einem nächsten Spaziergang – auf gewohnten Wegen oder auf neuen – auf Findlinge. Wenn du einen ersten gesichtet hast, wirst du alsbald weitere entdecken. Einer von ihnen wird dir besonders gut gefallen oder dich anziehen. Komm beim nächsten Spaziergang zu diesem Findling zurück und lege dort für die Dauer des Rituals etwas ab, was du mit deiner geliebten Person verbinden möchtest. Ein kleines, materiell gesehen wertloses Andenken, wie zum Beispiel ein Stück Stoff, einen Schnürsenkel oder Ähnliches. Du könntest auch eine Blüte ablegen oder ein Pflänzchen in der Nähe des Findlings in die Erde setzen.

Ablauf

Es spielt keine Rolle, ob du dir für deinen Spaziergang einen Weg aussuchst, auf dem du regelmäßig unterwegs bist oder ob es eine neue, vielleicht auch einmalige Route ist. Irgendwo da draußen liegt ein Findling, der dein, und in Verbindung mit deiner geliebten Person, euer Findling werden könnte.

Nimm dir Zeit, um Ausschau zu halten nach einem prächtigen Felsstück, das dich anspricht. Geh zu diesem Findling hin und spüre nach, ob sich die Stelle für dich gut anfühlt. Vielleicht magst du auch zu unterschiedlichen Zeiten dorthin gehen, um zu schauen, wie sich das Leben rund um den Findling bewegt. Ist der Stein ein allabendlicher Treffpunkt für Jugendliche? Setzen sich tagsüber Vögel darauf? Bleibt er gänzlich unbeachtet? Hab keine Angst, den Findling zu beobachten, als würde er bereits dir gehören.

An deinem Stein solltest du nur schöne Gefühle haben und dich nicht ärgern, etwa, weil du dir einen ausgesucht hast, der aber nicht in deinem Sinne respektiert wird. Suche dann weiter und vertrau, dass irgendwo ein prächtiger Brocken liegt, der sich für dich eignet.

Bis der Stein gefunden ist, weißt du womöglich, welches Erinnerungsstück du mitbringen möchtest. Es kann ein symbolisches Stück sein, beispielsweise ein Würfel, wenn dein geliebter Mensch gerne Würfelspiele gemacht hat. Leg den Gegenstand dort ab, mach ein Erinnerungsfoto und sammele ihn dann wieder ein. Wenn du eine Blüte ablegen möchtest – z.B. eine Rose als Symbol der Liebe, eine Lilie für die Freundschaft oder eine Hortensie stellvertretend für Dankbarkeit –, kannst du sie liegenlassen, denn sie vertrocknet und kompostiert, sie vermüllt nicht die Landschaft.

Wenn in der Nähe des Findlings Wildblumen wachsen, die nicht unter Naturschutz stehen (informiere dich unbedingt), kannst du vielleicht auch eine ausgraben und sie an den Findling versetzen.

Es ist egal, ob du den Findling einmalig aufsuchst und seinen Standort mit der Zeit vergisst oder ob du täglich daran vorbeigehst und ab und an denkst: „Da ist unser Stein. Da ist unser wunderbarer Findling." Es spielt auch keine Rolle, ob du hier eine Träne vergossen hast oder ob du das Ritual ohne große Gefühlsaufwallung gemacht hast. Wisse, dass da draußen irgendwo ein Findling liegt, der nicht so rasch wegkommt und zu dem du wieder hingehen kannst. Einfach so zum Spaß, wenn du gerade an einem Problem nagst und eine Antwort benötigst. Oder um dich zu vergewissern, ob die Pflanze gewachsen ist, ob du weitere versetzen willst oder ob du dort kurz Rast machen möchtest, um deine Gedanken zu leeren.

Im Sinne einer gewissen Neutralität sind Findlinge, die in der Natur liegen, besser geeignet als „Stadt-Findlinge". Wenn du aber überzeugt bist, dass ein großer Stein im Stadtzentrum, um den herum sich Menschen tummeln, für dich und deine geliebte Person passender und für dich besser zugänglich ist, dann ist das ebenso gut. Finde deinen Findling.

Alternativ kannst du dir auch eine Skulptur suchen. Orientiere dich aber vorher, in welchem Kontext die Skulptur steht, wer sie gemacht und welche Bedeutung sie hat. Und ob ihre Geschichte mit deiner oder der von der geliebten Person gut harmoniert.

2.

Rituale im Kleinformat

2.1 Ein Herzgebet für dich

Herzgebete entstehen von selbst. Das, was wir in uns murmeln oder wiederholt aufsagen, wenn wir sehr emotional sind, kann man ein Herzgebet nennen. Wenn wir an die geliebte Person denken oder uns innerlich wiederkehrend mit Fragen auseinandersetzen, sind wir bereits dabei, ein Herzgebet aus diesen Gedanken und Worten zu kreieren. Ein Herzgebet verlässt die erste quälende Frage und richtet sich ans Ich, an ein Du, an etwas Unbekanntes. Es beantwortet die Frage sogar ein Stück weit. Es bittet. Es stellt fest. Es fragt nach. Es klagt. Und auch ohne Antwort glauben wir, durch ein Herzgebet irgendwo gehört zu werden, zumindest hoffen wir das. Wir erahnen den Weg, den wir gehen könnten. Wenn nicht heute, so morgen, übermorgen.

Wer in der Trauer ist, kennt die kleinen Zwiegespräche mit sich selbst, mit der geliebten Person, die physisch nicht mehr da ist. Manchmal spricht man mit der Sache selbst, mit der Urquelle, der unbekannten Größe. Die Zwiegespräche sind noch keine Herzgebete, aber möglicherweise haben Letztere dort ihren Ursprung. Sofern sich die Zwiegespräche weiterentwickeln, verlassen sie die ersten Stufen und erklimmen die nächsten. Es muss nicht so sein, dass die Reise immer weiter von dir selbst wegführt und immer allgemeiner wird. Oft ist das das Gegenteil der Fall. Das Zwiegespräch führt nicht selten zu dir selbst zurück. Doch während dich bohrende Fragen quälen und du dich im Kreis drehst, ist das Herzgebet weit konstruktiver. Es ist von affirmativer Natur und mit der Zeit vermag es, eine innere Ruhe zu vermitteln.

Ablauf

Vorbereitung

Nimm dir Zeit und mach dieses Ritual in mehreren Schritten, über mehrere Wochen hinweg. Sei offen dafür, dass dieses Ritual überhaupt immer weiter gehen und sich vergrößern kann.

Es ist nicht verkehrt, die Herzgebete schon früh auf deiner inneren Reise zu finden., wenn du also noch mittendrin bist in der Qual, wenn du die Welt nicht verstehst, wenn du voller Kummer und untröstlich bist. Denn dann ist die Zeit ohnehin da, in der du viel innerlich und mit der geliebten Person sprichst, ob bewusst oder unbewusst. Fragen wie „Warum?“, „Was soll ich tun?“, „Wo bist du jetzt?“, „Wo stehe ich jetzt?“, „Wie soll es weitergehen?“ kommen ganz von selbst auf. Manche dieser Fragen oder Aussagen spricht man gefühlt 24/7 aus. Oder, wie aus einem Traum erwacht, erwischt man sich selbst mit der Frage: „Ist das wirklich alles wahr?“ Es ist wichtig, diese Fragen zuzulassen. Sie entstehen, ergo sind sie existenzberechtigt.

Ebenso ist es in Ordnung, sie für sich zu beantworten, sie immer wieder anders zu beantworten. Ebenso okay ist es, sie offen zu lassen und dazu zu stehen, dass es keine Antworten gibt. Nicht jetzt, später vielleicht oder überhaupt nie.

Finde für dich einen ruhigen Moment, mit etwas Zeit. Nimm Stift und Papier zur Hand und notiere, welche natürlichen Sätze dir im Kopf herumkreisen. Erinnere dich auch an das zurück, was dich vor ein paar Wochen oder Monaten oder zu Anfang der Trauer quälte. Sei offen für alles, auch wenn es aus heutiger Sicht scheinbar anders geworden ist. Vielleicht hast du einst gesagt: „Ich fühle mich schuldig. Ich hätte stattdessen gehen sollen“ und inzwischen hast du damit Frieden geschlossen, dass es ist, wie es ist. Lass solche Sätze trotzdem aufs Papier wandern und belass sie dort, wertfrei. Geh derweil deinen weiteren Gedanken nach.

Lass in deiner Trauer, in der Ohnmacht, in deinem Schmerz zunächst alles zu. Achte nicht darauf, ob die Sätze vermeintlich dumm, kindisch oder einfach sind. Ob sie sich an dich richten, an deine geliebte Person oder an etwas anderes.

Erlaube dir, dich für ganz starke Sätze zu öffnen; Sätze, die man vor lauter Gedankengängen vergessen könnte. Dies sind solche einfachen wie elementaren wie: Ich vermisse dich. Ich liebe dich so sehr. Es ist so schwer, ohne dich zu leben. Usw.

Du wirst wahrscheinlich mehr notiert haben, als du dachtest. Lass die Sätze auf dich wirken und versuche, diejenigen auszuwählen, die **stark sind in der Aussage**, weil sie:

Gruppe A

- eine Wahrheit bergen,
- etwas Heilsames haben,
- etwas Offenes haben,
- von Herzen kommen und zu dir gehören etc.

Schau dir dann die übriggebliebenen Aussagen an und überlege, **ob sie sich umwandeln lassen**, weil du sie …

Gruppe B

- in etwas Konstruktives verwandeln kannst,
- weil sie etwas bergen, das wichtig für dich ist,
- weil du ihnen weiter auf den Grund gehen möchtest.

Vielleicht passt ein Teil des Geschriebenen, der einfach raus musste, nicht in die obigen Kategorien. Lege diesen Teil zunächst zur Seite.

Schreibe dann die Aussagen / Fragen aus der Gruppe A auf kleine Kärtchen und lege sie in eine Schachtel oder Mappe. Dies sind deine ersten kleinen Herzgebete.

Vertiefung (für Texte aus Gruppe B)

Wenn du noch Zeit und Kraft hast, kannst du dich bereits jetzt der Gruppe B widmen. Es ist aber auch in Ordnung, das irgendwann später zu tun.

Die Aussagen aus der Gruppe B scheinen noch nicht ganz ausgereift zu sein, sind vielleicht erst Brücken zu den wahren Sätzen, die eigentlich hier stehen sollten. Untersuche die Aussagen wie folgt:

- Kann der Satz / die Frage so stehen bleiben und zu den Karten der Gruppe A wandern?
- Gibt es eine Variante, die ich lieber lesen würde?
- Kann ich diesen Satz in eine positive Aussage umwandeln?
- Ist eine Affirmation, etwas Bekräftigendes bereits in der Aussage enthalten?

Wenn du die Aussagen also leicht verändern kannst, dann schreibe auch diese auf Kärtchen und lege sie zu den Herzgebeten.

Wenn sich aus dem, was du geschrieben hast, eher traurige oder negative Aussagen ergeben, lass sie unbedingt zu, aber suche ganz bewusst nach positiven Formulierungen. Prüfe, ob du sie umformulieren und in etwas Positives umwandeln kannst. Vielleicht hilft es dir, wenn du dir vorstellst, dass du diese Umformulierung für einen Freund / eine Freundin machst, die oder den du damit aufmuntern möchtest. Falls das nicht geht, balanciere negative Aussagen aus, zum Beispiel mit einem positiven Satz aus den Vorschlägen weiter unten.

Beispiel für eine niederdrückende Aussage: „Ich fühle mich nicht gut. Ich fühle nur Schuld, Wut und Ohnmacht."

Mögliche Ausgleichsätze:

„Ich nehme diese Gefühle zunächst an."
„Ich liebe dich unendlich."
„Ich versuche trotzdem, die Zuversicht nicht aus den Augen zu verlieren."

Wenn der Schreibprozess ohne greifbares Ergebnis bleibt

Wenn du ziemlich viel geschrieben hast, aber nichts davon in die Gruppen A und B passt, lass dir Zeit. Mach an dieser Stelle erstmal Schluss und komme ein andermal wieder darauf zurück. Vielleicht hast du so viele Gedanken im Kopf, zu viele, um sie schon ordnen zu können und zu Herzgebeten werden zu lassen.

Und wenn dir überhaupt nichts in den Sinn kommt und dein Blatt mehr oder weniger leer ist? Dann lass auch das einfach so stehen, weil du deine Gedanken womöglich erst wecken und sie noch davon überzeugen musst, sich zu Sätzen zu formieren und auf Karten schreiben zu lassen und dass sie später Herzgebete heißen dürfen.

Egal, ob zu viel oder zu wenig: Unternimm ein paar Tage später einen neuen Anlauf. Fang wirklich ganz neu an, beachte nicht, was beim ersten Anlauf entstanden (oder nicht entstanden) ist. Durchsiebe deine Gedanken. Vielleicht ist jetzt etwas dabei, das in die Kategorie A oder B passt.

Wenn du partout nichts hast, aber gerne Herzgebete haben möchtest, dann könnte in der Auswahl unten etwas für dich dabei sein, das dir als Angebot am Anfang deiner Herzgebet-Erkundungsreise offensteht.

Das Ritual selbst

Nun hast du Sätze und Fragen, die zu einem oder mehreren Herzgebeten geworden sind. Sie sind wahr und heilsam, haben etwas Offenes, kommen von Herzen. Sie sind aufbauend, bergen etwas Wichtiges, das in dir anklingt. Wenn du dir einen ruhigen Moment wünschst oder bereits eine gewisse Ruhe in dir spürst, nimm diese Kärtchen zur Hand und gehe sie im Stillen eines nach dem anderen durch. Du kannst sie auch vor dir auslegen.

Fühl dich frei, die ausgelegten Karten so lange zu lesen, sie in die Hand zu nehmen und sie wieder hinzulegen, bis du eine gewisse Beruhigung verspürst. Es ist besser, sich hierfür etwas mehr Zeit zu nehmen, dann ist die Wirkung tiefer. Wenn du eine Karte, aufnimmst, lies mehrere Male (oder memoriere für dich), was darauf steht. Solange, bis sie zu dir spricht. Du kannst die Karte auch vor dir auslegen und nachwirken lassen.

Weitere Herzgebete hinzufügen?

Du kannst gerne irgendwann deine alten Notizen hervorholen und erneu durchgehen. Lassen sich bisher nicht genutzte Sätze vielleicht jetzt mithilfe der Fragen zu den Gruppen A und B sortieren? Wenn das weiterhin schwierig ist, lege die Notizen zur Seite und arbeite spontan mit neuen Impulsen.

Wie viele Herzgebete kann bzw. sollte ich haben? Wenn du magst, orientiere dich an Gebetsketten. Ein Rosenkranz beispielsweise hat 59 Perlen, eine Mala-Kette hat 108. Bei jeder einzelnen Perle spricht man ein Gebet bzw. ein Mantra.

Herzgebete: Einige Vorschläge und Anregungen

Die folgenden Sätze kannst du nutzen, wenn du noch keine eigenen Herzgebete hast oder du kannst damit dein Kartenset ergänzen:

Ich liebe dich. / Ich vermisse dich. / Ich schaffe das. / Wir schaffen das. / Ich spüre dich. / Ich habe die Heilkraft in mir. / Ich bin nicht allein. / Ich akzeptiere meinen Schmerz. / Ich akzeptiere, wie es ist. / Ich nehme an. / Ich bleibe offen. / Ich weiß, du bist bei mir. / Du bist in meinem Herzen. / Ich bin auf dem Weg meiner Genesung. / Ich lebe. / Du bleibst immer bei mir.

Wie sich das Ritual weiterentwickeln kann

Bleib mit diesem Ritual in Bewegung. Es ist nicht ganz so wichtig, dass du es regelmäßig zu festen Zeiten machst, aber finde die richtigen Momente. Ergänze die Karten, wenn dir während des Rituals weitere Sätze zufließen. Sortiere mutig aus und geh gelegentlich wieder zu den Anfängen zurück, um nachzuspüren, was Neues kommen möchte.

Versuche die Karten auch nach Kriterien wie traurig oder positiv zu sortieren. Nimm dann auch gerne mal die traurigen hinzu und ergänze sie stets mit den positiven. Einer traurigen Karte sollten sich am besten zwei positive Karten hinzugesellen. Zu einem späteren Zeitpunkt kannst du die eher negativen Karten zu einem Stapel legen, den du mit einem Fragezeichen versiehst. Wenn du dich dieser Karten annimmst, frage dich, ob sich in der Zwischenzeit die Traurigkeit und das dunkle Gefühl nicht etwas aufgehellt haben oder wann es Tage gegeben hat, wo die Karte/n nicht zutraf/en.

Zu einem noch späteren Zeitpunkt kannst du diese negativen, nun mit einem Fragezeichen versehenen Karten ein weiteres Mal zur Hand nehmen und versuchen, sie positiv umzuformulieren. Wenn du dazu keine Lust hast oder das Thema für dich gar abgehakt ist, kannst du diese Karte auch entsorgen.

Mute dir bei diesem Ritual nicht zu viel zu. Taste dich langsam heran und lass dir Zeit. Mach zwischendurch etwas anderes, damit Kopf und Herz nicht in eine Grübelschleife geraten. Die Herzgebete sollten dir Auftrieb und Leichtigkeit geben – und dafür empfiehlt sich ein spielerischer Umgang mit ihnen.

Es ist schön, wenn du dir deine Schachtel oder Mappe regelmäßig vornimmst, sortierst, ergänzt, aussortierst. Es ist auch in Ordnung, wenn du ab und an durch das Set gehst, ohne etwas zu fühlen. Sei versöhnlich damit, dass es solche und solche Tage gibt und dass die subtile, tiefe Wirkung der Herzgebete nicht von einem einzelnen Durchgang abhängt.

Fühl dich nicht unter Druck, ein perfektes Herzgebet zu finden, das für alle Zeiten gültig ist und jeder Situation gerecht wird. Die Herzgebete verändern sich im Prozess, manche währen nur einen Augenblick lang. Vielleicht nimmst du am Anfang den Satz „Ich weiß nicht, wie es weitergehen soll“ als Herzgebet an, das bereits ein paar Tage später so lauten kann: „Ich möchte einen konstruktiven Plan entwickeln.“ Noch später sagst du unter Umständen: „Ich bin schon weitergekommen. Ich anerkenne das. Ich werde stetig weitergehen. Ich gehe weiter mit Zuversicht.“.

2.2 Musik für dich, für mich. Musik, in die ich meine Trauer bette (Variante 1: Musik für mich)

Musik wirkt Wunder, sagt man. Sie sei heilsam. Es sei ein urmenschliches Bedürfnis, Musik zu machen, Musik zu hören, wenn andere spielen. Die Kraft der Klänge, der menschlichen Stimme, wenn sie einen Raum erfüllt.

Trauernden ist nicht sofort nach Musik zumute, außer in Momenten, um die traurige Stimmung noch mehr zu untermalen. Wenn man bewusst zuhört, was gesungen wird, wie die Stücke heißen oder wenn man sich sinnlich darauf einlässt, was mit einem geschieht, wenn Orchester Klänge erzeugen, wenn aus Instrumenten Töne hervorkommen, die mit anderen in ein harmonisches Zusammenspiel kommen. Unter Umständen ist das emotional kaum zu ertragen. Menschen, die gemeinsam Musik machen, inmitten der musikalischen Form aufgehoben. Die Klangräume, die als Wellen, als Schall und als Botschaften die Gehörgänge eines trauernden Menschen erreichen, sind grausam und schön zugleich. Den einen zerreißen sie, einem anderen vermögen sie auf seltsame Weise Trost zu spenden.

Musik kann allerlei. Sie kann dich erden, dich in eine höhere Schwingung versetzen. Sie kann in dir eine Wehmut auslösen, dich in eine Weinkaskade katapultieren. Je nach Musikrichtung, je nach Stil und je nachdem, was du persönlich mit der Musik, was du mit Musik und deiner geliebten Person verbindest, ist jede Stimmung denkbar, die man mit Musik erleben kann. Selbst wenn es dich nicht Überwindung kostet, Musik zu hören, ist dieses Ritual eines, das dich in einen Klang-Raum betten und dich darin erden soll – als Gegenstück zum Trauer-Raum, in dem man als Trauernder viel Zeit verbringt.

Ablauf

Welche Musikquelle du wählst, ist dir überlassen. Du kannst vorher etwas aussuchen oder rein zufällig auf etwas zurückgreifen, egal, ob von einem Tonträger oder aus einer Playlist. Falls du es dem Radio überlässt, achte darauf, dass du dich erst dann hinsetzt, wenn ein neues Stück beginnt und dass es nicht eine Sendung ist, die Musik nur als Soundkulisse zum gesprochenen Wort nutzt.

Tipp: Ein Stück von etwa drei bis fünf Minuten Länge ist günstig für dieses Ritual.

Mit einem bewusst ausgewählten Musikstück verbindest du möglicherweise bereits etwas. Versuche aber diesmal, es so zu hören, als wäre es das erste Mal – frei von allen bisherigen Assoziationen.

Finde einen für dich guten Moment, um dich in Ruhe hinzusetzen und das Musikstück vom Anfang bis zum Ende mit geschlossenen Augen zu hören. Suche dir einen bequemen Platz. Du kannst dich auch hinlegen. Wenn du keine Kopfhörer nutzt, achte auf eine angenehme, aber präsente Lautstärke.

Höre das Stück konzentriert und auch im eigenen Bewusstsein, wo du gerade bist, was du durchmachst oder was du erlebt hast. Wenn du in diesem Moment deinen geliebten Menschen bei dir haben möchtest, dann lass ihn im Geiste zu dir kommen und mit dir lauschen. Hör das Stück vom Anfang bis zum Schluss. Dann stell das Wiedergabegerät ab und lass den Moment noch eine Weile in dir nachwirken.

Schenke dir regelmäßig diese drei bis fünf Minuten. Zum Einklang auf den Tag, (etwas länger) vor dem Wochenende, zum Auftakt einer Woche und mit einer feierlichen Geste. Den Tag morgens mit einem Musikstück einzuleiten und ihn abends damit zu beenden, ist eine besondere und stimmungsvolle, auch stimmungserhöhende Einrahmung. Die Melodie wird dich vielleicht im inneren Ohr begleiten und du bist außerdem mit deinen Ohren anders dabei, hörst womöglich mit der Zeit mehr in dem Stück.

Selbstverständlich kannst du dieses Ritual auch täglich oder mehrmals täglich machen, wenn dir danach ist. Finde selbst heraus, ob mehrere kleine Einheiten pro Tag dir guttun oder ob ein Mal pro Woche für dich ausreichend ist.

Dieses bewusste Musikhören schafft in dir friedvolle, erholsame Inseln. In einer solch entspannten Verfassung wird es mit der Zeit immer einfacher, dich gelöst und offen hinzusetzen. Und noch später wirst du vielleicht die Musik nur als angenehme Geräuschkulisse im Hintergrund wahrnehmen, die dich in Form des Rituals zu dir bringt, dich ganz nahe an deine Gefühle heranträgt.

2.3 Ich höre Musik mit vier Ohren (Variante 2: Musik für uns beide)

Wer einmal ein Konzert besucht hat, weiß: Musik gemeinsam zu hören, ist ein anderes Erlebnis, als allein Musik zu hören. Es ist auch nicht dasselbe, ob man Musik live hört oder eine Aufnahme abspielt. Es kann Welten bedeuten, ob man ein Stück laut oder als Hintergrund vernimmt.

Die Trauer kann bei Musikstücken, die einst pure Freude bedeutet haben, diese Freude nicht nur mindern, sondern sie sogar ins Gegenteil verkehren. Selbst ein fröhliches Stück wird zu einem Blues. Worte, die einem bisher ohne tieferen Sinn vorkamen, scheinen Botschaften zu enthalten, die einen jetzt mitten ins Herz treffen. Für jede/n bedeutet Musik etwas anderes und so verwehren sich manche Trauernde gegen sie. Sie lädt zu viele Emotionen in ihnen auf, oder sie ist einfach sinnlos geworden. Doch egal, wie man grundsätzlich zu Musik steht: Sie ist zweifelsohne von heilender und katalysierender Kraft. Wer Mühe hat, in die Musik (zurück) zu finden, der suche sich ein weiteres Paar Ohren.

Ein Musikstück bewusst hören. Vielleicht mit geschlossenen Augen. Regungslos mittig im Raum sitzen, den die Musik ganz ausfüllt, mit ihren Wellen und Frequenzen deine Gehörgänge sucht. Aber nicht nur deine. Deine geliebte Person ist nah bei dir. Ihr macht das gemeinsam. Ihr nähert euch durch diese Sphäre an oder ihr genießt. Ihr lauscht oder seid einfach da. Du bist nicht allein. Die Musik, die Musiker, die Töne und Wellen, die Komposition in ihrem kompositorischen Regelwerk, die Handwerker, die die Instrumente bauten, der Tonmeister im Studio, die Plattenfirma, der Verkäufer, der damals an der Kasse stand, als du die Platte kauftest. Alle waren da und sind unsichtbarer Teil dieser Musik. Aber auch die Musikgeschichte liegt irgendwo zwischen den Noten, die Traditionen, dieses Weitergeben und Nie-Stehenbleiben. Du erkennst diese Zusammenhänge und dass nichts ohne ein Vorher möglich sein kann. Du fühlst, dass es daher so sein darf, dass auch deine geliebte Person zugegen ist. Es gibt keine Trennung im Kontinuum. Es geht stets weiter, und zwar mit dem, was da war. Es ist ein Prinzip, dass es weitergeht. Auch, wenn die Formen sich verändern. Es ist klar, dass es aus dem entstanden ist, was zuvor war.

Ablauf

Such dir bewusst eine CD oder ein Musikstück aus oder greife ohne Vorbereitung in deine Musiksammlung. Du kannst alternativ auch das Radio anmachen und in eine Sendung reinschalten. Wichtig dabei ist, dass dort die Musik zentral ist und sie nicht durch Gespräche zerredet wird. Ferner solltest du nicht zufällig einschalten, denn das Stück möchte von Anfang bis zum Schluss gehört werden. Eine Musiksendung, die also gleich nach den Nachrichten beginnt, könnte sich hierfür gut eignen.

Die Lautstärke sollte nicht zu weit heruntergeregelt sein. Wenn du das Ritual nachts durchführen möchtest und du Nachbarn hast oder andere Menschen in der Wohnung leben, benutze gute Kopfhörer, um die Lautstärke anzuheben.

Gestatte dir ein Glas Wein dazu. Setz oder leg dich bequem hin. Stell dir vor, wo dein geliebter Mensch sitzen oder liegen würde. Gib ihm diesen Raum und lass dich, zusammen mit deiner geliebten Person, vom Sound einnehmen.

Vielleicht magst du danach noch weiter hören, das ist in Ordnung. Wenn die Konzentration des bewussten Hörens beibehalten wird, ist das umso besser und du darfst dir selbstverständlich mehr Zeit geben als nur die vorgeschlagene Länge eines Musikstücks. Aber ein Stück vom Anfang bis zum Ende zu hören, dich der Musik bewusst anzunähern, ist ein Anfang. Sei dabei offen für alles, was dir in den Sinn kommt. Insbesondere, wenn dies etwas ist, was dein geliebter Mensch vermittelt haben könnte.

2.4 Wir wandern auf dem Zifferblatt für dich

Wenn man gut beschäftigt ist und nicht auf die Uhr schaut, vergeht die Zeit im Flug. Wer hingegen immer wieder aufs Zifferblatt blickt, dem ist eine gedehnte Zeit sicher. Endlos zieht sich auch die Zeit dahin, wenn sich in der Trauer die Traurigkeit und ein lähmendes Gefühl breit machen. Die meisten wünschen sich mehr Zeit, doch wenn sie einfach nicht vergehen will, sich dehnt und streckt, ist dies oft mit einer unerwünschten, schmerzenden Qualität verbunden. Wenn wir uns diesem Phänomen bewusst widmen, sind wir es, die die Zeit dehnen können.

Geeignet ist dieses Ritual für einen besonderen Tag, den du mit dem geliebten Menschen verbindest. Wenn du den Gedenk- oder Geburtstag deiner geliebten Person nicht ohnehin mit anderen feierst, kannst du das stellvertretend in diesem Ritual tun. Auch Allerseelen (2. November) eignet sich für dieses Ritual sehr gut und schafft eine gemeinschaftliche Verbindung.

Der Tag hat bekanntlich 24 Stunden. Zu jeder vollen Stunde denkst du an deinen geliebten Menschen, indem du eine Kerze für ihn anzündest. Noch besser ist es, wenn du dies gemeinsam mit denen tust, die die geliebte Person ebenfalls vermissen. Es können aber auch solche Menschen darunter sein, die die geliebte Person nicht gekannt haben, die aber dir nahe sind und dich gerne unterstützen wollen.

Ablauf

Überlege zunächst, welches Datum du für das Ritual wählen möchtest: Gedenktag, Geburtstag, Allerseelen – oder einen anderen Tag, den du feiern möchtest und der eine Bedeutung für dich hat.

Wer ist in deinem nächsten oder nahen Umfeld, den du zu diesem Ritual einladen möchtest? Wenn z. B. elf Personen zusammenkommen und du um 10 Uhr beginnst, geht das Ritual bis 20 Uhr.

Besorge Kerzen und lade Personen ein, die die geliebte Person gekannt haben. Aber auch solche, die dich kennen und dich gerne hierbei unterstützen. Erstell gerne einen schriftlichen Ablauf, sodass sich jeder in die Gruppe eingebunden fühlt und weiß, wer vor ihm und wer nach ihm das Ritual macht. In deinem Einladungsbrief (den du gegebenenfalls mit der Kerze verschickst) musst du nicht viel erklären. Lediglich, dass du dich freuen würdest, zusammen mit anderen an diesem besonderen Tag der geliebten Person stündlich und gemeinsam zu gedenken und für sie eine Kerze anzuzünden. Du kannst, wenn du magst, auch ein Gedicht, ein Gebet, ein Mantra beilegen, das die Menschen beim Anzünden der Kerze lesen könnten.

Vergiss nicht, dich selbst in diesen Ablauf einzubinden. Mach entweder den Anfang oder sei das Schlusslicht und sei mental zu jeder vollen Stunde kurz in Gedanken bei derjenigen Person, die gerade das Ritual vollzieht.

Versuche ein Datum zu finden, das möglichst gut passt und beziehe in deine zeitliche Planung auch die Schlafgewohnheiten deiner Gäste ein, sodass jemand, der um 21 Uhr zu Bett geht, von dir nicht eingeladen wird, morgens um 1 Uhr eine Kerze anzuzünden.

Wenn es sich als zu kompliziert erweist, alle an einen Ort zu bekommen und zu jeder Stunde eine Kerze anzuzünden, kannst du alternativ auch Folgendes tun: Zu einer bestimmten Stunde zünden alle – dort, wo sie gerade sind – gleichzeitig eine Kerze an. Du kannst mit der Stunde davor und danach dieses Ritual zusätzlich einbetten.

Wenn du das Ritual lieber allein machen willst, kannst du die brennenden Kerzen ausgehen lassen. Dann stellst du immer neue hinzu und hast am Ende beispielsweise sieben Kerzen, die zeitversetzt gebrannt haben. Lass die Kerzen nicht unbeaufsichtigt und sorge für einen geeigneten (brand-)sicheren Ort. Alternativ kannst du zu jeder vollen Stunde eine große Kerze anzünden, bei ihr für ein paar Minuten verweilen, zum Beispiel auch mit einem Mantra, Gedicht oder Ähnlichem. Danach bläst du die Kerze aus und zündest sie zur nächsten vollen Stunde wieder an.

2.5 Mein Körnchen Liebe für dich

Jede Träne, die du während der Trauer weinst, ist ein Zeichen der Liebe zu deinem geliebten Menschen. In jeder Träne ist Salz. Es ist das Salz der Liebe. Das Salz des Lebens. Salzkörnchen nisten sich in den Mauern von Venedig ein und vermögen in aller Stille und mit sanfter Gewalt, unterstützt von der Zeit, die Lagunenstadt zu Fall zu bringen. Deine Liebe ist größer als ein Salzkörnchen, aber genau dieses Körnchen, das ist und bleibt, hat große Kraft. Und diese Kraft muss man sich so vergegenwärtigen: geballt in einem einzigen winzigen Kristall, das in deiner Hand liegt.

Das folgende Ritual im Miniformat, freudvoll und leicht, begleitet dich durch den Tag. Jedem Getränk, das du heute zu dir nimmst, fügst du ein einzelnes Salzkorn hinzu. Es ist zwar winzig und du wirst es nicht schmecken, wenn es sich aufgelöst hat, aber dieser Akt soll ausdrücken: Hier ist meine Liebe für dich.

Du kannst das Ritual auch in einer Gruppe machen. Lade zum Beispiel Menschen, die deine geliebte Person gekannt haben, zum Kaffee ein. Wenn du möchtest, dass dein geliebter Mensch einen Platz in der Runde findet, füge jeder Kaffeetasse ein Salzkörnchen hinzu – eine Prise Humor im wahrsten Sinne des Wortes.

Ablauf

Vielleicht ist heute ein besonderer Tag oder du vermisst deine geliebte Person gerade besonders arg. Oder es ist umgekehrt: Der Alltag hat dich wieder und du sehnst dich nach einer rituellen Verbindung, die du aber ohne großen Aufwand für dich und deine/n Liebe/n herstellen möchtest.

Der Ablauf ist einfach: Jedem Getränk, das du für dich heute zubereitest und zu dir nimmst, fügst du ein einzelnes Körnchen Salz hinzu.

Wenn du unterwegs bist, nimm vielleicht einen kleinen Salzstreuer mit. Wenn du jedoch zu Hause bist, kannst du dir das Salz für das Ritual besonders schön vorbereiten. Vielleicht schüttest du ein paar Körnchen auf ein dunkles Tellerchen, das du auf ein Silbertablett platzierst. Wenn du magst, dekoriere alles mit einer Blume oder etwas Grünem aus dem Garten – und sei es nur ein kleiner Grashalm oder ein Gänseblümchen.

Wenn du das Getränk eingeschenkt und den kleinen Kristall bereit hast, schließe kurz die Augen und fühle, was du hiermit ausdrücken möchtest. Beispielsweise:

Ich liebe dich.
Ich vermisse dich.
Das ist für dich.
Dies ist ein kleines Zeichen in Salzkörnchenform. Klein, aber umso elementarer.
Usw.

Du wirst sehen: Der kleine einleitende Satz kommt entweder sofort ganz von selbst oder er bildet sich im Lauf des Tages mehr und mehr heraus.

Wisse: Der Kristall ist nicht mehr sichtbar, nicht mehr zu schmecken, aber du allein weißt, dass er da ist. Es ist ein wenig so wie mit deiner geliebten Person. Physisch ist sie nicht mehr da und doch ist sie hier.

In einer Gruppe lässt du die Salzschale umhergehen und bittest jede/n, als Zeichen der Verbundenheit zum geliebten Menschen ein Salzkörnchen ins Getränk wandern zu lassen.

Verwende kein grobkörniges Salz, etwa Fleur de Sel o. Ä., weil du damit an diesem Tag vielleicht eine zu große Salzdosis zu dir nehmen würdest.

2.6 Der Handschmeichler, du und ich

Wo Halt finden in der Trauer, an was sich festhalten, wenn der innere Sturm tobt, wenn man nach etwas greifen möchte, nach irgendwas? Und dann ist da die Leere, die Dunkelheit und oft auch die Angst, überhaupt die Hand auszustrecken. Im Leben hängt das Lot nicht immer senkrecht. Wir geraten regelmäßig in Schieflage, vollführen mitunter einen Seilakt, einen Eiertanz. Der beste Halt ist in einem selbst, heißt es. Doch wie kommt man dahin? Welche mentalen und physischen Ausbalancierungen muss man lernen und vollbringen, welche Stolpersteine aus dem Weg schaffen, bis man geradewegs und solide stehen kann? Ohne Schieflage, einfach bloß stehen in der natürlichsten Form und dabei in Harmonie, im Gleichgewicht sein. Stehen wie ein Baum im Wind. Stehen wie ein Fels in der Brandung …

Finde einen Gegenstand, der deiner geliebten Person gehört hat und der klein und handlich ist, vielleicht sogar die Qualität eines Handschmeichlers hat. Wenn du nichts hast, kannst du symbolisch einen runden schönen Stein suchen. Oder du wählst einen formschönen Halbedelstein aus, der zu deiner geliebten Person passt. Versuche, diesen Handschmeichler als ein Lot zu sehen, das dich ausgleicht und erdet. Und das dich gleichsam mit dem geliebten Menschen verbindet, in Momenten, wo dir nach Ruhe und Ausgeglichenheit ist.

Nach einem inneren Sturm oder wenn du unsicher bist, den nächsten Schritt zu gehen, holst du den Handschmeichler hervor. Du stellst dich aufrecht hin, achtest auf einen sicheren Stand und nimmst den Handschmeichler in deine beiden Hände, die du vor der Brust hältst, in Höhe des Herz-Chakras. Durch die Kraft dieses kleinen, bedeutsamen Gegenstands lässt du dich ein paar Minuten lang ausbalancieren: innerlich und äußerlich. Du bist in Verbindung mit dem Gegenstand, mit dem Handschmeichler, mit deinem geliebten Menschen, mit dir selbst.

Vorbemerkungen

Wenn dein Handschmeichler ein Stein ist, spül ihn unter warmem Wasser gut ab. Manche Halbedelsteine kann man auch zur Energetisierung in die Sonne legen. Falls du diese Möglichkeit erwägst, informiere dich vorher, welche Steine sich dafür eignen.

Sorge dafür, dass du den Handschmeichler zur Hand hast, wenn du ihn brauchst. Du kannst ihn akut verwenden, wenn du spürst, dass du nicht weiterkommst. Wenn du gereizt, von Gefühlen überflutet, psychisch überfordert oder wenn du einfach nur körperlich müde bist. In solchen Momenten der Unausgeglichenheit kann der Handschmeichler dir helfen, wieder zur Ruhe, in die Kraft und in die Balance zu kommen.

Ablauf

Stelle dich aufrecht hin, die Füße leicht geöffnet. Achte darauf, dass die Knie nicht ganz durchgestreckt sind, sondern versuche, in einer lockeren Haltung zu stehen, sodass du ein wenig wippen kannst.

Lass deine Schultern nach unten hängen und baumle ein wenig mit den Armen. Bewege auch deinen Oberkörper, deine Hüften ein wenig, um in einen guten und unverkrampften Stand zu kommen.

Halte nun den Handschmeichler mit beiden Händen unmittelbar vor deine Brust, in etwa auf Höhe des Herzchakras. Schau geradeaus und fixiere mit offenen Augen einen Punkt in der Weite. Wenn du dich sicher fühlst, kannst du deine Augen auch schließen.

Fühle das kleine Lot des Handschmeichlers und die Kraft deiner geliebten Person. Verweile in dieser Position, bis du das Gefühl hast, in einem anderen geistigen Zustand zu sein als vor dieser Übung.

Lege dann den Stein zur Seite oder spüle ihn, wenn du magst, unter warmem Wasser ab. Bedank dich bei deiner geliebten Person für ihre Unterstützung. Denn der Handschmeichler steht einerseits für die Balance, andererseits steht er in Verbindung zu deiner geliebten Person, die dich hier ebenso unterstützt.

Wenn du dieses Ritual oft machst, kannst du versuchen, dabei auf einem Bein zu stehen und das Ritual mit der Yoga-Übung „Der Baum" zu verbinden. So manifestiert sich körperlich, wie gut dieses Lot funktioniert und dass es das erwünschte Gleichgewicht bringt.

2.7 Lass mich, lass uns schweigen für dich

Nach Naturkatastrophen, die viele Menschenleben forderten, oder auch nach Anschlägen mit vielen Toten gibt es öffentliche Schweige- oder Gedenkminuten. Ebenso finden sie bei Preisverleihungen und Ehrungen statt, wenn derer gedacht wird, die nicht mehr physisch da sind. Es gibt jährliche Gedenkminuten an Gräbern und vor Denkmalen. Auch in der Kirche kennt man den Brauch des stillen Innehaltens während eines Gottesdienstes.

Schweigen im privaten Rahmen ist schon seltener. Dabei ist dieses Ritual, das sanft und leicht daherkommt, von einer besonders fokussierten Zentrierung. Es ist still und kurz und dennoch äußerst wirkungsvoll. In der zeitlich eingegrenzten Stille kann sich die Trauer konzentrieren wie auch kanalisieren. In der Gemeinschaft durchgeführt, wirkt diese Form des Gedenkens stärkend, verbindend und tröstend.

Mindestens vier Varianten kannst du für dich oder mit deiner Familie bzw. deinen Freunden ausprobieren.

1. Die Schweige-/Gedenkminute in gemeinsamer Runde, wo du nach einer kurzen Einleitung die Anwesenden bittest aufzustehen, um der geliebten Person in der Gemeinschaft zu gedenken.
2. Man kann auch zu einem vorher festgelegten Zeitpunkt mit mehreren Menschen eine gemeinsame Schweigeminute abhalten, wenn sich alle an unterschiedlichen Orten aufhalten. Die Tatsache, dass ihr das zu einem bestimmten Zeitpunkt zusammen macht, wirkt ebenfalls äußerst verbindend und baut auf Vertrauen, dass nämlich jede/r, der/die zugesagt hat beziehungsweise eingeladen ist, das Ritual wirklich durchführt. An dieser Variante des Rituals ist besonders schön, dass kein Druck da ist, sich vor den anderen zusammennehmen zu müssen. Die Basis ist zum einen die Zuneigung, Freundschaft, Liebe zum geliebten Menschen, zum anderen das Vertrauen, das diese Variante trägt.
3. Auch ganz allein kannst du eine solche Schweigeminute einhalten und es muss dabei nicht minder feierlich zugehen. Du kannst vorher ein paar Worte sagen und wenn du nicht bereits stehst, danach aufstehen. Wenn dir danach ist, verlängere doch die Schweigezeit, zum Beispiel auf drei Minuten.
4. Die vierte Variante nenne ich „allein mit Ausdehnung“. Das bedeutet, dass du das Ritual regelmäßig machst, z. B. täglich nach dem Aufstehen, vor dem Zubettgehen, einmal pro Woche, immer am ersten Sonntag im Monat usw.

Ablauf

Variante 1: In gemeinsamer Runde

Ob geplant oder halbwegs spontan: Wenn eine gute Gemeinschaft da ist und der geliebte Mensch auch den anderen sehr fehlt, ist eine gemeinsame Schweigeminute eine feine Sache. Sie wird euch tragen – dich und jeden Einzelnen, der sich tief mit dem Verstorbenen verbunden fühlt und um ihn trauert.

Vielleicht trefft ihr euch auch zu einem Anlass, der unmittelbar gar nicht mit der geliebten Person zusammenhängt. Auch dann eignet sich ein bewusster Moment, um den vielen Energien, Kräften und Zerstreuungen einen würdevollen Fokus und Tiefe zu verleihen, indem man alles bündelt. Wenn eure Zusammenkunft eher Partycharakter hat, sollte die Schweigeminute nicht zu spät durchgeführt werden.

Schön ist, wenn du vor der Schweigeminute ein paar Worte sagst oder etwas vorliest. Das muss keine lange Rede sein. Es reicht, die geliebte Person zu erwähnen, was sie dir gerade jetzt bedeutet und wie anders die Zusammenkunft wohl *mit* ihr sein würde, verbunden mit einigen Dankesworten an die, die hier sind. Eine solche Einleitung bringt alle in eine gewisse Ruhe, bereitet sie innerlich vor und macht das Ritual besser durchführbar.

Bitte die Anwesenden, sich für die Schweigeminute zu erheben und zusammen mit dir eine oder zwei Minuten lang schweigend des geliebten Menschen zu gedenken.

Ihr könnt als Gruppe auch einen Kreis bilden, in dessen Mitte beispielsweise eine brennende Kerze steht.

Um die Zeit im Blick zu behalten, stell eine Uhr vor dir auf oder auch eine Sanduhr. Wenn die Minute vorbei ist, kannst du das zum Beispiel mit einer Klangschale signalisieren.

Variante 2: Gemeinsam jeder für sich

Für diese Variante ist es ganz schön, wenn du den Beteiligten vorher etwas zuschickst, ähnlich einer kurzen Rede, in der du die Absicht formulierst. Oder du suchst ein zur Situation passendes Gedicht oder Zitat raus und versendest es an alle. Vertraue darauf, dass die Menschen sich diese Zeit nehmen und dass sie, wenn sie die Erfahrung teilen möchten, es auch tun werden. Sei jedoch kein Kontroll-Freak und frage nicht nach, wie es war.

Variante 3: Allein

Wenn du das Ritual allein durchführst, solltest du dich ebenso einstimmen – so, als würdest du das in einer Gruppe oder mit einem lieben Familienmitglied, einer Freundin, einem Freund machen. Erhebe dich zur Schweigeminute. Vielleicht fallen dir spontan ein paar einleitende Worte dazu ein. Und wenn du das Ritual allein machst, kannst du es, wie schon gesagt, ein wenig verlängern, zum Beispiel auf zwei oder drei Minuten.

Variante 4: Allein mit Ausdehnung

Du kannst die Schweigeminute auch zu einem täglichen oder auf andere Weise regelmäßigem Ritual ausdehnen. Mit einer bestimmten Körperhaltung durchgeführt oder an einem ganz bestimmten Ort kann es zu einem kleinen Kraftspender werden. Eine Einleitung ist hier nicht nötig. Mit der Zeit wirst du womöglich einen inneren Ablauf für dich finden. Vielleicht gibt es dann doch ein paar Worte, die einem Mantra ähneln. Oder es entwickelt sich daraus eine „Zen-Minute", in der (vermeintlich) nichts ist, existenziell in dem Sinne, dass du präsent, einfach da bist.

Schöne Zeitpunkte für ein regelmäßiges Ritual sind die Minuten gleich nach dem Aufstehen oder kurz vor dem Zubettgehen. Aber du kannst auch eine ganz bestimmte Stunde dafür auswählen. Finde für dich heraus, was gut passt – was sich gut anfühlt, sich bequem in deinen Alltag einfügt oder was deine regulären Abläufe zum richtigen Zeitpunkt unterbricht und eine Art positive Durchbrechung schafft.

Besonders schön lässt sich dieses Ritual mit „Ein Ort für dich" (siehe 2.11) oder „Ein Zeichen der Verbundenheit" (siehe 1.4) kombinieren. Am Ziel des Ausflugs kann gut eine Schweigeminute vollzogen werden.

2.8 Eine Feder mit Liebe für dich

Der Wind ist eine schöne Metapher dafür, wie das Leben spielt. Er ist nicht sichtbar, kann subtil und sanft, aber auch sehr heftig sein. Wie die Zufälle im Leben kommt auch der Wind von irgendwoher. Er wirbelt alles auf und verschwindet dann wieder. Die Landschaft bleibt mal leicht verändert, mal verwüstet zurück. Man kann den Wind nicht anhalten, ihn nicht zur Verantwortung ziehen. Wie der Lauf des Lebens lässt sich der Wind nicht wirklich greifen. Er ist für uns nicht fassbar, ist inmitten von uns und ebenso außerhalb. Der Wind spielt nach seinen eigenen Regeln. Sein Wehen können wir jedoch spüren, hören und sehen und somit wissen, dass er da ist. Wir können mit ihm spielen.

Eine Feder dem Spiel des Windes überlassen. Eine Feder, als Zeichen der Liebe mit einem roten Faden versehen, der für das Band deiner Liebe und Verbundenheit zur geliebten Person steht. Diese Feder an einem Ort entlassen, der besonders ist. Vielleicht an einem eigens dafür ausgesuchten Tag.

Ablauf

Bereite als Zeichen deiner Liebe eine Feder vor. Wähle eine, die nicht allzu schwer ist und binde daran einen roten Faden, der das Band deiner Liebe, deiner Verbundenheit verkörpert.

Finde einen geeigneten Tag, an dem der Wind weht oder einen Tag, der dir etwas bedeutet. Für dieses Ritual eignet sich ein etwas höher gelegener Ort, von dem aus du die Feder dem Wind überlassen kannst. Das muss kein Berg, es kann auch die Dachterrasse eines höheren Gebäudes sein. Auch aus einem fahrenden Auto kannst du die Feder ins Freie entlassen. In diesem Fall empfehle ich, jemand anderen fahren zu lassen, sodass du der Feder nachschauen kannst …

Du kannst die Feder auch an einem längeren Faden binden und sie wie einen Drachen aufsteigen lassen. Wenn sie eine gewisse Höhe erreicht hat, schneidest du den Faden ab oder lässt ihn los.

Stell dir vor, deine Liebe für die Person und deine Verbundenheit mit ihr fliegen nun als Feder mit rotem Faden durch die Sphären. Vielleicht umfliegt sie die ganze Welt und kehrt irgendwann wieder zurück. Im Zusammenspiel mit ihrem treuen Begleiter, dem Wind, umarmt sie die Welt, erzählt eure oder die Geschichte deiner geliebten Person, während sie um die Welt fliegend weiterreist und verschiedenste Orte besucht.

Möglicherweise wird sie einst von jemanden gefunden, der intuitiv verstehen wird, dass dies eine ganz besondere Feder sein muss.

2.9 Lass uns gemeinsam kochen

Egal, ob du gerne kochst, ob die geliebte Person gut oder mittelmäßig gekocht hat; ob ihr keine Kochleidenschaft geteilt habt oder jeder für sich etwas zurechtgebrutzelt hat: Jeder muss essen und zum Erwachsenenleben gehört dazu, dass man zumindest über Grundkenntnisse verfügt, eine warme Mahlzeit zuzubereiten. Oder siehst du das anders?

Für die einen ist Kochen eine kontemplative und feine Sache, für andere ist es eine lästige Arbeit, und für wieder andere ist es eine soziale Angelegenheit. Was auch immer von all dem auf dich zutrifft: In diesem Ritual kochst du mit deiner geliebten Person. Du kochst mit ihr voller Liebe, gehst vollkommen in dieser Tätigkeit auf. Du darfst dir einen ausführlichen inneren Dialog gestatten. Du darfst dir erlauben, deiner Fantasie freien Lauf zu lassen. Bleib dabei locker selbstironisch und hab keine Angst: weder vor dem Kochen noch vor dem Resultat, und schon gar nicht davor, als verrückt abgestempelt zu werden. Dieses Ritual gehört einzig dir und der geliebten Person und muss nicht nach außen dringen.

Wie soll das gehen mit dem gemeinsamen Kochen? Vor allem musst du anders kochen als sonst. Mit mehr Vorbereitung, mit mehr Zeit und mit mehr innerer Ruhe. Vor allem mit diesem Extra-Raum, wo der geliebte Mensch in deinen Gedanken mit dabei sein kann, sich einbringen darf – durch dich. Ihr kocht gemeinsam. Ihr besprecht die Schritte. Ihr erlaubt euch, über die krumme Karotte zu lachen. Du fragst bei Unsicherheiten nach, machst Vorschläge, ob Julienne oder Rädchen, ob die Gewürzmischung eher kräftig orientalisch sein oder ob das Gericht schonend und mild zubereitet werden sollte. Du öffnest den Wein, der ein Begleiter dieses Rituals sein darf, und du genießt diese Zeit, egal, wie es am Ende schmecken wird. Auch das werdet ihr gemeinsam besprechen. Ihr werdet dem, was da zubereitet wurde, während des Essens nachgehen, in geschmacklicher und optischer Hinsicht. Kurz: Ein Essen zuzubereiten, bietet eine Menge an Gesprächsstoff. Ständig passiert etwas, über das man unmittelbar Schritt für Schritt in ausführlicher Form sprechen kann. Wenn du mit Liebe dabei und offen dafür bist, kann nichts schiefgehen.

Ablauf

Überlege dir im Vorfeld, wann und was du kochen möchtest. Erinnere dich an gemeinsame Stunden am Esstisch oder im Restaurant. Wenn keine Erinnerung hochkommt oder du nicht entscheiden kannst, blättere in Kochbüchern oder schau dir eine Kochsendung an, auch wenn du das sonst nicht tust.

Such dir einen geeigneten Tag für das Ritual aus und finde auch die Zeit, um vorher in aller Ruhe alles einzukaufen. Plane nur bis dahin und lass den Rest sich im Ritual selbst weiterentwickeln – Entscheidungen wie: welches Geschirr, welche Servietten usw.

Wenn für dich Selbstgespräche nicht natürlich zum Leben dazugehören, wird es anfangs etwas seltsam für dich sein. Du kannst dir aber vorstellen, was der andere jetzt sagen würde. Vielleicht würde die geliebte Person einfach nur dabeistehen und dir anerkennend zuschauen. Sie würde sagen: „Schön, wie du das machst." Oder: „Ich habe einen Bärenhunger, darf ich ein wenig naschen?" Vielleicht brauchst du die Person lediglich als moralische Unterstützung, oder du fragst konkret nach: „Soll ich den gewaschenen Salat noch einmal waschen? Was soll ich zuerst angehen?" Etc.

Öffne, wenn du magst, den Wein bereits zum Kochen, z. B. dann, wenn du nicht mehr mit scharfen Messern hantieren musst, damit du in eine gelöste Stimmung kommst. Versuche dann jeden der Schritte, die du machst, zu kommentieren. Du beschreibst, was du tust. Du erzählst, wie du auf das Rezept gekommen bist, wo du unsicher bist usw.

Vielleicht bist du irgendwann dermaßen im Fluss und in der Natürlichkeit dieses Gesprächs angelangt, sodass du gar nicht mehr merkst, wer was sagt, woher die Sätze kommen. Dann kann sich der Dialog sehr lebendig anfühlen. Du schaust zu, wie es im Kochtopf brodelt und hörst auf einmal in deinem Innern jemanden sagen: „Ich würde nachsalzen." Worauf du „Meinst du?" erwiderst und zum Salzstreuer greifst …

Lass dich darauf ein. Nimm dir auch Zeit für ein liebevolles Anrichten. Zünde eine Kerze an und wenn du magst, stell ein zweites Gedeck, ein zweites Glas hin. Bedank dich später für diese schöne Begleitung und wertvolle Unterstützung. Fotografiere das kulinarische Kunstwerk zur Erinnerung – und lasst es euch gemeinsam schmecken.

Nicht nur Wein hat eine auflockernde Wirkung, sondern vielleicht auch die Vorstellung, die geliebte Person steht für eine Kochsendung hinter der Kamera: Sie animiert dich, kommentiert, fragt nach. Sie ist da, damit die Unternehmung Spaß macht.

2.10 Das weiß nur ich … und vielleicht weißt du es

Wir sind und bleiben analoge Wesen. Geschöpfe aus Fleisch und Blut. Wir atmen ein und aus, haben keinen USB-Anschluss am Hinterkopf, keinen Stecker an der Fußsohle, und doch sind wir inmitten der digitalen Welt, bewegen uns in virtuellen Räumen, werden geradezu dazu gezwungen, wenn wir an gewissen Vorteilen, die diese Welt mit sich bringt, teilhaben möchten. Wir müssen uns schützen. Davor, nicht ganz verloren zu gehen in dieser Parallelwelt. Davor, uns dort nicht ungeschützt herumzutummeln.

In der heutigen Zeit muss jeder, der Zugang zu Computern, Smartphones und dem Internet hat, unweigerlich auch Passwörter anlegen. Wir kommen nicht darum herum, sofern wir uns aktiv am digitalen Geschehen beteiligen. Wir werden damit konfrontiert, immer wieder aufs Neue Passwörter anzulegen. Der eine hat hierfür ein gutes System, der andere variiert die neuen Kennwörter entlang eines Hauptstamms. Mehr eine Geste als ein Ritual ist es, sich mit deiner geliebten Person auf dieser Ebene zu verbinden. Du kannst die Initialen, das Geburtsjahr und andere Daten, die du mit dem geliebten Menschen verbindest, in neue Passwörter einbeziehen und deine eigenen als Varianten einflechten.[1]

Ablauf

Beim nächsten Mal, wenn du gebeten wirst, ein Passwort anzulegen, überlege, ob es stimmig sein könnte, Zahlen, Buchstaben, andere Stichworte, die du mit der geliebten Person verbindest, in dieses Passwort einzubinden.

Verwende diese spezielle Form der Verbindung im privaten Bereich und nicht unbedingt für Passwörter, die mit deiner Arbeit zu tun haben.

---

1 Achte unbedingt darauf, dass hier nichts offensichtlich erkennbar ist und du damit keine schwachen, leicht knackbaren Passwörter generierst!

2.11 Ein Ort für dich

Wir leben nicht in Kirchen oder in sakralen Gebäuden, umgeben von Schreinen oder Altären. Dennoch entstehen in der eigenen Wohnung oftmals von selbst Ecken, wo sich Lieblingssachen ansammeln, um sie irgendwo aufbewahren und anschauen und in die Hand nehmen zu können oder ihnen einen Platz zu geben. Nicht selten findet man in solchen Ecken Fotografien und andere Erinnerungsstücke, manchmal brennt Kerzenlicht oder es steht eine frische Blume in einer Vase. Es sind kleine Ecken, die mehr sind als ein Arrangement oder Dekoration. Sie haben eine Bedeutung für uns, insbesondere dann, wenn solche Kraftorte im Miniformat für oder um die geliebte Person herum entstehen.

Vielleicht ist in deiner Wohnung bereits von selbst ein Ort entstanden, an dem sich Erinnerungsstücke rund um deine geliebte Person konzentrieren. Wenn es mehrere solche Stellen in der Wohnung gibt, wäre es eine Überlegung wert, ob man nicht alles an einem ganz bestimmten Ort zusammentragen könnte. Betrachte genau, was schon vorhanden ist und wäge ab, auf was du optisch und von deiner Wertschätzung her nicht verzichten möchtest und was von den Sachen eventuell weggepackt oder auch entrümpelt werden kann. Versuche, die Gegenstände symbolisch zu sehen und bei mehreren Stücken desselben Objekts zu überlegen, ob eines davon als (schönster) Stellvertreter für die anderen Sachen stehen könnte. So gewinnst du Platz für das, was noch kommen könnte. Oder tausche je nach Laune aufgestellte Objekte gegen welche aus der „Ablage" aus.

Je öfter du dort verweilst, desto mehr wird dieser Ort dich anziehen. Um dem kleinen „Schrein" noch mehr Energie einzuhauchen, kannst du dort Blumen, Zweige hinstellen, um die du dich regelmäßig kümmerst, oder du zündest ab und zu eine Kerze an.

Ablauf

Wenn du so einen kleinen „Altar" oder „Schrein" haben möchtest, solltest du den Ort mit Ruhe suchen und gegebenenfalls mehrere Möglichkeiten ausprobieren. Er muss keineswegs groß sein. Eine kleine Fläche von wenigen Zentimetern genügt unter Umständen.

Vielleicht hat sich bereits etwas von dem, das du dort aufstellen möchtest, von selbst ergeben oder es ist alles noch „überall und nirgendwo" verstreut. Geh durch die Wohnung und suche. Es muss nicht das typische Set aus Foto, Kerze, Talisman sein. Es steht dir völlig frei, alles, was sichtbar gemacht werden könnte, auch in einer schönen Box zu verstauen, neben die du ein Windlicht stellst, um ab und an oder regelmäßig eine Kerze anzuzünden.

Beachte, dass es hier nicht um Dekoration geht, sondern darum, in Form von Erinnerungsstücken und Symbolen einen Ort zu haben, den man unmittelbar mit der geliebten Person verbindet.

Mit deiner Energie, deiner guten Absicht, den Gegenständen und dem, was du an diesem Ort denkst, tust und fühlst, wird sich eine Art Kraftort entwickeln. Um ihn nicht zu übersehen oder zu vergessen, ist es gut, dort etwas aufzustellen, um das man sich regelmäßig kümmern muss, etwa frische Blumen oder eine Lichtquelle. Die kleine Kontemplation, beim Anzünden einer Kerze oder beim Hinstellen einer frischen Blüte, kann bereits genug sein, um dich zu erden und indirekt deine geliebte Person zu ehren, dich an sie bewusst zu erinnern und die Verbindung durch diese Geste aktiv zu halten.

Du kannst einen solchen Ort auch für ein Gebet bzw. ein Mantra nutzen oder um mit deinem geliebten Menschen zu sprechen. Anders als das Grab ist dies eine intime Stätte, an der du dich möglicherweise freier fühlst und die du spontan zu jeder Tages- und Nachtzeit aufsuchen kannst.

Lass deinen kleinen Schrein nicht zu einem „Stehrümchen“- bzw. Staubfänger-Ort werden, weil es leicht einen kraftraubenden optischen Overflow geben könnte. Es soll im Gegenteil für dich ein kraftspendender Ort sein, und das erreichst du mit einer bewussten und eher zurückgenommenen Gestaltung und durch dein regelmäßiges Aufsuchen. Es soll eine ehren- und weihevolle Stätte sein, selbst wenn sie noch so klein ist. Es kann sogar das Herzstück deines Zuhauses werden. Alles, was dort ist, soll möglichst von Bedeutung sein.

Auch ein „ewiges“ Licht ist schön. Dafür brauchst du mit Strom aufladbare Kerzenlichter. Nach etwa zehn Stunden muss man das Licht auswechseln. Für dich heißt das: Mindestens alle zehn Stunden kannst du dich um dieses Licht – und damit um deinen Ort – kümmern.

3.

Rituale, die nach innen gehen

3.1 Ich, mein Tee und die Zeit

Die Trauer ist nicht nur eine neue Herausforderung und oft eine Überforderung – sie lässt sich obendrein nicht wirklich abstellen. Die Gedanken kreisen, und wenn sie es nicht offenkundig tun, dann spürt man, dass sie innerlich dennoch weiter in einem arbeiten. Ob man sich dessen bewusst ist oder nicht, ob Gefühle eindeutig oder vermeintlich nicht vorhanden sind, etwas tut sich immer. Die Trauer ist da. Sie ist zu einem Teil von uns geworden.

Auch ohne Trauer fällt den meisten von uns das Abschalten alles andere als leicht. Umso wichtiger ist es, sich mindestens eine kleine Insel pro Tag zu suchen, um das innere Gemenge und die Unruhe der neutralen Leere weichen zu lassen. Hier kommt es ganz von selbst zu neuen Weichenstellungen in der Trauer: Was passiert als Nächstes, was ist bereits passiert? Außerdem möchtest du auf die unerschütterliche Ruhe, die in dieser Zeit in dein Leben kommt, vielleicht auch später nicht mehr verzichten.

Die Zeit mit dir selbst, jenseits der Trauer, während du dich auf deine Tasse Tee oder Kaffee (im Weiteren bleibe ich beim Tee) einlässt. Diese Tasse Tee trinkst du morgens, noch fern von allen Gedanken. Es gibt nichts, das dich ablenkt. Du bist allein auf diesen Moment des Teetrinkens fokussiert, auf die Ruhe.

Vielleicht bist du skeptisch und fragst, was das Ritual mit Trauer, mit dem geliebten Menschen zu tun hat. Vordergründig ist tatsächlich nichts zu finden. Doch wer diese Ruhe regelmäßig lebt, der lebt mit der Trauer und mit dem geliebten Menschen in einer anderen Qualität von Harmonie, auf einer Art Zeitinsel. Sie kann erden, kanalisiert die Emotionen, ordnet die in einem brodelnden Gedanken, welche in der Trauer ja extrem und intensiv sein können und von denen man sich durch diese bewusst getrunkene Tasse Tee kurzzeitig lösen kann.

Ablauf

Wenn dein Alltag sehr strukturiert und durchgetaktet ist und du nicht weißt, woher du dir die Zeit für dieses Ritual nehmen sollst, dann steh vielleicht morgens eine Viertelstunde früher auf oder mach abends etwas früher Feierabend.

Wenn du kein Teetrinker bist, probiere in Ruhe verschiedene Sorten. Vielleicht schmeckt dir eine – und dann gib dir bzw. diesem Tee eine Chance. Aber natürlich ist auch ein anderes Getränk in Ordnung. Eine schöne neue Porzellantasse steigert die Freude an diesem subtil wirksamen Ritual.

Für dieses Ritual eignet sich besonders gut ein Ort mit einem Ausblick, den du genießen kannst. Und am allerbesten ist es, den Tee nicht aus dem Fenster blickend, sondern draußen zu trinken: auf dem Balkon, im Garten oder auf einer Bank in der

Nähe. Dies gilt auch für den Winter, wenn du es dir mit einer warmen Jacke oder gegebenenfalls einer Decke gemütlich machen kannst.

Während des Rituals ist dein Handy nicht in der Nähe, du liest keine E-Mails, blätterst nicht in der Zeitung usw. Du hast dir für dieses Ritual vielleicht einen neuen Platz geschaffen, an dem nichts ist außer dir, dem Getränk und der Zeit. Du musst diese Zeit nicht besonders genießen und hervorheben. Betrachte sie vielmehr neutral als Zeitinsel. Der Genuss wird sich von allein einstellen und umso bedeutsamer sein. Die Gedanken wollen womöglich trotzdem kommen und drängen zu dir. Bitte sie einfach, später wiederzukommen. Wenn dich etwas ablenkt, dann sei dir bewusst, was passiert und richte den Fokus wieder auf das Teetrinken, indem du zu dir selbst sagst: „Ich trinke in Ruhe meine Tasse Tee. Ich lass mich nicht stören dabei. Nicht mehr und nicht weniger. Ich trinke, bis der Tee getrunken ist. Danach schaue ich weiter."

Du kannst dieses Ritual nur morgens oder nur abends machen. Oder du machst es morgens und abends.

Sieh deine Teetasse oder -schale als Gefäß an, das mit der Qualität „bewusste Leere" erst wertvoll wird für dich. Denn nur in eine leere Schale kann man Tee gießen, den du dann trinken kannst.

3.2 Eine Mini-Lächel-Meditation (1)

Wem in der Trauer nicht nach Lächeln zumute ist, der wird bei der Aufforderung, es doch wieder mal zu tun, lediglich gequält lächeln können. Ein solcher „Seitenhieb“ kann tatsächlich bewirken, dass man die Dinge etwas leichter nimmt. Aber manchmal erwischt einen eine solche gut gemeinte Anregung auf dem falschen Fuß: Man fühlt sich unverstanden und provoziert. Wenn man dann stattgibt und lächelt, meint man, sich selbst zu veräppeln.

Echtes Lächeln kommt von innen, es kann nicht von Außenstehenden eingefordert werden. Erstaunlicherweise kann man dennoch üben, sich das Lächeln zurückzuerobern.

Du lächelst vielleicht schon seit Längerem nicht mehr, und wenn überhaupt, dann sehr zurückgenommen, kaum merklich – schlicht und ergreifend, weil dir nicht danach ist. Das heißt aber nicht, dass dir dein Lächeln weggenommen wurde. Nicht von einer bösen Fee und schon gar nicht von deinem geliebten Menschen, als er das Physische hinter sich ließ. Aber lass dich nicht dazu verleiten zu denken, du selbst könntest der „Lächeldieb“ sein oder du hättest es dir offiziell versagt, lächeln zu dürfen. Nein, die Umstände haben dazu geführt, dass dein Grundgefühl ein so anderes ist. Auch wenn du dich kaum noch daran erinnern kannst, wie es sich anfühlt: Niemand konnte und kann dir dein Lächeln für immer wegnehmen. Und allein du kannst dich darum kümmern, dass es wieder seinen Platz findet – in deinem Gesicht.

Ablauf

Diese einfache Mini-Meditation kannst du beliebig oft ausführen. Du brauchst weder eine besondere Umgebung noch viel Zeit. Das Ritual wird dich erden, es wird deine Gesichtsmuskulatur lockern und Botenstoffe in deinem System aktivieren, die dir gut tun. Das Zusammenspiel dieser Wirkungen wird dich in der Trauer besser tragen und innerlich weicher machen.

Setze oder lege dich bequem hin. Schließe deine Augen. Atme tief ein.
Beim Ausatmen versuche leicht zu lächeln.
Atme wieder tief ein.
Denk an deinen geliebten Menschen und lächle ihm ganz subtil beim Ausatmen zu.
Atme ein.
Sieh deine geliebte Person, wie sie dich anlächelt und lächle beim Ausatmen subtil zurück.
Atme ein. Halte ein.
Fühle, wie sich das Lächeln in dir lichtvoll entfaltet.
Atme aus.

Diesen Ablauf kannst du in einer Meditationseinheit mehrmals hintereinander ausführen und dabei auch variieren, indem du z. B. einzelne Abschnitte wiederholst oder auch weglässt. Sei offen für Bilder, die dich automatisch zum Lächeln bringen. Gerade, wenn du deine geliebte Person einbeziehst, wirst du vielleicht mit einer lustigen Szene beschenkt, bei der du einfach lächeln musst. Wer weiß, vielleicht musst du sogar lachen.

Erinnere dich an eine solche Szene, gib ihr einen prägnanten Titel oder überlege dir ein passendes Stichwort. Schreibe dann Titel oder Stichwort auf ein Kärtchen und beziehe dieses in deine nächste Lächel-Meditation mit ein. Beim Ausatmen sagst du dir: „Ich denke an …“ Dann musst du dich nicht zum Lächeln zwingen, sondern es wird aus der Szene heraus von selbst geweckt.

Vertraue darauf, dass dieses kleine Meditationslächeln keine Trockenübung ist, sondern eine breitere Wirkung entfaltet. Es wird dir leichter fallen, wieder zu lächeln, wenn die Umstände gegeben sind, wenn du mit anderen Menschen zusammenkommst.

Kontrolliere dieses Ritual nicht, indem du dich beispielsweise in einem Spiegel betrachtest. Die Wirkung kann auch dann sehr tief sein, wenn man äußerlich kein Lächeln erkennt.

3.3 Meine Stimmung hat eine Farbe

Die Trauer trägt nicht nur Schwarz oder Grau. Man erlebt, wenn man in Trauer ist, alle Emotionen in allen Schattierungen – zeitweilig traurige und dann wieder fröhliche. Emotionen in allen Farben des Regenbogens. Die Trauer hat Rot- oder Blauabstufungen. Sie schimmert purpurn. Sie glitzert grünlich, wirkt gedämpft rosa, strahlt mitunter im hellsten, kräftigen Gelb. So vielfältig die mit der Trauer einhergehenden inneren Prozesse oder Stimmungsschwankungen sein können, so bunt ist ihre Farbpalette. Mitunter sind diese Farben nicht mit dem Auge fassbar. Sie sind innerlich, changieren, fließen ineinander, flimmern. Und während man versucht, sie zu greifen, stieben sie auseinander. Sie sind luzid, reines Licht, voll von Schattierungen.

Der inneren Stimmung eine äußere Farbe verleihen. Oder den Stimmungen nachspüren, die da sind und sie in Licht hüllen. Diesem inneren Farbraum einen äußeren geben. Oder herausfinden, welches Licht welche Stimmung triggert. Welche Raumfarbe welche Emotion besänftigen kann. Das Ritual ist dazu da, dir einen Raum zu geben für all das, was nicht sagbar ist, sondern sich in einer Stimmung kumuliert, und diese Stimmung wiederum kumuliert in einer Lichtfarbe.

Besorge dir eine kleine Farbwechsel-LED-Lampe. (Und damit sie etwas länger hält, wähle nicht die allergünstigste.) In Momenten der Stille oder wenn du der Trauer diesen Lichtraum geben möchtest, schaltest du deine Lampe ein und lässt das Licht auf dich wirken. Du kannst hierzu stillsitzen oder auch tun, wozu du Lust hast und wozu du nicht zu viel Licht benötigst. Du kannst beispielsweise ein Bad in einem grünen Licht nehmen oder dich durch blaues Licht in die innere Gefühls- oder Gedankenwelt entführen lassen, während du still für dich sitzt. Du erschaffst dir diesen Lichtraum, um dich mit dem inneren Raum deiner Stimmung zu verbinden oder abwechselnd mit den Lichtfarben und deinen inneren Farben komplementär zu spielen, ihnen im Lichtspiel nachzuspüren.

Ablauf

Suche in der Wohnung einen geeigneten Ort, an dem du die Lampe gut aufstellen kannst.

Wenn du in einer bestimmten Stimmung bist und Zeit hast, dich auf ein Licht einzulassen, knipse die Lampe an. Wenn du unsicher bist, was passen könnte – eine komplementäre Farbergänzung zu deiner inneren Stimmung oder ein äußerer Ausdruck der Farbe, die du in dir spürst –, kannst du für ein paar Minuten die Farben auch abwechselnd laufen lassen. Doch dann entscheide dich für eine Farbe, um etwas Entspannung in alles zu bringen. Vielleicht ist die Wahl noch nicht die richtige, aber das wirst du herausfinden und dann kannst du wechseln. Das ist besser, als bei unentwegtem Flackern nicht zur Ruhe zu kommen.

Das Licht sollte Raum geben, gewissermaßen ein Raum im Raum sein. Einer, den du dir erschaffen hast und in den du dich mit deiner Stimmung hineinbegeben kannst. Spüre nach innen und erkunde, was dieser Raum und dieses Farbspiel mit dir machen.

Am besten ist es, wenn du dich diesem Experiment unvoreingenommen und offen hingibst und nichts anderes tust, als just da zu sein und es wirken zu lassen. Wenn du ein gutes Licht, oder je nach Stimmung mehrere, für dich gefunden hast, wirst du diesen Lichtraum nicht mehr missen wollen. Versuche, Außen und Innen ineinanderfließen zu lassen und diese Grenze zu verwischen.

Probiere aus, ein Lichtbad zu nehmen, in dem du deine Gefühle und Gedanken auflösen darfst.

Beachte: Diese Lampe ist nicht als Ersatz für deine bisherigen Lichtquellen gedacht. Sie ist eine Ergänzung, eine besondere Lichtquelle, die für die Stimmung des Rituals da ist.

3.4 Ich bin traurig und ich lächle (2)

Trauernde werden gelegentlich von ihrem Umfeld damit konfrontiert, sie seien nicht wiederzuerkennen. Sie sollten doch wieder lächeln, das Leben ginge schließlich weiter.

Trauernde haben sich die nach unten hängenden Mundwinkel nicht nach ästhetischen oder moralischen „Vorgaben“ ausgesucht. Kognitiv ist ihnen bewusst: Niemand anders, nur sie selbst können diese Mundwinkel nach oben bringen. Doch zwischen Wissen und Können liegt ein großer Schritt. Vor allem dann, wenn man zunächst seiner Trauer Raum geben möchte und sich selbst, seinen Gefühlen treu bleiben, sie nicht unterdrücken will.

Vielleicht willst du ja wieder lächeln, du kannst aber nicht. Sag dir dann: „Ich werde können, wenn ich wieder kann.“ Bis es soweit ist, kann du dieses kleine Ritual machen, das ein weiteres Lächel-Ritual (siehe 3.2) ist. Es kann dir zeigen, dass du es zumindest in Mini-Schrittchen versuchen kannst – ganz für dich, ohne Druck von außen.

Das Lächeln wieder lernen, ohne inneren Antrieb, ohne Lust und ohne Kraft. Wie soll das gehen? Du willst womöglich gar nicht und trotzdem: Lass es uns versuchen. Dieses Lächeln, das du nicht auch noch verlieren möchtest! Du willst es doch nicht exklusiv den Gesichtern der anderen überlassen. Du möchtest dein Lächeln nicht begraben, in einer vergangenen Ära, zu der du vermeintlich keinen Zugang mehr hast.

Du lernst zu lächeln, indem du dich an eine schöne, vielleicht lustige Situation erinnerst, die du mit dem geliebten Menschen verbindest. Schließ die Augen, denk an diese Situation. Sieh alles vor dir. Geh gedanklich in diese Situation hinein. Du wirst gar nicht merken, ob du lächelst oder nicht. Das ist in Ordnung. Wenn du alles gedacht, gefühlt und gesehen hast, besiegle diese Situation mit einem inneren Lächeln. Es muss nicht sichtbar sein. Aber lächle zunächst, so gut es geht, von innen her.

Ablauf

Diese Übung muss nicht länger als fünf Minuten dauern. In dieser Zeit solltest du jedoch ungestört sein.

Mach es dir bequem und schließ deine Augen. Überlege, welche Situation dir in den Sinn kommt, die schön und friedvoll war und die du mit deiner geliebten Person verbindest. Vielleicht war es eine ganze Szene, eine erzählenswerte, aufregende Geschichte? Vielleicht war es ein kurzer Moment, ein Lächeln, das ihr teiltet, eine lustige, temporäre Begebenheit.

Denk nicht ans Lächeln, sondern gehe möglichst tief in diese Szene, in diesen kurzen Augenblick des Glücks hinein. Sieh dich um. Achte auf die Details. Was siehst du?

Was hörst du? Kannst du vielleicht auch etwas riechen? Was fühlst du gerade? Wo genau bist du? Welche Jahreszeit ist gerade? Etc.

Versuche am Ende dieser Erinnerung sie mit einem inneren Lächeln zu besiegeln. Dieses innere Lächeln kannst du zwischen deine Atmung platzieren:

> Tief einatmen –
> die Luft anhalten und das innere Lächeln entstehen lassen –
> langsam wieder ausatmen,
> wobei sich das Lächeln langsam auflöst.

Wenn du schon monatelang nicht mehr richtig lächeln, erst recht nicht lachen konntest, versuche, diese Übung so oft wie möglich zu machen. Setz dich nicht unter Druck, möglichst viele Erinnerungen hochkommen zu lassen. Du darfst gerne immer wieder zur selben kleinen Szene zurückkehren und das Ritual nach diesem Ablauf durchführen: Erinnern – Eintauchen – dich mit der bewussten Atmung verbinden und mit einem Lächeln besiegeln.

3.5 Heute habe ich schon was

Gefühlt ist die Trauer vielleicht 24/7 zugegen. Direkt, indirekt, unbewusst, bei jedem einzelnen Handgriff. Du hast dich arrangiert, weißt, dass die Trauer zu Teilen bleiben wird und du akzeptierst, dass sie ein treuer Begleiter geworden ist. Eine Gefährtin, die dich beeinflusst, dich vielleicht sogar ausmacht. Du identifizierst dich bereits mit ihr. Denn sie kennt dich innerlich so gut, teilt tiefe, intime und wichtige Erlebnisse mit dir. Doch selbst wenn du weißt, dass ihr schon ineinander gewachsen seid: Du bist trotzdem nicht die Trauer. Sie kann dich nicht übernehmen. Sie ist nicht dein Boss und nicht deine Peinigerin. Sie ist, was sie ist. Aber du bist noch immer du. Du bist nicht die personifizierte Trauer.

Eine Woche Ferien zu buchen scheint einfacher zu sein, als sich der Trauer zu entledigen. Paradoxerweise kann sie ungefragt in just jene Ferien mitkommen, wenn man sie nicht explizit auslädt. Der Ansatz kann deshalb nicht sein, wegzufahren, um sich von der Trauer zu befreien (natürlich darfst du immer verreisen!), sondern sich ganz bewusst eine trauerfreie Zeit zu nehmen. Dies können ein Nachmittag sein, ein Wochenende oder andere festgelegte Zeiten.

Ablauf

Finde heraus, wann genau du lieber ohne die Trauer Zeit verbringen möchtest. Überlege dir, zu welchem Termin du die Trauer ganz bewusst ausladen willst. Oder beobachte dich eine Zeitlang: Wann fühlst du dich ausgelaugt, wann bist du unkontrolliert emotional oder hast den Eindruck, derart von der Trauer eingelullt zu sein, dass du dich selbst nicht mehr spüren kannst.

Nimm dir deinen Terminkalender vor und entscheide, wo du die Trauer nicht dabeihaben möchtest: Vielleicht soll sie den Fluss eines Abends mit deinen Gästen nicht stören und auch in der Vorbereitung nicht zugegen sein. Am nächsten Tag hingegen darf sie sich gerne wieder zeigen.

Halte auch trauerfreie Termine ohne einen bestimmten Anlass ganz offiziell in deiner Agenda fest. Schreib zum Beispiel: Bin nicht da. / Heute nicht. / Keine Trauer heute. / Stehe ab … wieder zur Verfügung – oder wie immer du das selbst formulieren möchtest.

Buche diesen Zeitraum ganz bewusst, und wenn du einen elektronischen Kalender führst, lass dich gerne nochmals an dein Vorhaben erinnern. Gestatte dir zudem, Vorfreude zu entwickeln auf ein paar trauerfreie Stunden.

Wenn dich in einer solchen Zeit trotzdem die Trauer beschleicht, dann sage ihr ausdrücklich: „Das ist nicht der Deal. Wir haben eine klare Abmachung. Ich halte mich daran. Halte also auch du dich daran."

Beginne am besten mit kurzen Einheiten und verlängere sie nach und nach. Du kannst auch mit Intervallen spielen: Erst sind die Tage ohne die Trauer relativ weit voneinander entfernt, mit der Zeit jedoch bist du ziemlich ausgebucht und die Trauer muss sich mit kurzen Zwischenzeiten arrangieren. Bis sie sich am Ende vornehmlich in einer kuratierten Form zeigt, beispielsweise durch die Rituale.

Die Trauer auszuladen, heißt nicht, sie im Gegenzug aktiv einzuladen. Auch musst du nicht denken, dass sie dann, wenn sie offiziell „wieder darf", sich umso heftiger und konzentrierter geben muss. Lebe mit ihr auf einer Toleranzbasis. Gewähre ihr einen Frei- und Entfaltungsraum, den du aber nicht zu 100 Prozent kontrollieren kannst. Gib ihr allerdings auch deine Regeln vor, an die sie sich halten soll. Über dein Leben bestimmst immer noch du!

3.6 Bei einer Schnapszahl denke ich an dich

Auf einmal ist ein Augenblick besonders. Weil sich der Himmel öffnet. Weil ein Milan über einem segelt. Weil man auf die Uhr schaut und sieht: Es ist 11:11 Uhr. Selbst sich endlos ziehende Tage werden unterbrochen von kleinen Wundern, die uns stutzen lassen. Solche Momente sind Einladungen, die uns sagen: Genieß dieses Bewusstsein. Lass dich ein. Sei hier. Halte es nicht für selbstverständlich. Verwirf das nicht als Zufall. Nimm die Gegebenheit an als ein Geschenk an dich. Jetzt.

Sobald man magische Momente bewusst aufspürt, sind sie von einer anderen Qualität. Denn darin liegt ja der Zauber des Magischen: Man kreiert es nicht selbst. Dennoch kann man sich für Spektakel im Kleinen wie im Großen öffnen und sensibilisieren. Man kann sich des kommenden Vollmonds bewusst sein und eine solche Mondnacht für sich gestalten. Man schaut aber eher zufällig auf die Uhr, plant nicht vorher, welche Zeit sie dann genau anzeigt. Doch wenn diese kleinen Momente da sind und man sich auf sie einlässt, kann man mit ihnen spielen – selbst, wenn sie gerade 60 Sekunden währen.

Dieses Ritual, das nichts weiter ist, als einen Moment im Hier und Jetzt bewusst wahrzunehmen, könnte man auch als Achtsamkeitsübung bezeichnen. Aber anders als eine Übungspraxis, die man vielleicht plant und für die es festgesetzte Zeiten gibt, machst du dieses Ritual immer genau dann, wenn es sich besonders gut anbietet. Wenn es dich von selbst aufsucht und in einer Zwischenphase packt, in der du dich – entspannt und losgelöst von Aufgaben – diesem Augenblick sofort hingeben darfst.

Ablauf

Vielleicht ist dir nicht nach Wundern zumute, da dir ein geliebter Mensch physisch genommen wurde. Das schönste Vogelgezwitscher kann dich nicht über diesen Kummer hinwegtrösten. Doch wenn du nicht einmal in Erwägung ziehst, dass man Tag für Tag kleine Wunder erlebt, dann passieren sie tatsächlich nicht. Nicht, weil sie nicht stattfinden, sondern, weil du blind für sie bist.

Sich in dieser Hinsicht zu öffnen, ist schwierig, weil man keine Pläne für das schmieden kann, was doch zufällig passieren soll. Daher ist dieses Ritual ein besonders subtiles Unterfangen. Es ist einerseits eine Art Schärfen der Sinne, der Intuition, der Gefühle außerhalb der Trauer; andererseits gibt dir das Ritual etwas Raum und Zeit, um dich im Kleinstformat von deiner Trauer zu erholen.

Was du dazu brauchst, ist die Bereitschaft, offen zu bleiben und in dieser Öffnung dir etwas Zeit zu schenken. Denn nur durch die wahrgenommene Zeit werden sich die Dinge enthüllen.

Vertraue zunächst darauf: Egal in welcher Phase du gerade bist, ob du vor lauter Qualen und Dunkelheit nichts mehr wahrnimmst, weder dich noch die Umgebung, können dennoch kleine Wunder passieren, kann es kleine Zeit-Inseln geben. Selbst wenn du meinst, dass das, was gerade ist, alles ist, das ist; dass es für dich nichts anderes gibt, dir nichts weiter zugänglich ist: Vertraue darauf, dass auch du wenigstens einmal pro Stunde von einem Bewusstseinszustand in einen anderen gerätst. Hierfür gibt es keine Garantie, aber es ist möglich und auch sehr wahrscheinlich. Das hat nichts mit Flucht zu tun. Vielmehr ist unser Bewusstsein, wie überhaupt alles andere auch, ständig in Bewegung, und du kannst dich dann bewusst darauf einlassen.

Was heißt das jetzt für dich? Du könntest beispielsweise bei einer konzentrierten Arbeit auf einmal den Drang verspüren, aus dem Fenster zu blicken. Nicht, weil sich dort etwas Besonderes abspielt, sondern rein impulsiv und intuitiv. Oder du wälzt tiefe, traurige Gedanken, machst dich selbst kleiner und kleiner – und mit einem Mal löst sich ein Druck im Brustraum. Du atmest durch, bewegst dich, fühlst dich für einen ganz kurzen Moment befreiter.

Wenn du dir dieser Augenblicke bewusst wirst, versuche, sie noch ein wenig auszudehnen. Sag dir dann: „Aha. Da ist wieder so ein Moment." Schau also aus dem Fenster, wie du es intuitiv sowieso tust, aber wende dich nicht allzu rasch ab. Gestatte dir aufzustehen, das Fenster vielleicht zu öffnen. Schau nach oben, nach links, nach rechts. Schließ die Augen und sei kurz da. Ob noch etwas passiert oder nicht, ist hierfür nicht relevant. Aber aus rein logischen Gründen steigen die Chancen, dass etwas passiert, wenn du diesen Moment ausdehnst. Vertraue und sei nicht verbissen, etwas krampfhaft zu wollen. Vielmehr genieße, dass du den Tag mit dieser kleinen Ausdehnung vertiefen kannst.

Diese Momente eignen sich besonders gut dafür, an deinen geliebten Menschen zu denken. Vielleicht fällt dir ein Satz ein oder du hast das Bedürfnis, einige Male tief ein- und auszuatmen und deiner geliebten Person etwas zu sagen oder ihren Namen in Gedanken auszusprechen. Atme dabei ein, halte kurz inne und atme erst dann langsam aus. Deinen Satz sprichst du innerlich just in dieser Pause zwischen dem Ein- und Ausatmen aus.

Wenn du zufällig um 17:17 Uhr auf die Uhr schaust, kannst du dich auch einfach darüber freuen. Mehrere solcher kleinen Freuden an einem einzigen Tag kannst du kumulieren und zu etwas Größerem anwachsen lassen. Zweckfrei und doch subtil gehaltvoll.

Du kannst dich auch zu einer ganz bestimmten Zeit zum Meditieren oder zum Denken an deine geliebte Person verabreden: zum Beispiel um 14:14 Uhr zwecks einer Mini-Meditation. Wenn es dir passend erscheint, lade auch dein vertrautes Umfeld dazu ein, um zu diesem Zeitpunkt etwas Besonderes zu tun oder an deinen geliebten Menschen zu denken, ihn kurz zu grüßen.

3.7 Ich kritzle blind

Wer kennt sie nicht: die kleinen Kritzeleien, die von selbst entstehen, wenn wir beispielsweise telefonieren. Manchmal kritzeln wir auch, wenn wir in einer langweiligen Sitzung allzu lange zuhören müssen und wir Gefahr laufen, die Konzentration zu verlieren. Meistens werden Kritzeleien weggeworfen, entschuldigt oder kleingeredet. Da sie jedoch von selbst entstehen, ist es geradezu paradox, sie kognitiv zu erklären oder zu bewerten. Sie haben sich eben ergeben. Basta. Gerade dann, wenn wir nichts dachten, auf etwas anderes konzentriert waren oder abgelenkt von etwas, das außerhalb eines Vorhabens war.

Kritzeleien entstehen, wenn man nicht mehr, aber auch nicht weniger hat als: Stift, Papier und Zeit. Oft kommt noch hinzu, dass wir von dem, auf das wir eigentlich konzentriert sind, abgelenkt werden. Wozu das Gekritzel da ist, woher es kommt, wurde womöglich schon untersucht; hier ist es nicht relevant. Wichtig ist, dass die Kritzeleien um etwas Konzentriertes herum entstehen und etwas Vorübergehendes, etwas Flüchtiges sind. Somit lassen sie sich bestens in die Zeit der Trauer einfügen. Die Trauer ist beides: konzentriert und flüchtig. Sie kann vorübergehen und dann wiederkommen. In einem Moment der Ruhe oder Ablenkung lässt du dich auf das möglichst blinde Kritzeln ein. Du lässt deine Hand etwas ausdrücken, das offenbleibt, das jedoch den Prozess dieser Ruhe, dieser Ablenkung unterstreicht.

Ablauf

Halte Papier, den Stift bereit. Auch ein eigens dafür angeschafftes Kritzel-Skizzenbuch eignet sich gut. Bleib beispielsweise nach dem Frühstück noch eine Weile am Tisch sitzen, und dann legst du los. Oder du hörst dir eine Sendung im Radio an, schaust TV und erlaubst dir, nebenbei zu kritzeln. Du kannst auch in einem Café sitzen und unkonzentriert kritzeln, während du dem Geschehen zuschaust. Aber auch in einem Moment nach der Ruhe, zum Beispiel nach einer Meditation, kannst du Stift und Papier hervorholen und vor dich hinkritzeln.

Besonders schön ist es, wenn du deine Kritzel-Utensilien an einen besonderen Ort mitnimmst, den du mit deiner geliebten Person verbindest.

Es ist nicht immer möglich, aber versuche das, was du kritzelst, nicht zu beeinflussen. Sobald du beginnst, deine üblichen Männchen und Sternchen zu malen, bist du bereits in einer Gewohnheit. Versuche daher, möglichst blind zu kritzeln, also wirklich so wenig wie möglich aufs Blatt zu schauen, das heißt, den Fokus nicht auf dem Blatt, respektive auf dem Stift zu haben.

Lass dir selbst möglichst viel Zeit, lass deine Hand sich weitgehend automatisch bewegen, überlasse ihr die Steuerung. Es wird einen Moment geben, in dem du dich dabei ertappst, geistig abwesend zu sein und meinst, zurückkommen und dich wieder konzentrieren zu müssen. Wenn dieser Punkt erreicht ist, hast du die Übung an die richtige Grenze geführt. Wenn dir wohl dabei ist, kannst du gerne in diesen Zustand der geistigen Abwesenheit zurückkehren und weitermachen. Ansonsten kannst du an dieser Stelle auch aufhören.

Es ist auch in Ordnung, wenn deine Hand nach anfänglichem Kritzeln „still“ wird und du dich ertappst, dass du nicht mehr kritzelst. Dann warst du „weg“ und das ist wichtiger als die Anzahl der Striche auf deinem Blatt Papier.

Das „blinde“ Kritzeln mit der „blinden“ Hand hilft dir, einen anderen kleinen Kanal zu finden, um der Trauer und dem, was in dir ist, auf diese Weise subtil freien Lauf zu lassen.

Du kannst diese Übung auch in relativer Dunkelheit durchführen. Und du kannst auch das sogenannte Kratzpapier nutzen. Es ist schwarz und man kritzelt sich durch diese Oberfläche, um die zugrundeliegende Farbschicht zu erreichen. Dies abstrahiert das Kritzeln ein wenig und schafft somit auch einen Unterschied zu deinen gewohnten Telefonkritzeleien.

Eine weitere Abstraktion erreichst du, indem du z.B. mit der linken Hand kritzelst, wenn die rechte Hand deine Schreibhand ist.

3.8 Ich verhandle mit meiner Traurigkeit

Die Traurigkeit ist nicht weniger wertvoll als die Glückseligkeit. Sie ist Teil unserer Gefühlspalette. Sie wahrzunehmen ist besser als sie zu überdecken und so zu tun, als wäre sie nicht. Denn sie ist ja da. Meistens löst sie sich, gerade wenn wir hinschauen, wieder auf. Wahrscheinlich erst nach einer Entwicklung und dem damit einhergehenden Prozess, aber sie wird zumeist von einer anderen Gefühlslage auf- und abgelöst.

In der Trauer allerdings kann die Traurigkeit zur Endlosschleife werden und gar in eine Krankheit, beispielsweise in eine Depression, münden. Eine lang andauernde, nicht aufhörende Traurigkeit manifestiert sich auch im Körper: im Muskelspiel, auf der Zellebene, im vegetativen Nervensystem. Sie kann blockieren, Entzündungen hervorrufen oder verstärken. Sie kann sich in den Organen einnisten und unseren gesamten Apparat negativ beeinflussen. Im Sinne der Selbstfürsorge ist es für dich also geradezu eine Pflicht, dich deiner Traurigkeit zu stellen.

Bei allzu lange andauernder Traurigkeit und Trauer: eine Münze werfen. Aushandeln. Die Münze hat zwei Seiten und es gibt nicht nur den einen Weg, sondern immer zwei Szenarien. Du hast die Wahl, auch wenn es dich Überwindung kostet. Du kannst die Traurigkeit zulassen, oder du wandelst sie in etwas Gegenteiliges um. Nach dem Motto: Jetzt erst recht.

Ablauf

Wenn dich das Gefühl beschleicht, dass du dich in deiner Trauer seit geraumer Zeit nicht fortbewegst, dass sich deine Traurigkeit mehr und mehr intensiviert oder einfach nichts passiert, das dem entgegenwirkt, dann greif bewusst in diesen Prozess ein.

Notier Folgendes auf einem Zettel:

> Zahl = Es ist eben, so wie es ist. Ich akzeptiere.
> Kopf = Gegenprogramm und Aktion.

Nimm dir Zeit, um dich mit folgenden Szenarien rein theoretisch zu befassen:

Zahl = Es ist eben, so wie es ist.
Überlege dir, wie lange dies andauern soll.
Bereite dafür einen Zettel vor, auf dem du festhältst:
„Meine Traurigkeit ist da. Ich gebe ihr Zeit bis ____________ / eine Dauer von _____ Stunden.
Ab ____________ gehe ich zur Option *Kopf* über.“

Kopf = Gegenprogramm und Aktion
Überleg dir, welches Gegenprogramm du gegen die Traurigkeit einsetzen könntest. Notiere auf Karten Dinge, die dich von der Traurigkeit ablenken. Es können schöne Sachen sein, etwa ein Kinobesuch in der Mittagszeit. Es können alltägliche Dinge sein wie Fensterputzen oder auch ein Ausflug mit Freunden.

Dann wirf tatsächlich eine Münze:

- Hast du „Zahl" geworfen, hältst du dich an die festgelegte Gnadenfrist für die Traurigkeit.
- Bei „Kopf" ziehst du entweder blind eine der Karten. Oder du gehst sie durch und wählst diejenige aus, die dich gerade besonders anspricht oder die einen relativ leichten Einstieg in das Gegenprogramm ermöglicht.

Behalte diese Utensilien für ein mögliches nächstes Mal.

Wenn du es geschafft hast, mit der Traurigkeit (und somit auch die Trauer) für ein paar Stunden auszusetzen, sei stolz auf dich. Und wisse: Was du einmal geschafft hast, wirst du auch ein andermal meistern.

Wenn du es nicht schaffst, wenn du weder die Frist einhalten noch das Gegenprogramm starten kannst, gib nicht sofort auf. Bleib noch ein paar Tage dran, versuche es erneut. Wenn es dir auch dann nicht gelingt, aus dieser Antriebslosigkeit herauszukommen, dann nimm Druck heraus. Lass dir Zeit oder überlege, ob gegebenenfalls Hilfe Dritter dich entlasten könnte.

Wenn die pure Ohnmacht, Lethargie und endlose Traurigkeit dich Tag und Nacht begleiten und nichts und niemand die Kraft hat, dich halbwegs aufzumuntern oder abzulenken, dann such dir unbedingt professionelle Unterstützung und sprich auch in deinem Umfeld offen über deinen anhaltenden Zustand.

3.9 Dich auf meiner Haut tragen

Nicht jeder ist für Tätowierungen gemacht. Tattoos, sofern sie nicht rein ästhetisch gedacht sind, signalisieren: „Schau, das ist mir wichtig. So wichtig, dass ich es für immer auf meiner Haut trage." Wenn ein Tattoo sichtbar ist, sagt es: „Schaut her, ich habe nichts zu verbergen." Wenn es versteckt angebracht ist, lädt es eine intim nahe Person ein, daran teilzuhaben.

Einen geliebten Menschen immer bei sich zu haben, ist oft ein innerster Wunsch. Auch der Beziehung möchte man Ausdruck geben, dass man eingebunden ist in diese Konstellation mit dem geliebten Menschen. Man möchte die geliebte Person ehren, sie sichtbar für alle haben. Eine Erinnerung, die eigentlich keine Erinnerung benötigt, auf der Haut tragen. Ist sie einmal auf diese Weise manifest, kann sie zu einer unmittelbaren Kraftquelle werden. Auch eine Erinnerung, die nicht vergeht, kann, visuell begreifbar, umso präsenter sein.

Wenn die Unsicherheit groß und der Wunsch oder die Idee noch nicht ganz ausgereift ist und du noch schwankst, ob du dir ein Tattoo stechen lassen sollst, dann lass dir umso mehr Zeit und überstürze nichts. Nicht die Entscheidung, ob du dich tätowieren lässt, sondern auch die über Motiv, Größe und Platzierung benötigt viel Zeit. Nimm sie dir unbedingt, auch als Teil des Prozesses, und sei hier lieber bedacht als allzu emotional und spontan. Sich diese Zeit zu lassen bedeutet auch, mit der Idee eines Tattoos unterwegs zu sein. Besorge dir abwaschbare Tattoo-Stifte und probiere aus, wie es sein könnte, wie es sich anfühlen würde. Betrachte das „Ob" und „Wie" und „Was" bereits als Ritual, das du für dich, für deine geliebte Person machst. Fühle dem Ritual nach, indem du der Frage auf den Grund gehst, ob und wie eine Tätowierung passen könnte und was du dir davon versprichst.

Ablauf

Welches Motiv du wählst, für welches Tätowierstudio du dich entscheidest, wo auf deiner Haut du ein Tattoo anbringen könntest: Das alles sind so vielfältige wie individuelle Fragen und Möglichkeiten. Hierzu möchte ich keine Tipps geben.

Der Fokus liegt auf der Vorbereitung, sie ist das Ritual. Im gesamten Prozess durchläuft man wiederkehrende Fragen, findet Antworten, verwirft die Ideen. Wir wollen im Sinne einer rituellen Herangehensweise tiefer nachspüren, woher der Tätowier-Wunsch rührt, was sich motivisch anbietet und was man damit für sich ausdrücken möchte.

Spüre nach, was für Gründe es haben könnte, dass du dich mit einer Tätowierung beschäftigst, die in Zusammenhang mit deiner geliebten Person steht: Wolltest du schon immer ein Tattoo und jetzt ist der richtige Zeitpunkt gekommen? Gefallen dir

Tätowierungen generell? Möchtest du auf deiner Haut tragen, was du durch Worte, durch Taten nicht besser ausdrücken könntest? Oder möchtest du deinen geliebten Menschen auf diese Weise bei dir haben, ihn ehren, mit Leichtigkeit über ihn sprechen können, wenn es sich ergibt? Steht ein Tattoo in Verbindung mit deinem geliebten Menschen für etwas ganz Bestimmtes, das in einem Motiv zusammengefasst werden kann? Hegst du noch ganz andere Überlegungen in Zusammenhang mit dem Tattoo und deiner geliebten Person?

Schreib deine Gedanken auf, ansonsten drehen sie sich ewig in deinem Kopf und du kommst nicht zur Ruhe. Lege am besten ein kleines Heft an und sammle darin deine Einfälle zu Motiven, zu dem, was du ausdrücken möchtest und auch zu den Überlegungen, die dich auf diesen Weg geführt haben. Zeichne in diesem Heft Skizzen oder Ideen, damit du visuell etwas vorliegen hast.

Eine Alternative für zwischendurch:

Du kannst zu Ehren deiner geliebten Person Tattoo-Motive kaufen oder kreieren und sie im Freundes- und Bekanntenkreis verteilen. An einem festgelegten Tag klebt ihr sie einander auf und ehrt so den geliebten Menschen oder verleiht der Verbundenheit zu ihm wie auch eurer Verbundenheit miteinander durch diese Geste Ausdruck.

Ob dein Tattoo tatsächlich gestochen wird oder wiederkehrend etwas Temporäres ist: Versuche, es bewusst zu tragen. Erde dich, finde ein paar Minuten für dich, um dir zu vergegenwärtigen, was so ein Tattoo bedeutet. Wie war die Reise bis dahin, was könnte dir das Tattoo geben, was vermag es auszudrücken und was nicht? Finde darin Kraft und wisse: Das Tattoo kann nur einen Teil dessen zum Ausdruck bringen, was in Verbindung zu deinem geliebten Menschen steht. Fühl dich begleitet von deiner geliebten Person, so wie dich das temporäre Tattoo, das an dir ist, dich begleitet, dich stärkt oder neue Fragen aufwirft. Vielleicht magst du diese Gedanken und die Dankbarkeit für die bisherige Reise mit einem Mantra oder einem Herzgebet (siehe 2.1) abschließen.

Es gibt nicht nur Tattoo-Stifte, sondern auch Tattoo-Druckpapier, mit dem man Motive ausdrucken und auf die Haut kleben kann.

Zur Evaluierung dieses Wunsches kann dir womöglich auch das Ritual „Noch eins für mich selbst" (siehe 8.1) behilflich sein.

3.10 Meine sentimentalen „Solitude-Stunden"

Am Anfang, wenn die Trauer besonders stark ist, sind sentimentale Momente unter Umständen deine permanenten Tagbegleiter, sind dir die einsamen Stunden in regelmäßigen Zeitintervallen sicher. Ob du sie vermeidest oder durch dein dich aufzehrendes Selbstmitleid bitter auskostest: Diese Gefühle kommen in dieser Phase von selbst – unverhofft, mit Ankündigung oder sie beschleichen dich diffus. Du lässt es zu, weil du dich nicht erwehren kannst. Mit der Zeit meinst du, dass dies nicht mehr richtig ist und solche Stunden irgendwann vorbei sein müssen und dass das auch gut so ist.

Vielleicht denkst du das, weil es einer gesellschaftlichen Vorstellung entspricht und du sie dir hast aufdrücken lassen. Oder du hast es so oder so ähnlich in psychologischen Ratgebern gelesen. Wenn du diese Stunden als eine ganz bestimmte Form der Selbstsorge und Katharsis betrachtest, kannst du sie jedoch so lange zulassen, wie sie von sich aus gelebt werden wollen.

Gestatte dir, sentimental zu sein. Bewerte dein Selbstmitleid nicht. Fühl dich nicht bedrängt, von Selbstmitgefühl zu sprechen, damit es nobler klingt. Du hast dir das Selbstmitleid nicht ausgedacht, wenn du allein bist und in diesem Gefühl badest. Es ist kein neues Hobby, kein prozessualer Ablauf, sondern die reine Natur und eine Form der Selbstachtung und Selbstliebe. Du bist dir nah. Du spürst, dass es dir nicht gutgeht und das tut dir leid. Du darfst das genau so sagen. Du darfst fluchen, Rotz und Wasser heulen. Du darfst dich dabei richtig auspowern, bis hin zur Leere. Gerade auch dann, wenn du meinst, „darüber hinweg zu sein", darfst du dich erneut in diese Richtung vorwagen und all das tun, was dir vielleicht als pubertäres, gar klischiertes Gehabe vorkommt. Vielleicht etwas angetrunken in alten Fotos wühlen, einen höchst berührenden Film anschauen, in einem warmen Bad oder einer langen Dusche Trost suchen oder einfach hilflos und gelähmt sein ...

Ablauf

Vielleicht weißt du bereits, wann dich solche Stunden beschleichen möchten. Am Freitagabend? Nachts, bei Vollmond? Wenn irgendwo in der Nachbarschaft ein Fest stattfindet? Dann sag in einer solchen Situation zu dir selbst: „Ich lasse es zu, ich bin bereit. Es darf sein. Es ist so, dass es mir weh- und leidtut. Dass ich mir selbst leidtue."

Du kannst dir hierfür einen Cocktail[2] mischen oder Musik auflegen, die dich in eine Sehnsucht, eine Melancholie oder die pure Traurigkeit hüllt. Du erlaubst dir, diese Musik lauter als sonst aufzudrehen oder du ziehst dir Kopfhörer an. Geh mit dem mit, was sich in dir regt, wohin es dich treibt.

2 Bitte geh maßvoll mit Alkohol um. Nutze ihn nicht, um den Schmerz zu betäuben.

Sieh dir Fotos von deiner lieben Person an, lies Briefe oder andere Nachrichten von ihr. Gestatte dir, dich an die letzten Tage mit dieser Person zu erinnern oder an solche, die dir besonders nahe gehen. Mach einen Abendspaziergang inmitten von Menschen oder schau aus dem Fenster aufs nächtliche Geschehen, lausche der Stille der Natur. Lass dir ein Bad einlaufen, geh danach gleich ins Bett. Zünde eine Kerze an, schau dir einen Film an, der dich emotional berührt. Oder geh rennen, selbst wenn es in Strömen gießt.

Wenn du meinst, nicht wirklich traurig gestimmt zu sein, aber diese Form der sentimentalen Nähe zu deiner geliebten Person, der Nähe zu diesem Verlustgefühl suchst und damit nicht zuletzt die Nähe zu dir selbst, dann gestalte einen solchen Abend mit allem Drum und Dran nur für dich; er wird dir wahrscheinlich ein paar Tränchen oder gar Krokodilstränen entlocken. Auch wenn es dir vorkommt, als würdest du etwas nachspielen, das vielmehr nach Hollywood gehört, und es eher als etwas Künstliches und Übertriebenes siehst: Lass dich dennoch darauf ein.

Es ist in Ordnung, wenn es nicht fließt, wenn nichts passiert, wenn du dabei bist und verblüfft darüber, dass nichts in Bewegung kommt, keine Sentimentalität sich zeigt. Wisse: Es kann nicht nichts passieren. Es passiert immer etwas.

Möglicherweise bringt dich das Ritual „Wenn ich zu dir reisen möchte ...“ (siehe 8.4) in eine hierfür entsprechende Stimmung.

3.11 Das leiste ich mir jetzt erst recht

Nichts ist umsonst. Alles kostet. Alles hat seinen Preis. Das eine bedingt das andere, jenes geht nicht ohne dieses. Wir „bezahlen" das Leben permanent: unbemerkt, bewusst, im Äußeren oder im Inneren. Wenn wir das eine tun oder lassen, nimmt dies direkt oder indirekt Einfluss auf etwas anderes. Wir halten verschiedene Währungen in der Hand, wir jonglieren, setzen auf Karten, berechnen die Risiken, die Chancen. Aber selbst, wenn wir alles analysiert haben, die Soll- und Haben-Seiten ausgeglichen sind, können wir nicht dem Gesetz der ständigen Wandlung von Energie entgehen. Denn wir sind Teil davon.

Wer durch die Trauer gegangen ist, dem ist womöglich nach gewissen Unternehmungen nicht mehr so zumute. Selbst Lieblingsbeschäftigungen geraten aufs Abstellgleis. Die Türen mit Zugang zum Mysterium „Ins-Leben-Zurückfinden" bleiben verschlossen. Der Antrieb fehlt, die Ausreden nehmen zu. Man hat es sich sogar einigermaßen gut eingerichtet. Man redet sich ein, sich abgefunden zu haben mit dem, wie es eben jetzt ist. Wir sagen „vorbei ist vorbei", doch im Innern wünschen wir uns nichts sehnlicher, als dass es eigentlich so ist, wie es war. Doch wie kann man sich dessen wieder annehmen, wo man doch nicht kann? Wie kann man sich darüber hinaus überwinden, in neue Richtungen zu gehen, wo doch schon das, was ganz einfach sein sollte, nicht funktioniert? Man kann mit sich selbst diesen Deal ausmachen: „Ich kaufe mir meine Überwindung. Und das mache ich für dich, für meinen geliebten Menschen."

Ablauf

Wenn du vor lauter Lethargie nicht mehr siehst, was du eigentlich von Herzen aus wieder tun möchtest – sei es, weil du den inneren Anschluss an das verloren hast, was verblasst ist oder sogar nicht mehr zugänglich scheint. Oder sei es, weil du vor lauter Kummer dich und deine Bedürfnisse nicht mehr findest: Lass dir genügend Zeit, um in dich hineinzuspüren. Denk darüber nach, was schön wäre, es wieder zu tun. Was war dir bisher stets ein Garant für Freude, eine verlässliche Energiequelle? Grüble dabei nicht in die Richtung Rechtfertigung, warum es gerade nicht möglich ist, sondern konzentriere dich darauf, was einst schön war und wie es sich angefühlt hat für dich, als du dabei warst und damals nicht ahnen konntest und du es nicht zu denken wagtest, dass es einmal anders werden könnte. Dass einst dein geliebter Mensch physisch nicht mehr neben dir sein könnte.

Grüble nicht darüber nach, wie dich das zermürbt, frustriert und ohnmächtig macht, sondern geh zurück in die Erinnerung, als du ahnungslos und voller Freude warst – für die Sache, die du geliebt hast.

Konzentriere dich darauf, wie es damals war und wie das Rundherum sich anfühlte. Genieße diese Erinnerung, auch wenn du weinen und die Übung unterbrechen musst. Aber komm wieder zurück zu diesem Erinnerungsort, der deine Anzapfquelle für ein gutes Gefühl ist. Das erinnernde Verweilen an dieser Quelle wird aber nach und nach auch einen kleinen Samen in dir pflanzen, der später oder schon bald zu einem Wunsch heranwachsen wird. Der Wunsch nämlich, dieses Erlebnis wieder haben zu wollen. Auch wenn du dabei etwas umstellen musst, weil du es 1:1 wahrscheinlich nicht mehr tun oder haben kannst.

Du bist nun bereiter als vor der Erinnerung. Du hast einen Herzenswunsch freigelegt und kannst trotzdem nicht einfach aufstehen und in diese Richtung gehen. Obschon du alles in dir hast, weißt du nicht, wo du beginnen sollst. Vor lauter Angst krebst du innerlich wieder zurück, noch bevor du begonnen hast. Das ist in Ordnung. Das gehört dazu und daher kannst du es auch als eine Art Prinzip akzeptieren.

Lege nun zwei Behälter bereit, die dich ansprechen, z. B. Schalen oder kleine Schachteln. Besorge dir eine gute Handvoll kleiner Münzen (z. B. Cent-Stücke oder andere kleine Münzen, die du nicht brauchst). Du befüllst damit eines der Behältnisse, das andere bleibt leer.

Wenn der Tag sich gut eignet, um nun endlich etwas zu tun, das dich Überwindung kostet, gehst du zu deinem gefüllten Behältnis, nimmst eine Münze heraus und „kaufst“ dir damit die Überwindung, den Mut und den ersten Schritt in die gewünschte Richtung. Nimm das Geldstück an dich. Sei dir bewusst, wofür du es verwendest und sag dir dabei auch, dass du das auch für deinen geliebten Menschen tust. Dies kann etwas ganz Einfaches sein: „Ich kaufe mir einen Spaziergang. In einer halben Stunde geht es los.“ Die Münze wandert in das leere Behältnis und du beginnst sodann mit der Vorbereitung.

Beobachte, wie deine Münzen sich in den Behältnissen umverteilen, während du mutiger, aktiver wirst und zurückfindest zu dem, was dir gut tat und weiterhin gut tut.

Wenn dein Vorhaben riesengroß ist, dann bezahle mit den Münzen einzelne Schritte. Der erste kleine Schritt ist der, dass du Ja gesagt hast und in die neue Richtung schaust. Der nächste kann die theoretische Planung betreffen. Die dritte Münze kann dafür stehen, dass du einer vertrauten Person davon erzählst und deine Entschlossenheit offen kundtust.

3.12 Bevor ich heute Nacht die Augen schließe, noch dies …

Es ist gut, wenn man das, was man spürt, ausformulieren, ausdrücken, austauschen, ausforschen und analysieren kann. Wenn man der Trauer auf den Grund geht, sie kaut und stückelt, sie zum Teufel jagt oder sich mit ihr nach bestem Wissen und Gewissen arrangiert. Es ist ein Parcours, den man machen muss und soll, obschon man womöglich gar nicht mag oder nicht weiß wie überhaupt. Warum kann man nicht einfach „Hilfe!" rufen, einen Knopf drücken und alles, was vonnöten wäre, würde einem dargeboten?! Ohne, dass man sich selbst einbringen müsste. Dazu ohne die Grenzerfahrung, die man gerade gemacht hat und ohne sich kräfteraubenden Aufgaben stellen zu müssen. Wieso ist das alles bloß so widersprüchlich, so kompliziert und vertrackt, so undurchsichtig, am Ende des Tages so unfassbar gemein und fies verworren? Wieso bitte schön geht es nicht leicht und locker und ohne dieses krampfhafte, aufwühlende, zermürbende aktive Zutun?!

Wenn es so weitergeht, kann sich die Trauer in etwas körperlich Chronischem manifestieren. Oder man wird „seltsam". Oder man macht sich etwas vor. Man ahnt, dass man das Leben in die Hand nehmen sollte, aber man kann eben nicht. Fakt ist, dass man bis in die letzten Zellen hinein keine Orientierung hat und manchmal weiß man auch nicht, wie man den nächsten Tag überstehen soll. Doch die Tage beginnen wie ein Wunder mit einem Morgen und sie enden damit, dass man irgendwann wieder im Bett liegt. Im Traum ist man, selbst wenn man von Albträumen aufgesucht wird, zeitweilig nicht im üblichen Zustand der Qual, sondern man ist irgendwo sonst. In einer anderen Sphäre, einer anderen Dimension, an die man sich richten kann mit dem ersehnten Notfallknopf.

Ablauf

Falls du bereits vor dem Schlafengehen betest, mit der geistigen Welt Kontakt aufnimmst oder andere Rituale hast, bevor du einschläfst, kannst du das Vorhandene mit den folgenden zwei Sätzen ergänzen.

Der erste richtet sich an deine geliebte Person. Was immer du deinem Gefühl nach ihr sagen willst, sag es. Es kann „Ich liebe dich" sein, ein simples „Gute Nacht" oder etwas Unabgeschlossenes wie „Wo immer du bist …". Lass dich von deinem eigenen Satz finden. Vielleicht erreicht er dich sofort oder er braucht etwas Zeit.

Der zweite Satz richtet sich an das, was außerhalb dessen liegt, was wir in Worte fassen können. Der eine nennt es „geistige Welt", ein anderer spricht von „Gott". Man kann von der anderen Dimension sprechen, von einer anderen Sphäre, einem weiteren Kosmos, der Welt der Träume. Man kann sich an einen Geistführer, an Engel oder an Hilfe aus der Quelle richten. Du musst es im Grunde nicht benennen, sondern dich einfach nur öffnen, zu etwas hin, das außerhalb der physischen Realität liegt – ein Gebiet, das du ja, sobald du träumst, zum Teil betrittst.

Der Satz lautet sinngemäß: „Ich bitte darum, dass es irgendwie weitergeht. Dass es morgen weitergeht." Oder: „Lass Licht in mein Leben. Lass Leichtigkeit in mein Leben." Oder lass es ganz offen: „Wie auch immer …, dass es besser wird." Auch hier wirst du deinen „Hilfe-Ruf" am besten selbst finden. Die genannten Beispiele sind lediglich Vorschläge.

Wichtig ist, dass es bei einer Aussage bleibt, dass du also nicht in einen Strudel von Bitten gerätst, in dem Sinne, dass du dieses und jenes auch noch gerne dazu hättest, und wenn dies, dann auch gleich das etc. Finde das, was deine momentane Situation am besten umfasst und auch einen Satz, der nur einen kleinen Schritt voraussetzt, der nicht das Bestehende niedertrampelt und komplett umwälzt. Kurz gesagt: Bitte um Hilfe von außerhalb und dass sie dir außerhalb deines bewussten Zustands zukommen soll. Bitte um Hilfe von deiner lieben Person, vom Universum, von etwas Größerem, wenn du nicht in deinem wachen Bewusstsein, jedoch in einem anderen zugegen bist.

Eine friedvolle Nacht, genügend Schlaf, beides ist gerade für Trauernde wichtig. Du kannst die Anderswelt „Traum" um zwei Aspekte erweitern: Sie kann dich mit deiner geliebten Person, die physisch nicht mehr hier ist, zusammenbringen. Die Traumwelt kann außerdem zu einem Tor werden, das dir neue Sphären öffnet. Versuche daher, gerade in der Trauer ausgiebig und vor allem gut zu schlafen.

4.

Rituale, die in die Tiefe gehen

4.1 Was alles wäre nicht, wenn du nicht gewesen wärst?

Wäre wäre, hätte hätte. Man soll nicht dem nachhängen, was vielleicht möglich gewesen wäre. Es nütze nichts, man quäle sich nur unnötig und es bringe den geliebten Menschen nicht wieder in physischer Form zurück. Alles wahr und alles nicht wahr. In der Trauer gibt es kein Richtig und kein Falsch. Jeder ist anders, geht anders mit der Situation um. Außerdem ist man in etwas ganz und gar Universelles eingebunden, das teilweise mit einem zu machen scheint, was es will. „Was wäre, wenn …?" Solche Gedanken nimmt man sich nicht vor, sie sind nicht Teil einer ausgeklügelten Strategie, sondern sie kommen ganz von selbst. Sie lassen sich nicht einfach verbannen, weil es die Gesellschaft gut mit einem meint. Die Frage „Was wäre, wenn …?" hat auch etwas Heilsames in sich und kann allemal ganz konstruktiv angegangen werden.

„Was-wäre-wenn-Sätze" können sehr unterschiedlich sein. Manche bewegen dich beispielsweise in Richtung Schuld: „Hätte ich doch …, dann wäre dies nicht passiert." Oder sie verleiten zu Ausflügen ins Unrealistische, führen weg vom Hier und Jetzt: „Wenn die geliebte Person bloß da wäre, dann würde ich …"

In diesem Ritual verbinden wir die Frage mit Dankbarkeit und einem positiven Erstaunen: „Was alles wäre nicht gewesen, wenn du nicht gewesen wärst?" Eine Art Wertschätzung, Danksagung, Fantasterei und Erinnerung in einem.

Ablauf

Man kann dieses Ritual in Etappen machen, weil die Einfälle vermutlich nicht alle auf einmal kommen.

Lege dir daher eine Liste an und notiere, was alles nicht gewesen wäre. Schreibe diese aus einer Sicht der Dankbarkeit heraus. Erlaube dir zu staunen. Lass dich entführen zu neuen Erkenntnissen, die sich erst aus der Retrospektive offenbaren. Erst jetzt wird dir möglicherweise bewusst, wie das eine zum anderen geführt hat, wie eine Sache eine andere bedingte oder dass gewisse Zufälle bzw. ein „größerer Plan" mit im Spiel waren. Du musst nicht streng chronologisch vorgehen, hüpfe von Datum zu Datum. Es ist in Ordnung, hin und her zu wechseln, dich mitreißen zu lassen.

Wenn dir dieses Ritual Spaß gemacht hat, kannst du dich bei einem zweiten Durchgang auf dich konzentrieren und auch dir dankbar sein: Wenn du damals – bezogen auf die geliebte Person – nicht dieses, sondern jenes unternommen oder unterlassen hättest, dann …

Hier wird nur eine bestimmte Was-wäre-wenn-Variante als Ritual angeboten. Es ist dennoch legitim, sich auch mit den anderen Varianten zu beschäftigen. Wichtig dabei ist: Kreise nicht endlos um diese Fragen, sodass sie dich im Weiterleben blockieren. Wenn dies der Fall ist, solltest du dir gegebenenfalls professionelle Hilfe suchen. Aber die Lösung kann nicht sein, alle Fragen, die aufkommen möchten und die mit „Was wäre, wenn …?" beginnen, von vornherein „zu verbannen".

Achte bei den „Was-wäre-wenn-Geschichten" auf ein Gleichgewicht, lass sie sich nicht zu sehr oder nicht konsequent am Ende ins Negative entwickeln. Versuche daher, auf deinen Erkundungen möglichst das Positive zu sehen. Du musst auch nicht unbedingt den großen Lebenssträngen nachgehen, die das Gesamtbild erklären. Bleibe lieber bei den vermeintlichen Kleinigkeiten: „Hätte ich damals nicht den falschen Wein gekauft, der nicht so gut schmeckte, hätte meine geliebte Person mir nicht gezeigt, wie man damit einen Glühwein machen kann. Ein wunderbarer Abend wäre mir dann entgangen." Usw.

4.2 Ich brauche einen Brüll-Eimer

Die Trauer kommt in Wellen. Sie hat viele Abstufungen, kennt eine Unmenge an Farbtönen. Inmitten der tiefsten Trauer kann auch Freude aufkommen. Trauernde können leicht ins Grübeln geraten oder es kann sie eine zerreißende Wut überfallen. Woher immer die Wut (oft in Verbindung mit Ohnmacht) kommt, wie kräftig oder fein sie auch ist: Wenn man sie ignoriert, hat sie die Tendenz zu kumulieren, auch heimlich. Will man der Wut psychologisch nachgehen und sie ergründen, dann hilft es, sie in einzelne Teile zu untergliedern, sie in einzelne Bereiche einzusortieren und sie letztlich, zumindest temporär, anzunehmen.

Ein Teil der Wut kann schon darin bestehen, dass man sie rauslassen will. Im Grunde seines Herzens möchte man nicht wütend sein: nicht auf die Situation, nicht auf sich selbst, nicht auf die Umgebung und auf den geliebten Menschen erst recht nicht. Und doch ist niemand vor Wut gefeit, schon gar nicht jemand, der sich auf einer emotional kaum zu kontrollierenden Reise wie der Trauer befindet. Zumindest gelegentlich werden wir alle von der Wut heimgesucht und sie kann, ob diffus oder klar, selbst den liebevollsten, einsichtigsten und versöhnlichsten Menschen treffen.

Boxsäcke gehören nicht zur üblichen Ausstattung eines Haushalts, und nicht jedes Haus verfügt über einen schalldichten Raum, der geeignet ist, die Wut lauthals herauszubrüllen. Wer laut und mit voller Kraft schreien und dabei „akustisch unauffällig" bleiben möchte, sollte sich hierfür einen Eimer besorgen. Anders als bei einem Kissen, das die Töne erstickt, hört man im Eimer sein wütendes Schreien und muss dabei die Menschen in der näheren Umgebung nicht (ver)stören. Der Eimer hilft, den Wutausbruch besser zu regulieren, sprich zu verstärken, zu verdichten und zu komprimieren.

Wenn dich die Wut überkommt oder wenn du meinst, dass etwas da ist, das sich wie Wut anfühlt und raus muss, hol deinen Brüll-Eimer hervor. Vergewissere dich, dass niemand in deiner unmittelbaren Nähe ist, z. B. vor der Tür steht o. Ä. Immerhin: Der Eimer verschluckt einiges an Lautstärke.

Auch für dich sollte der Brüll-Eimer-Einsatz zu einem geeigneten Zeitpunkt erfolgen – dann, wenn du meinst, dass sich alles aufgestaut hat. Beuge dich zum Eimer herunter, möglichst der ganze Kopf sollte drin sein, und brüll das heraus, was aus dir herauswill. Vergiss nicht, ab und zu (außerhalb des Eimers) Luft zu holen sowie Pausen einzulegen.

Brüllen ist ein emotionaler und physischer Kraftakt. Achte aber unbedingt auf deinen Kreislauf. Mach beim Hineinbeugen in den Eimer und beim Wiederaufrichten nach dem Brüllen keine zu schnellen, hektischen Bewegungen.

Ablauf

Spüre in dich hinein. Gibt es da Zorn? Oder gibt es eine latente Verdrossenheit in dir, die mit der geliebten Person bzw. mit der Trauersituation zu tun hat? Ist das neu für dich und spürst du das erst, seit der geliebte Mensch physisch nicht mehr da ist?

Vielleicht bist du nicht direkt wütend, aber du bist es leid, von deinem Umfeld ständig mit Bonmots gefüttert zu werden. Vielleicht fühlst du dich ohnmächtig, weil du nicht weiterweißt. Weil du niemanden zum Reden hast. Weil du etwas neidisch bist auf alle anderen, die nicht trauern und einfach weiterleben, als wäre nichts gewesen. Möglicherweise bist du auf dich selbst wütend, weil du nicht vorankommst. Oder du weißt nicht, woher deine Wut kommt, du willst aber nichts von Analysen wissen. Doch es gibt in dir eine Grundaggression, die vorher nicht da war und die wohl nicht sein muss.

Eine gewisse „heilige Wut" kann dich unterstützen, zu deinem derzeitigen So-Sein zu stehen. Oder sie bringt dich in eine Haltung, aus der heraus du dich mit Stolz und leichtem Trotz gegen das verwehrst, womit du nicht einverstanden bist. Manchmal sind es dumme oder falsche Bemerkungen, nicht böse gemeint und trotzdem irritierend, verletzend oder eben wütend machend. Diese positiv antreibene Wut verlierst du nicht gänzlich, wenn du in den Eimer brüllst. Dasselbe trifft zu, wenn eine gesunde Dosis Wut zu deinem Temperament gehört und Teil des Ausdrucks deiner Entwicklung und Auseinandersetzung mit der Trauer ist. Dein Temperament wird sich keineswegs auflösen, wenn du ab und zu den Brüll-Eimer als Ventil benutzt und den Teil der Wut, welcher wenig konstruktiv ist, rauslässt.

Den Brüll-Eimer kannst du akut verwenden, wenn du meinst, vor innerem Druck platzen zu müssen. Du kannst ihn ebenso erstmals in Ruhe ausprobieren und dich vertraut machen mit der Tonqualität und dem Sound, dem Effekt und Gefühl danach. Du wirst spüren, wann du bereit bist loszulegen und wann auch die Umgebungskulisse hierfür richtig ist.

Du kannst den Brüll-Eimer auch außerhalb deiner Wohnung einsetzen. Zu schreien braucht Mut und Überwindung. Es ist nicht leicht. Daher lass dir Zeit für das richtige „Setting" und „Timing".

Besonders gut geschützt bist du, wenn du allein im Auto schreist. Es gibt einsame Parkplätze oder Orte, wo garantiert niemand vorbeikommt. Fahr deshalb über Land und such dir einen geeigneten Platz.

Lass das Brüllen nachwirken. Komm nach Belieben darauf zurück.

Du kannst den Brüll-Eimer auch für ein Gruppenritual nutzen, in einem verständnisvollen, humorvollen und vertrauten Umfeld, in dem es vielleicht Menschen gibt, die auch im Zusammenhang mit der Trauer ihre eigene kleine Wut in sich tragen. In diesem Fall schreit jede/r in den Eimer, der reihum geht. Ihr könnt die Reihenfolge auslosen und, je nachdem, wie es für euch passt, danach oder davor ein Gläschen Schnaps zur Überwindung trinken. Alternativ könnt ihr einander auch mit Worten anfeuern oder einem Kreis bilden, um gemeinsam einen lauten Schlachtruf herauszulassen. Nach jeder Runde könnt ihr den „Brüller“ mit einem Applaus oder einem anderen Schlachtruf belohnen.

Möglicherweise ist dir nicht bewusst, dass sich in dir etwas aufgestaut hat und dass es Wut in dir gibt, die lauthals herauswill. Probiere einfach den Brüll-Eimer aus, aus reiner Neugier, selbst dann, wenn du meinst, dass bei dir alles im Lot und ausgeglichen ist.

Die Rituale „Ich schreibe dir einen unsichtbaren Brief“ (siehe 4.11) sowie „Ich schreibe mir selbst einen unsichtbaren Brief“ (siehe 4.13) können aufgestaute Gefühle in dir offenlegen und dich zu einer versteckten Wut führen. Vielleicht hat sich etwas in dir eingenistet, das raus darf. Oder du entdeckst beim Schreiben, dass es etwas gibt, das sich noch zu einer leisen, subtilen Bitternis oder einem Unmut entwickeln könnte. Untersuche diese mögliche Brutstätte, selbst wenn du (vorerst) nicht mehr findest als eine kleine Verstimmung oder eine Aufgebrachtheit.

4.3 Ich bitte dich um Vergebung

Nur allzu oft fühlen wir uns schuldig, ja, wir sind geradezu darauf eingestellt, Schuldgefühle auf uns zu laden. Wir sind die Königinnen und Könige des schlechten Gewissens. Dabei verwechseln wir Schuld und die mit ihr einhergehende Verworrenheit mit Tiefe, mit Komplexität. In einer Endlosschleife intellektualisieren, psychologisieren und analysieren wir dieses Gebilde und kommen aus der Nummer nicht mehr heraus. Dabei sind wir oft vor allem eins: unnötig kompliziert.

Vor allem vergessen wir, dass uns die aufgeladene Schuld und das schlechte Gewissen mit der Zeit krank und unfrei machen können. Noch schwerer wiegt eine Schuld, wenn die Person, der gegenüber wir uns schuldig fühlen, physisch nicht mehr ist. Wie sollen wir uns denn nun aussöhnen? – Auch eine physisch nicht mehr präsente Person können wir um Vergebung bitten und uns damit dieser Schuld entledigen. Wir müssen hierfür nur offen genug sein, um auch über den physischen Austausch hinaus unser Leben neu zu denken.

Formuliere in dir die Absicht, die geliebte Person von Herzen aufrichtig um Vergebung zu bitten. Für die eine große Sache oder für ein paar Kleinigkeiten, die dich dennoch blockieren und dich täglich belasten. Du wünschst dir eine Verbindung ohne schlechtes Gewissen, das zwischen euch steht.

Die zu Lebzeiten nicht erbetene Vergebung ist für dich eine Barriere, die den freien Zugang zu deiner geliebten Person behindert und dir dein eigenes Leben erschwert.

Dir ist bewusst: Die Vergebung ist ein großer Schritt. Du erkennst: Die Schuld und das schlechte Gewissen sind keine Bürden, die du als Zeichen deiner ernst gemeinten Verbundenheit tragen musst. Inzwischen hast du durchschaut, wie das eine zum anderen führte und dass du es in der Hand hast, dieses Denk- und Fühl-Muster zu durchbrechen. Du sagst: „Ich bitte dich von Herzen um Vergebung." Du rechtfertigst dich nicht, sondern benennst reine Fakten. Welche Umstände führten zu welchen (unterlassenen) Handlungen, und welche Umstände resultierten daraus? Du bekennst, dass du erst jetzt den Mut hast, um Vergebung zu bitten.

Ablauf

Überlege dir: Was könnte für deine Bitte um Vergebung eine für dich passende Form sein? Möchtest du sie in einer ruhigen Minute zu Papier bringen? Wenn ja: in Stichworten, auf Karten, in Briefform? Oder möchtest du sie dir lieber innerlich durch den Kopf gehen lassen? Willst du dieses Ritual auf einen Spaziergang mitnehmen und deine Gedanken Schritt für Schritt erkunden? Oder möchtest du hierfür an einen schönen Ort gehen, zum Beispiel auf eine einsam gelegene Wiese, in einen sakralen

Raum wie eine Kirche? Usw. Willst du dir an einem Wochenende weit weg von Zuhause Zeit dafür nehmen? Horche in dich hinein und du wirst es herausfinden.

Egal, ob es viele kleine Dinge sind oder eine größere Sache, für die du um Vergebung bitten möchtest: Nimm jede einzelne Sache an und habe den Mut, sie zu äußern, selbst wenn sie noch so unbedeutend scheint. Vielleicht möchtest du im Kleinen beginnen, um dann zu etwas vorzustoßen, das dir in seiner Gänze noch gar nicht bewusst ist?

Vielleicht möchtest du um Vergebung bitten, dass du etwas weggeworfen hast, was du jetzt bereust. Oder dass du eine Pflanze hast eingehen lassen, die dir die geliebte Person einst geschenkt hat. Vielleicht hast du mal schlecht über sie gesprochen, gedacht, gefühlt usw. Sei offen und konfrontiere dich mit dir selbst. Denk daran: Auch wenn es weh tut, es wird vorübergehen.

Sei dir im Klaren: Bereits das, was als Vergebungsanfrage in den Raum gestellt wird und von Herzen kommt, ist ein Stein auf dem Weg, der nun weggeräumt wird. Vielleicht siehst du ihn noch am Wegrand, aber er stört dich weniger. Versuche offen für die Möglichkeit zu sein, dass deine Bitte erhört und damit dein Schmerz wirklich gemildert bzw. aufgelöst wird; dass dies keine rein konstruierte Vereinbarung zwischen dir und dir ist.

Sei dir bewusst: Was jetzt ausgeräumt wird, entrümpelt den Weg zu deinem geliebten Menschen und sorgt für etwas, das du dir von Herzen wünschst. Einen guten Zugang voller Liebe und ohne dass du über alte Probleme unnötig und wiederkehrend stolpern musst.

Auch wenn du mit Worten ringst: Versuche am Ende dennoch, diese wesentlichen Sätze zu sagen:

1. Die klare Aussage, worum du um Vergebung bittest: „Ich bitte dich um Vergebung für / wegen …“
2. Vielleicht kennst du zudem den **Grund** oder hast eine vage Ahnung: „Der Grund, warum ich um Vergebung bitte, ist / könnte sein …“
3. Du erlaubst dir, im Namen deiner geliebten Person, die dir nur Gutes möchte, die **Bitte anzunehmen** und die **Vergebung zuzulassen**. Du sprichst es für sie aus: „Ich vergebe dir …, weil ich verstehe, weil …“

Wenn deine Liste länger und länger zu werden droht und dich bedrückt, dann grenze die Gebiete ein und führe das Ritual in mehreren Etappen durch. Du kannst dir einzelne Bereiche vornehmen, die du zeitlich unabhängig voneinander angehst.

Versuche in diesem Ritual den Knoten in der Verbindungsschnur zu deinem geliebten Menschen zu sehen. Der Knoten liegt auf deiner Seite. Er ist so nah, du kannst danach greifen und ihn just dann auflösen, wenn du soweit bist und deine Vergebungsbitte formulierst. Ist der Knoten einst gelöst, wird es dir besser ergehen. Du wirst die Entlastung spüren und fühlen, dass euer Band dadurch umso stärker werden wird.

Eine Variante dieses Rituals findet sich in „Ich verzeihe dir aus tiefstem Herzen" (siehe 4.12).

Im Sinne der Harmonie und des Ausgleichs ist es nicht schlecht, beide Rituale durchzuführen und es nicht nur bei einem zu belassen.

4.4 Ich rauche eine Friedenspfeife

Eine Friedenspfeife kommt ohne Worte aus. Der Akt ist nicht der, sich auszusöhnen und Dinge durch Worte auszusprechen, sondern alles, was war oder noch sein könnte, friedvoll ruhen zu lassen. Die möglichen Wortkaskaden stattdessen zu Rauch umzuwandeln. Eine Friedenspfeife zu rauchen, bedeutet auch, sie nicht nebenher zu paffen, sondern sich einen zeitlichen und örtlichen Raum zu geben, in dem sich der Tabak und die Aromastoffe in dieser Sphäre verteilen dürfen. Die Pfeifenkunde lehrt einen zudem, dass das Pfeifenrauchen richtig gelernt sein möchte und es ohne zeremonielles Vorher, Während und Nachher nicht geht. Zunächst gilt es da, die Wahl der Pfeife, des Tabaks anzugehen. Es folgt das Stopfen, das Einrauchen, erst dann das Rauchen, verbunden mit Nachstopfen. Sodann das Entleeren, Säubern und die Pflege der Pfeife. Eine Friedenspfeife lässt sich auch anders rauchen.

Unabhängig davon, ob du Pfeifenraucher/in bist, ist dieses Ritual eins, das bestens auch ohne Pfeife auskommt, weil nämlich eine imaginäre Pfeife hierfür ausreicht. Worauf du aber nicht verzichten möchtest, sind jedoch folgende Elemente: der Frieden, die Vorbereitung, die Zeit des Akts selbst, die Pflege danach, also das Nachwirken.

Sich Zeit nehmen, um mit jemanden eine Friedenspfeife zu rauchen, bedeutet: „Ich respektiere dich, ich respektiere dein Anliegen. Hier ist genügend Raum, alles darf hier sein." Heftige Affekte und Vorwürfe werden zu Rauch transformiert, der ohne Worte auskommt. Kaum jemand macht das noch so, aber sich auszumalen, wie ein Streit in einem solchen Ritual würdevoll aufgelöst werden kann, ist eine sehr stimmungsvolle Sache.

Selbst wenn man ausgesöhnt ist mit der geliebten Person und sich sogar alles sagen konnte, kann mit der Zeit doch etwas hochkommen, das an einem nagt. Manchmal sind es Kleinigkeiten. Man erwischt sich bei dem Gedanken: „Ach, könnte ich noch etwas dazu sagen und klarstellen, mich aussöhnen oder mich entschuldigen ..." Solche Gedanken oder Gefühle kannst du gut in dieses Ritual einbetten.

Ablauf

Nimm dir mindestens 30-45 Minuten Zeit für dieses Ritual. Beginne damit, über den Titel nachzusinnen: *Ich rauche eine Friedenspfeife mit dir.*

Die Vorstellung, auf eine solche Friedenspfeife noch einmal mit dem geliebten Menschen zusammenzukommen, versetzt dich bereits in Vorfreude. Im Gegensatz zu Versöhnungsprozessen mit vielen Worten und Gesten ist das Rauchen einer Friedenspfeife bestechend einfach und deshalb so schön. Jedes Wort ist überflüssig, es entstehen eine Intimität und eine Ruhe, in der Frieden und Versöhnt-Sein beheimatet sind, insbesondere in der Zeitspanne, in der du und deine geliebte Person im Akt des Pfeifenrauchens seid. Frieden, um des Friedens willen. Störendes wird aus dem

Raum geschafft. Die Versöhnung kann auch einen körperlichen Ausdruck finden: ein Blick, ein Handschlag, eine Umarmung, ein einziges Wort oder ein paar wenige Sätze. Doch der Frieden selbst wird nicht durch diese Gesten und Äußerungen geschlossen.

Dein Anliegen ist da, die Zeit hast du mitgebracht. Vermutlich hast du keine Pfeife, was wie gesagt mehr metaphorisch gemeint und nicht Voraussetzung ist. Wenn du tatsächlich Pfeifenraucher/in bist, dann gehe vor wie immer, nur diesmal mit der geliebten Person an deiner Seite sowie mit der Absicht, dem Frieden Vorrang zu gewähren.

Such dir einen guten Platz, wo du gut und bequem sitzen und an dem du dich und deinen geliebten Menschen visualisieren kannst: eine Parkbank, dein Sofa bei dir zu Hause, ein Meditationskissen (und vielleicht ein zweites für deinen geliebten Menschen). Es sollte an diesem Ort nichts geben, das dich zu sehr ablenkt. Es muss aber möglich sein, dass du deine Gedanken schweifen lässt.

Vergegenwärtige dir, warum du jetzt dieses Ritual machen möchtest und dann lade deine geliebte Person ein mit den Worten: „Komm, lass uns eine Friedenspfeife rauchen."

Überlass dich danach dem, was ansteht: dem Rauchen dieser Pfeife. Das bedeutet nichts anderes, als sich die Zeit zu nehmen, dass sich alles in Rauch auflösen kann. Kein Reden, keine Debatten, einfach nur friedlich miteinander rauchen und sein. Wenn Gedanken aufkommen, dann lass sie zu, aber sprich sie nicht laut aus. Mit einer Pfeife im Mund ist das auch kaum möglich. Stell dir stattdessen vor, wie du deinen geliebten Menschen anschaust und er schaut dich an. Er wird wissen und er wird ebenfalls nichts sagen. Der Frieden steht im Mittelpunkt. Gedanken und Gefühle dürfen kommen. Mit dem Rauch der Pfeife ziehen sie von dannen. Komm immer wieder zurück zur Pfeife, zum Akt des Pfeifenrauchens.

Wenn die Friedenspfeife geraucht ist, spüre noch ein wenig nach. Sag dir selbst und deinem geliebten Menschen, dass das etwas Schönes, Friedvolles war und es sich gut angefühlt hat. Grüble nicht mehr über einen möglichen Konflikt, sondern feiere diesen Frieden, den du in dir verspürst.

Runde das Ritual ab mit dem Reinigen der Pfeife. Mit diesem würdevollen Abschluss bleibst du im achtsamen Bewusstsein für jeden deiner nächsten Schritte. Atme noch ein paar Mal durch, verlasse nun auch physisch den Ort, an dem du gerade warst. Wenn du drinnen warst, lüfte. Lass die Gedanken kurz nochmals friedvoll schweifen. Wenn du das Ritual beendest, hänge den Gedanken nicht nach, sondern danke friedlich deinem geliebten Menschen und dir selbst und nimm diesen Frieden achtsam in dich auf.

Statt einer Friedenspfeife kannst du dir auch eine Friedenssuppe vorstellen, die du langsam und mit Bedacht isst. Du kannst auch eine kleine Kerze brennen lassen oder eine Zigarre anzünden. Oder du wählst ein Getränk, für das man sich länger Zeit nehmen kann.

Auch wenn das Ritual sehr passiv anmutet, kannst du es trotzdem ganz aktiv genießen. Sei ohne Erwartungshaltung dabei. Kontrolliere nicht deine Gedanken und setz dich nicht unter Druck, alles ausformulieren oder verstehen zu müssen. Dies ist ein innerer Moment, in dem vieles in dir geschehen darf, ohne dass du hier aktiv Regie führen musst.

4.5 Das wollte ich doch noch ...

Manche Möglichkeiten erkennt man erst, wenn man sie verpasst hat – manche für immer. Erst wenn die geliebte Person physisch nicht mehr da ist, fällt einem ein, was man noch tun wollte. Selbst wenn man etwas relativ Unwichtiges versäumt hat, wie ein Eis am See zu essen, erlebt man das als ziemlich tragisch. Man fühlt sich des Lebens samt seiner Möglichkeiten beraubt. Tag um Tag wirft sich einem das Unumkehrbare vor die Füße. Aber nicht nur in der Umgebung sieht man, was nicht mehr geht, sondern man kommt auf ganz neue Gedanken und Ideen, was man mit dem geliebten Menschen alles tun könnte. Der Boden der Tatsachen ist dann doppelt, dreifach, vierfach hart. Diese Spirale könnte sich immer weiterdrehen. Doch du musst kein passives Opfer solcher Gedanken sein, sondern kannst zum aktiven Mitspieler werden.

Auch wenn es etwas selbstquälerisch anmutet: Lass alle Gedanken zu, die damit zusammenhängen, was du mit dem geliebten Menschen noch hättest tun wollen. Oder lass dich zu einem Gespräch inspirieren, das nicht stattfinden konnte, weil die Umstände es damals nicht möglich machten. Das Rad kannst du zwar nicht zurückdrehen und doch kannst du am Verlauf des Lebens schrauben, du kannst justieren, ölen, neu löten. Du kannst innehalten und dir bewusstwerden: Wo war ich damals, wo bin ich heute? Du kannst etwas tun, damit dich die Mühlen deiner Gedanken und ihre nachfolgenden Emotionen nicht zermahlen.

Vorbereitung / innere Einstimmung

Bevor du beginnst: Grüble nicht darüber nach, warum du bestimmte Dinge nicht getan hast, warum du bestimmte Ideen überhaupt nicht auf dem Radar hattest. Nicht die Suche nach den Ursachen steht hier im Fokus, sondern die Ideen, die Dinge selbst. Sage dir:

> »Ich weiß, dass das eine zum andern führt. Ich weiß, dass etwas etwas anderes bedingt. Mir ist klar, dass ganz etwas anderes wiederum mit ganz anderen Dingen zusammenhängt. All das zu untersuchen ist heute nicht mein Thema.
>
> Ich weiß, dass das Leben mehr ist als Ursache und Wirkung. Vieles bleibt unergründlich und erschließt sich mir nicht. Es passiert das Zufällige, das nicht Sichtbare. Und vermeintlich geschieht manchmal nichts – weil ich es nicht sehen kann. Es ist müßig darüber nachzudenken und solche Strukturen mit dem Verstand erkennen zu wollen. Ich werde nie alles analysiert haben können. Nie die Perspektive für das ganz große Bild bekommen. Daher muss ich es dabei belassen zu sagen, dass es ist, wie es ist.

Ich weiß, dass ich als Mensch nach freiem Willen handle oder unterlasse. Aber es geschehen auch Dinge, die mich mitnehmen, ohne dass ich aktiv Ja dazu gesagt hätte. Warum sie passieren, weiß ich nicht. Und wenn ich das untersuche, werde ich immer nur Bruchstücke, nur Teile des Ganzen erhaschen. Ganz ruhig nehme ich das an. **Ich akzeptiere mit Demut**, dass ich nicht alles weiß.

Hier kann es **keine Schuldzuweisungen** geben. Niemand ist verantwortlich dafür, warum dies so oder jenes nicht geschah. Und das betrifft nicht nur mich, es geht uns allen so. Wir alle sind dem Lauf des Lebens unterworfen und trotzdem bin ich **nicht Opfer** dieser Verläufe. Das erkenne ich an. Ich kann alles betrachten, akzeptierend annehmen und mit guter Absicht **das Beste aus dem herausholen, was eben ist**. Ich habe die Stärke in mir, dies zu tun.

Ich werde mich jetzt dem zuwenden, was ich mit meiner geliebten Person hatte tun wollen. Meinen **Fokus richte ich nur auf diese Vorhaben und Ideen**. Über alles andere zerbreche ich mir nicht den Kopf. Wenn ich dabei traurig, wütend oder verzweifelt werde oder ich mich enttäuscht oder ertappt fühle, dann lasse ich diese Emotionen zu.«

Ablauf

Du brauchst einen Tisch in einer angenehmen Umgebung, an dem du bequem schreiben kannst, sowie Stift und Papier. Das Ritual wird dich länger begleiten und das, was du schreibst, willst du vielleicht aufbewahren. Deshalb ist es eine Überlegung wert, ein schönes Heft hierfür zu kaufen.

Nimm dir Zeit und überlege dir, was du, im ganz Kleinen oder im Großen, mit deiner geliebten Person noch gerne gemacht hättest. Vielleicht gab es konkrete Pläne oder die Idee stand schon länger im Raum, ohne dass es zur Ausführung kam.

Schreib diese Dinge einfach auf und lass etwas Platz auf dem Papier, um dich nicht erdrücken zu lassen. Vielleicht kreist du aber nur um eine ganz spezifische Idee, die dich am meisten beschäftigt. Es gibt hier weder richtig noch falsch. Nimm dir genügend Zeit zum Nachdenken und lass alles an Gedanken und Gefühlen, die aufkommen, aufs Papier wandern.

Du kannst das Ritual über mehrere Tage oder Wochen machen und zwischendurch, während du etwas anderes machst, notieren, was dir gerade in den Sinn kommt. Wichtig ist dabei: Fang nicht an darüber zu grübeln, was die Umsetzung bisher verhindert hat. Lass dich auch nicht zu sehr davon zermürben, wie traurig dich das stimmt.

Wenn du eine Liste aller nicht verwirklichten Dinge oder Ideen beisammen hast, kannst du noch am selben Tag (oder recht bald oder erst in ein paar Wochen) dein Geschriebenes durchgehen und dich fragen:

1. Was davon kann ich **trotzdem** umsetzen?
2. Was kann ich eventuell in **anderer Konstellation** oder in **abgeänderter Form** umsetzen, aber so, dass das Vorhaben in der Grundform noch dasselbe ist?

Wenn dir etwas einfällt, schreibe es direkt neben den Punkt auf deiner Liste. Notiere alles, was dir spontan in den Sinn kommt. Nimm dann farbliche Markierungen vor, zum Beispiel Grün für das, was möglich ist; Gelb für das, was mit leichten Änderungen umsetzbar wäre und setze ein rotes Fragezeichen bei denjenigen Sachen, die schwieriger sind. Du kannst auch mit kleinen Bildchen arbeiten: Herzen, Blumen o. Ä.

Wenn du die ganze Liste so durchgearbeitet hast, frage dich:

3. Was von dem auf dieser Liste möchte ich **unbedingt** tun? Was brennt mir unter den Nägeln? Was sehe ich bereits bildhaft vor mir?
4. Was kann **warten**?

Mache hier Anmerkungen wie: unbedingt, bald, nicht sicher, mal schauen, usw. Markiere, schneide aus, streiche durch, sei kreativ mit Stift und Schere und anderen Mitteln.

In der nächsten Runde trennst du die **Spreu vom Weizen**: Alle Ideen, die du unbedingt oder ziemlich sicher angehen möchtest, schreibst du auf eine Liste, die anderen hältst du auf einer separaten Liste fest und legst sie erstmals beiseite.

Lass wieder ein wenig Zeit verstreichen und beginne mit der **Planung**: Wann und wo könntest du welche Idee, gegebenenfalls mit wem, angehen? Wenn du erste Antworten hast, **konkretisierst** du die Vorhaben möglichst **zeitnah**. Diese erste Umsetzung ist die wichtigste, denn sie öffnet die Türe für weitere. Außerdem entspannt sie dich, denn du hast jetzt das Nicht-Können auf ein Dürfen umgestellt.

Wenn du Einiges umgesetzt hast, kannst du dich mit diesem Sicherheitspolster wieder der Liste mit den schwierigen oder weniger dringenden Vorhaben zuwenden. Geh diese Liste in Ruhe durch und ergründe für dich, was du wirklich abschließen musst und was momentan nicht so wichtig ist. Wenn du dir bei einigen Vorhaben sicher bist, dass sie **nicht mehr umsetzbar** sind, etwa weil es ohne deine geliebte Person nicht geht oder sinnlos erscheint, dann verabschiede sie. Im Folgenden findest du einen Formulierungsvorschlag für einen Ablauf. Du kannst dir diese Zeilen laut vorlesen oder sie als Inspiration nehmen und sie mit deinen eigenen während des Lesens kommenden Gedanken bereichern:

Vorhaben XYZ

Ich weiß, dass ich Vorhaben XYZ (gerade) nicht angehen kann. Ich weiß, warum es nicht geht. Oder ich weiß es nicht. Was auch immer es ist: Ich nehme es an und hadere nicht damit.

Trotzdem tut es mir weh. Von Herzen habe ich es mir gewünscht und mir, uns, meinem geliebten Menschen ist es nicht vergönnt. Ich kann mich jedoch damit versöhnen, ich kann annehmen, dass es ist, wie es ist. Das zu sagen fällt mir nicht leicht. Ich bin melancholisch, wehmütig, verletzt. Noch andere Gefühle kommen in mir hoch, wenn ich daran denke. Ich sage es aber nicht verbittert.

Ich erlaube mir, mir vorzustellen, wie es gewesen sein könnte – jetzt oder zu einem früheren Zeitpunkt. ***Ich lasse mich entführen*** *in dieses „Was-wäre-Gewesen“, „Was-hätte-sein-Können“ etc. und ich* ***genieße diese Reise im Geist****, trotz Schmerz. Es tut mir leid, dass ich ein Erlebnis nicht mehr haben kann, aber die Vorstellung kann ich allemal haben. Auch wenn sie schmerzhaft ist und ich sie selbst konstruieren muss. Das Gute überwiegt jedoch auch hier und der Frust oder die Enttäuschung werden nicht siegen. Ich kann mir* ***das Erleben in dieser Form nicht rauben****. Ich kann immer besser damit leben, wie es ist, weil ich diese neue Erinnerung mitnehme.*

Ich kann heute mit Schwermut sagen: ***Es ist in Ordnung.*** *Morgen, wenn sich Melancholie in die Schwermut mischt, werde ich sagen: Es ist okay. Ich kann übermorgen die Tatsachen betrachten und sagen: Ich kann gewisse Dinge verstehen, andere nicht. Es spielt keine Rolle. Es ist mir nicht gleichgültig. Die* ***Sehnsucht wird bleiben****, doch es wird leichter werden, mit ihr zu leben. Sie wird mich mit der Zeit vielleicht beflügeln. Denn ich habe immerhin dieses Geschenk, mich gedanklich in die Fantasie zu entführen. Ich werte nicht, ob die Vorstellung, wie es gewesen sein könnte, wertvoller ist als wie es sein wird, wenn ich es irgendwann umsetze. Meine Gedanken und die damit einhergehenden Gefühle werden als lebhafte Erinnerung abgelegt. Ich kann meine gedankliche Freiheit ausweiten und so leben, wie es möglich ist. Egal, ob ich die Vorhaben in die Tat umsetze oder mir zunächst nur ausmale, wie es sein könnte, wenn ich den Mut dazu hätte. Oder wie es hätte sein können, wenn mein geliebter Mensch noch an meiner Seite wäre. Ich bin zufrieden damit, wie es ist.*

Wahrscheinlich wird sich dieses Ritual im Lauf der Zeit wandeln, u.a., weil du immer wieder auf es zurückkommst. Vielleicht kommen weitere Ideen hinzu oder es wurde von selbst etwas umgesetzt, das du gar nicht bewusst angesteuert hast. Lass dich darauf ein und wisse, wo du derzeit stehst. Es ist wichtig, dass du nicht haderst und dass du dich an dem Punkt, wo sich dein Gefühl in Bitternis umwandeln könnte, selbst an die Hand nimmst und dieser bitteren Note in deinem Leben keinen

Platz gewährst. Jedenfalls nicht, ohne Neutralisieren oder Versüßen durch positive Gedankenexperimente.

Lass dich von den künftigen Abenteuern finden und gib neuen Erlebnissen die Chance, sich auch anders zu gestalten als ursprünglich angedacht und indem du sagst: „Ich bin bereit. Ich bin dabei."

Zur effektiven Umsetzung kannst du auch Münzen nehmen wie im Ritual „Das leiste ich mir jetzt erst recht" (siehe 3.11).

Die Liste jener Vorhaben, die nicht mehr oder zunächst nicht durchführbar sind, werden wahrscheinlich viele Emotionen hochkommen lassen. Hierfür bietet sich das Ritual „Ich brauche einen Brüll-Eimer" (siehe 4.2) als zusätzliche Unterstützung an, um deiner Wut Ausdruck zu verleihen.

Du kannst dir auch Fotos und Landkarten anschauen oder in alten Kalendern oder Tagebüchern schmökern, um die Gedanken mit Orten und Zeiten zu verbinden. Fürchte dich nicht vor der Unmenge an Vorhaben, die auf den ersten Blick nicht mehr möglich sind. Im Lauf der Zeit wirst du feststellen, dass dir die meisten der Pläne mit leichten Adaptierungen doch noch zugänglich sind.

4.6 Ich stand, ich stehe, ich werde stehen

Du kannst nicht nur das „Jetzt“ betrachten, das dir sagt, wo du derzeit stehst. Du kannst auch zeitlich versetzt schauen: Wo stand ich gestern, wo vorgestern? Wo werde ich möglicherweise morgen stehen? Sich zu positionieren muss nicht bedeuten, dass man festgenagelt ist oder den Jetzt-Moment verpasst. Während man steht, dreht sich die Welt weiter – sie hat sich gedreht, sie wird sich drehen. Sich platzieren, sich positionieren, weitergehen oder sich einen Blick ins Gestern erlauben ist Teil dessen, wie wir Vergangenheit, Gegenwart und Zukunft verstehen. Daher ist es legitim, sich diesem Zeitspiel auch mal hinzugeben.

Als dein geliebter Mensch physisch noch da war, schien die Welt eine andere. Gefühlt ging die Sonne nicht unter, vielleicht war es wie ein Tanz, ein Freudentaumel. Die Luft war reiner, du konntest atmen und deine Fühler hoffnungsvoll in die Zukunft strecken. Vor der Zäsur wirkt alles, von heute aus betrachtet, wie um 180 Grad gedreht.

Ob du dich gerade suchst oder verloren glaubst, oder ob du generell nicht mehr weißt, wo unten und wo oben ist: Dieses Ritual der Selbstpositionierung soll helfen, dir einen Ort zu suchen, an dem du stehst, an dem du warst und von wo aus du vielleicht einen Blick in die Zukunft erhaschen kannst.

Einstimmung / Vorbemerkung

Dass deine geliebte Person physisch nicht mehr hier ist, empfindest du als Einschnitt in dein Leben, der dich aus der Bahn geworfen hat. Äußerlich hast du dich nicht verändert, du wohnst vielleicht am selben Ort, gehst deiner Arbeit und deinen Gewohnheiten nach. Und trotzdem ist alles ver-kehrt. Es ist auch schwer zu vermitteln, warum die gut gemeinten Ratschläge, dass nach etwas Kopf- und Herzlüften das Leben wie bisher weitergehen wird, nicht funktionieren.

Nimm dir Zeit, um in einem ruhigen Moment dem nachzugehen, was ist, was war und was sein könnte. Tu das weder aus einer Opferhaltung heraus noch aus einer Position des über den Dingen stehenden. Sei auch kein Psychologe oder Richter. Versuche so wenig wie möglich zu werten. Bleib im Fluss deiner Gedanken und Gefühle. Du musst nicht alles klar benennen oder erklären, du darfst vage bleiben. Nichts muss eindeutig formuliert sein, es darf stichwortartig und damit im Fluss bleiben. Nimm das, was kommt, einfach wahr, lass es auf dich zukommen und wieder sachte von dir wegfließen.

Ich empfehle dir, dieses Ritual an drei verschiedenen Tagen zu machen. Nicht nur, weil es dir Kraft abverlangt, sondern auch, weil es einer Verdauungszeit bedarf. Das, was gedanklich und emotional durch dich geht, muss sich setzen können.

In Teil 1 geht es um die Gegenwart: Wo stehe ich jetzt gerade? Im zweiten Teil wirfst du einen Blick in die Vergangenheit, zurück in die Zeit, als dein geliebter Mensch physisch noch zugegen war. Der dritte Teil des Rituals befasst sich mit einem scheuen Blick in die unmittelbare Zukunft: Wo werde ich morgen stehen?

Halte Stift und Papier bereit. Es hilft dir, wenn du etwas mit deinen Händen tun kannst. Außerdem können deine Gedanken sich auch visuell orientieren. Nicht zuletzt kann es dir helfen, dich zu fokussieren, wenn du ein Blatt Papier vor dir liegen hast.

Ablauf

Teil 1

Zeichne einen Punkt in die Mitte des Blatts. Dieser Punkt bist du. Du stehst. Doch selbst in aller Stille, wie du so dastehst, bestehst auch du aus dem, was dich in deiner Vielfalt ausmacht, und auch das, was dich umgibt, gehört zu dir.

Zeichne daher einen weiten Kreis um diesen Punkt. Er steht stellvertretend für all das, was man dem Punkt, wenn man sich nur auf ihn festlegt, nicht ansieht. Der Kreis steht für dein Leben, für dich in deiner Vielfalt.

Beginne nun, um den Kreis zu wandern: Wo stehst du gerade, was ist da alles? Fixiere es nicht in Worten, sondern zeichne, sobald dir etwas einfällt, kleine Punkte, Kreise oder Striche auf diesem Kreis.

Fragen danach, wo du stehst (in welchem Bereich), sind individuell und kommen aus dir selbst. Ich möchte sie hier nur skizzieren und andeuten, in welche Richtungen sie gehen könnten (s. u.).

Zeichne dann einen Koffer oder einen anderen Behälter auf dein Blatt. Er enthält deine Erfahrungen. Er ist keineswegs leer, hat aber noch viel Platz für weitere Erfahrungen.

Am Rande deines Blatts zeichnest du einen anderen Punkt (oder auch eine Blume o. Ä.), der für deine geliebte Person steht, die physisch nicht mehr da ist. Aber sie ist dennoch hier.

Während du deine Fragen oder vielleicht die untenstehenden Vorschläge durchgehst, wanderst du, sobald du einen Impuls hast, mit dem Stift auf dem Kreis entlang. Bei jeder Idee zeichnest du einen Punkt, einen Strich oder ein Zeichen, das für dich passt; etwas, das dich auszeichnet, das in deinem Leben stattfindet. Auch bezogen auf die Erfahrungen zeichnest du in den Koffer (oder was immer du als Behälter gewählt hast) für jede Idee, die aufkommt, einen Punkt oder ein Zeichen.

Es folgen nun einige Vorschläge für Fragen zum Thema „Wo stehe ich jetzt?", die du dir stellen könntest.

Wenn ich auch an meine geliebte Person denke / wenn ich sie in die Antwort miteinbeziehe – **wo stehe ich jetzt** hinsichtlich …

meiner emotionalen Lage?
meiner sozialen Lage?
meiner gesundheitlichen Lage?
meiner familiären Lage?
meiner beruflichen Lage?
An welchem Punkt stehe ich und komme von dort aus gerade nicht weiter?
An welchem Punkt, an dem ich stehe, lösen sich Probleme?
Wo gibt es Neues, das Hoffnung verspricht?
Wo gibt es etwas, das mich belastet?
Wo gibt es etwas, das mich (be)hindert?
Wo gibt es etwas Überraschendes?
Wo gibt es etwas, das mir nicht zugänglich ist?
Usw.

Dann frage dich zur Ebene dessen, was du gerade jetzt lernst, was du im Begriff bist, in den Erfahrungskoffer hineinzulegen:

Was lerne ich, was ist gerade eine neue Erfahrung?

Wenn dir die hier skizzierten Fragen zu der jeweiligen Lage erstmals ausreichen und du nur wenig ergänzen musst: gut. Aber sei im Fluss unbedingt offen für deine eigenen Themen, die aufkommen. Du kannst dir im Vorfeld auch für dich wichtige Themenbereiche zu den Lage-Fragen notieren, um im Fluss zu bleiben und in dir konkrete Fragen entstehen lassen.

Dies ist keine Interview-Situation und wahrscheinlich wirst du zunächst um die Themen kreisen, bevor du sie als konkrete Fragen bzw. Antworten festlegen kannst. Lass deine Gedanken daher im Fluss bleiben und sei selbst der passiv-aktive Angler, der die Angel ins Wasser wirft und wartet, bis ein Fisch anbeißt. Kommentiere den Fisch nicht, etwa ob er schön oder viel zu klein geraten ist, sondern mach lediglich einen kleinen Kringel oder ein anderes Zeichen entlang der Kreislinie, die dich auf der Zeichnung umgibt. Dann fahre mit der nächsten aufkommenden Frage fort. Du musst dir im Übrigen nicht merken, wofür welcher Punkt, Strich, Kringel etc. steht. Lass es einfach kreativ im Moment geschehen.

Beschließe das Ritual mit der Frage, was du noch in den Koffer deiner Erfahrung packen könntest und was sich vielleicht erst undeutlich abzeichnet.

Lege dieses Blatt Papier für die nächsten Tage an eine gut sichtbare Stelle, oder hänge es irgendwo hin. Es ist gut möglich, dass sich gewisse Fragen erst dann lösen, wenn du dich von der Aufgabe entfernt hast. Lass also die Angel noch im Wasser und achte darauf, ob da nicht noch etwas nachzappelt. Antworten oder Ahnungen möglicher Antworten zeichnest du als Punkte in den Koffer. Lass das abstrakte Gebilde (abstrakt, weil ohne Worte) auf dich wirken. Du wirst dich nicht 1:1 an die ganze Reise erinnern, aber das eine oder andere wirst du ziemlich sicher bewusst aufgenommen haben. Staune über die Unzahl an Kringeln, Punkten, Strichen, Zeichen etc.

Beispiel einer Skizze Teil 1

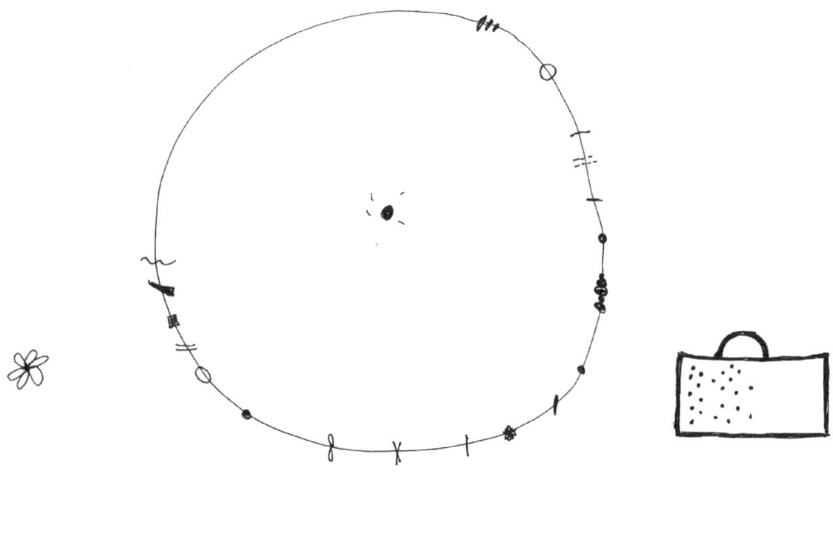

Teil 2

Wenn der Zeitpunkt stimmt, machst du den zweiten Teil des Rituals und betrachtest nun dich und deine Umgebung zeitlich zurückversetzt.

Zeichne wieder einen Punkt in die Mitte eines Blatts. Dieser Punkt bist du. Du stehst im Damals, als die geliebte Person in physischer Form noch da war. Zeichne dann deine geliebte Person unmittelbar neben deinen Punkt, zum Beispiel in Form einer Blume oder eines Herzens. Zeichne nun einen weiten Kreis um Punkt und Zeichen. Der Kreis stellt dich und dein Umfeld dar. Es ist das, was man dem Punkt (dir) in der Mitte nicht ansieht, was aber unmittelbar zu dir gehört. Auch hier hast du den Koffer der Erfahrungen mit dabei.

Geh nun zurück in die Zeit, als du deine geliebte Person physisch treffen konntest. Stell dir die Fragen aus der Perspektive von damals:

Wo stand ich damals? Was war meine emotionale, meine soziale Lage? Usw. Zeichne für jede Antwort, jeden Impuls und jede Idee einen Kringel, einen Strich oder ein anderes Zeichen auf deine Kreislinie. Dann gib die Frage an deinen geliebten Menschen weiter. Frage ihn direkt: „Und du? Wo standest du damals?"

Wenn du Antworten findest, respektive Impulse erhältst, zeichnest du diese als Kringel oder andere Zeichen (Herzen, Blumen, Vierecke, Punkte usw.) in die weiße Fläche innerhalb deines Kreises.

Verbinde, wenn du magst, die gemeinsamen Dinge, die sowohl auf deiner Linie als auch innerhalb des Kreises liegen. Dies machst du entweder mit Stift oder nur in Gedanken beim Betrachten der Zeichnung.

Beschließe das Ritual mit der Frage, was du in den Koffer deiner Erfahrung packen könntest: Welche Erfahrungen machte ich damals gerade? Welche Erfahrungen machte meine geliebte Person? Zeichne sie wieder als Punkte in den Koffer. Verwende für die Erfahrungen deines geliebten Menschen eine andere Farbe oder „zeichne" sie nur imaginativ.

Auch hier lässt du alles in dir nachwirken. Sei offen für weitere Fragen, respektive Antworten, die im Lauf der nächsten Tage dir noch zuströmen könnten.

Beispiel einer Skizze Teil 2

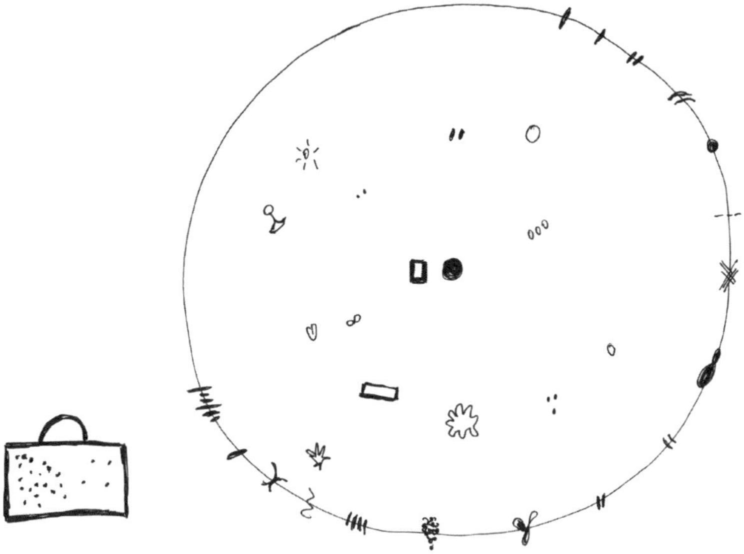

Teil 3

Der dritte Teil des Rituals widmet sich der Zukunft. Es geht hier keineswegs um Prognosen oder um langfristige Pläne, sondern lediglich darum, einen kleinen Blick nach vorn zu wagen. Sei offen für Bilder, die sich dir für die ferne oder nahe Zukunft öffnen. Versuche möglichst nicht zu weit vorauszuschauen, vielleicht bis zum nächsten Tag, zum nächsten Monat, höchstens bis zum nächsten Jahr.

Wieder erstellst du eine Zeichnung: einen kleinen Punkt in der Mitte, der dich in der (unmittelbaren oder ferneren) Zukunft darstellt. Etwas weiter weg von dir zeichnest du drei Koffer. Du bist aber mehr als der Punkt und so zeichnest du auch hier einen weiten Kreis um diesen Punkt, auf dem du die Antworten, Impulse, Ideen (deine „Beute") festhalten kannst.

Zwei der Koffer sind schon „voll". Übernimm von den vorherigen beiden Zeichnungen, zeichne sie ab oder schneide sie aus und lege sie auf das neue Blatt. Der dritte Koffer ist noch leer.

Dein geliebter Mensch ist ebenfalls auf dem Blatt, weil er Teil deines Lebens ist und bleibt. Es steht dir frei, ihn in den Kreis hineinzunehmen oder ihn etwas abseits zu zeichnen, dann mit einem eigenen Kreis.

Für jede Frage, jeden Impuls zeichnest du einen Punkt, Strich oder andere Zeichen auf die Kreislinie. Auch innerhalb des Kreises zeichnest du Symbole, die dir zusagen: Kreise, Vierecke, Blumen, Herzen, gestrichelte Linien etc. Die Impulse oder Ideen, die dich betreffen, kommen auf die Kreislinie. Impulse, die du bekommst, wenn du deine geliebte Person in die Frage einbeziehst, zeichnest du innerhalb des Kreises. Selbst wenn du keine klaren Antworten bekommst, sondern nur vage Impulse, zeichnest du etwas. Die Antworten dürfen vage sein. Du belässt sie unkommentiert, grübelst nicht. Allerdings wird alles, was dir in den Sinn kommt, als Skizze festgehalten. Wenn es sich ergibt, beziehst du deine geliebte Person mit in die Fragen ein. Frage sie z. B.: „Was meinst du, wenn es einst so kommen sollte? Wie siehst du das?"

Wenn dir Ideen kommen, die deinen geliebten Menschen betreffen, zeichnest du diese in seinen Kreis oder auf seine Linie. Es ist auch möglich, dass dabei andere Kreise entstehen, zum Beispiel für bestimmte Zeiträume, geografische Konstellationen, besondere Aufgabenbereiche usw. Sei offen für das, was deine Hand gerne zeichnen möchte, auch dann, wenn du nicht sofort einordnen kannst, was in welchem Zusammenhang wofür steht.[3]

Wie auch beim ersten und zweiten Teil beschließt du das Ritual, indem du dich fragst, was du gelernt haben wirst und was bis dann in deinem Erfahrungskoffer sein könnte. Für diese Impulse oder vage Antworten zeichnest du kleine Punkte oder Kreise in den noch leeren dritten Koffer.

Lass auch dieses Blatt und alles Getane, Gedachte, Gefühlte ruhen und komme, wenn du magst, zu einem viel späteren Zeitpunkt auf das Ritual zurück, um es vielleicht erneut zu machen. Ohne in die Details zu gehen, kannst du dir auch zu einem späteren Zeitpunkt deine Zeichnung ansehen. Vielleicht staunst du auch hier, welche Fülle dich umgibt beziehungsweise dich demnächst wohl umgeben wird.

---

3 Es ist gut möglich, dass Erinnerungen aus der Vergangenheit aufkommen. Lass dich jedoch nicht darauf ein. Wenn sie wichtig sind und du sie nicht vergessen möchtest, dann halte sie auf einem separaten Blatt fest und versuche, dich wieder auf die Zeichnung und das Morgen zu konzentrieren.

Beispiel einer Skizze Teil 3

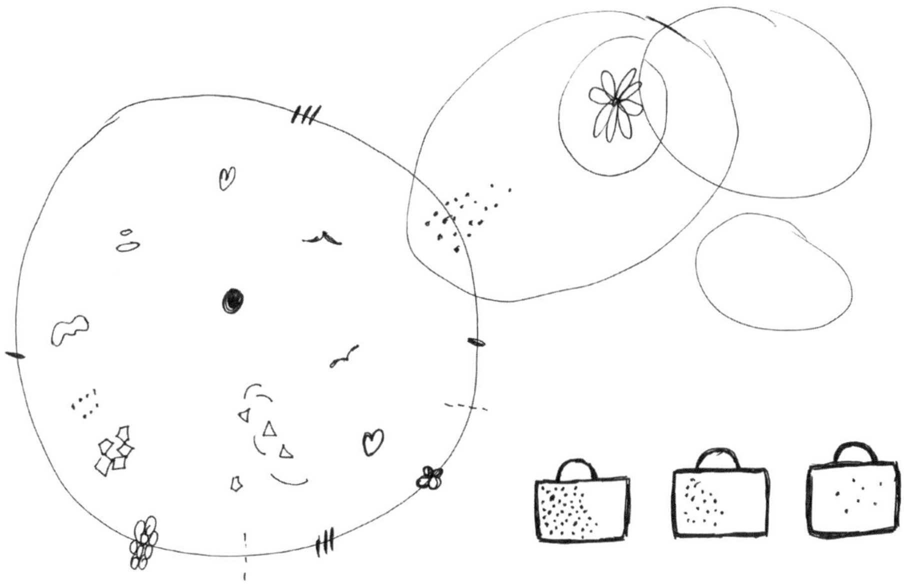

Es kann dir helfen, dir selbst aus der Ferne dabei zuzusehen, wie du dieses Ritual machst. Stell dir z. B. vor, du stehst auf einer Anhöhe und blickst auf dich herab. Betrachte die Person ohne zu urteilen, aber mit einer gewissen Neugierde und mit Interesse. Vielleicht erkennst du, dass gerade sehr viel passiert im Leben dieser Person, die niemand Geringeres ist als du selbst.

4.7 Ich schreibe dir einen Brief

In Gedanken ist man wohl immer wieder beim geliebten Menschen, aber ihm einen Brief zu schreiben kann zu einem schönen inneren Abenteuer werden. Was man nicht aufschreibt, kann man nicht lesen und Gedanken kann man nicht immer gänzlich einfangen, sondern bloß ansatzweise erhaschen. Etwas aufzuschreiben heißt auch, das Unsagbare an die sagbare Oberfläche zu bringen. Wörter, die einmal raus sind, können sich manifestieren, auch im Außen, sodass wir einen neuen Bezug zu ihnen haben. Manchmal sind sie wahre Erkenntnisöffner oder Ventile für aufgestaute Gefühle. Die Briefform ist für die meisten von uns vermutlich das am leichtesten zugängliche Genre. Diese schriftliche Interaktion, vom Ich an ein Du gerichtet, ist nur ein kleiner Schritt vom gesprochenen zum geschriebenen Wort. Sie ist etwas ganz Natürliches und trägt manchmal wahre Wunder in sich.

Vielleicht ist dieses Ritual der Anfang von etwas, das dich über längere Zeit oder sporadisch begleiten wird. Vielleicht ist es etwas Einmaliges und Heftiges. Oder es ist für dich ein Versuch, in dieser Form deinem geliebten Menschen nah zu sein. Ob handgeschrieben, ob via Tastatur, ob in einem Zug oder über mehrere Tage hinweg verfasst: Finde heraus, was ein Brief an deine geliebte Person mit dir macht und welche Vielfalt an Themen sich in dir finden lässt, über die du deinem geliebten Menschen etwas mitteilen möchtest.

Ablauf

Fühl dich nicht gedrängt, diesen einen allumfassenden Brief zu schreiben, in dem alles Wichtige stehen soll. Du kannst erstmal einen Anfang setzen und dann offenlassen, ob es weitere Briefe geben wird oder nicht.

Es spielt auch keine Rolle, auf welche Weise du den Brief schreibst: mit der Hand und einem schönen Federhalter oder schnell in die Tastatur getippt. Du kannst auch mit einer Postkarte anfangen, es muss nicht gleich ein langer Brief sein. Und wenn dir das Drauflosschreiben nicht liegt, kannst du zunächst ein paar Themen oder Dinge notieren, zu denen du gerne etwas sagen möchtest, und daraus einen Brief entwickeln. Das kann etwas sein, das dich persönlich, den geliebten Menschen oder eure gemeinsame Vergangenheit betrifft. Es kann auch etwas Aktuelles sein, etwas, das nur dich, vielleicht dich in deiner Zukunft angeht.

Stell dir deine geliebte Person als Brieffreund/in vor. Sie ist unterwegs, telefonisch nicht gut zu erreichen, aber Briefe bieten sich als Kommunikationskanal sehr gut an. Lass deiner Fantasie freien Lauf: Wo ist deine Person gerade und wie lange wird der Brief unterwegs sein, bis er sie erreicht? Ist dein geliebter Mensch gerade wegen eines Projekts im tiefen Urwald oder macht er einen Segeltörn auf hoher See? Stell dir vor, wie er deinen Brief öffnet und sich über diese Abwechslung freut.

Schreib so natürlich wie möglich, das heißt: So, wie die Gedanken kommen. Deine geliebte Person wird es dir nachsehen, wenn du von einem Thema ins nächste springst, wenn du die Sätze nicht gut ausformulierst oder Grammatikfehler machst. Das ist nicht wichtig und deshalb musst du auch nicht akribisch darauf achten. Schreib lieber Satz um Satz und lass dich in einen Schreibsog mitnehmen. Sei offen, beschönige nichts, lass alles zu, was in diesem Brief und bei deinem geliebten Menschen gut aufgehoben ist.

Wenn du müde wirst, mach für den Moment Schluss. Wenn du am nächsten Tag wieder ansetzt, fühl in dich hinein, ob du lieber weitermachen oder erst das bereits Geschriebene durchlesen möchtest. Wenn du dir unsicher bist und in den Fluss kommen möchtest, lies lediglich die letzten paar Sätze.

Ein Brief an den geliebten Menschen, der physisch nicht mehr da ist, kann aufwühlen und er kann reinigend sein. Je nach deiner momentanen Verfassung kann er dich zum Staunen bringen oder zu neuen Erkenntnissen. Bewerte und beobachte dich selbst nicht zu sehr, sondern schreibe diesen Brief, ganz nach Lust und Laune und mit viel Freude. Deine geliebte Person wird vielleicht darüber schmunzeln oder genauso erstaunt sein wie du.

Wenn du das tiefe Bedürfnis hast, den Brief zu lesen, dann tu es. Befreiender ist es wahrscheinlich, wenn du ihn erst später liest. An einem Tag X, wo es dich auf einmal überkommt und du dich erinnerst, dass da noch ein Brief ist …

Wenn du den Brief mit der Hand geschrieben oder ausgedruckt hast, bewahre ihn an einem schönen Ort auf. Stecke ihn auch in ein Couvert, auf das du, wenn du magst, die Adresse oder den Namen deiner geliebten Person schreiben kannst.

Ob du für weitere Briefe offen bist und es dir guttut, in diesen Briefdialog einzusteigen, wirst du recht bald merken. Lege deshalb nicht von Anfang an fest, ob und in welchen Intervallen du weiterschreiben willst. Vielleicht lediglich zu besonderen Anlässen oder immer dann, wenn du in einer tiefen oder erfreulichen Stimmung bist. Oder auch ganz spontan, nach reiner Lust und Laune. Geh mit dem positiven Gefühl oder mit der Dringlichkeit mit und fühl dich tief verbunden mit deiner geliebten Person, die irgendwo in der Ferne auf Reisen ist und die du mit Briefen erreichen kannst.

Für den Fall, dass du dieses Ritual regelmäßig und vielleicht in einer modernen Version machen möchtest: Du kannst für deinen geliebten Menschen auch ein virtuelles Postfach einrichten und ihm E-Mails schreiben, die du dann wirklich abschickst.

4.8 Ich gehe durch den Verluste-Check

Nach dem Verlust der geliebten Person in physischer Form wird einem irgendwann gewahr, was sonst noch alles nicht mehr ist. Das ist nicht nur die „materielle" Form der Beziehung – zwei Leben, die eben in dieser Dimension zusammen waren –, die verloren ging, sondern es kommen noch etliche Verluste hinzu. Je mehr wir darüber nachdenken, desto unermesslicher scheinen sie zu sein. Doch die Serie der Verluste ist keineswegs endlos. Ein gründlicher Check lässt berechtigte Zweifel aufkommen: Ist es wirklich so?

Möglicherweise hast du nach dem Verlust deiner geliebten Person die Lebensfreude verloren, den Sinn, die Sinne überhaupt. Manche Freunde haben sich abgewandt und einst geschätzte Gewohnheiten haben ohne den geliebten Menschen ihren Reiz verloren, war doch der geliebte Mensch zu sehr Teil davon. Du hast keinen Appetit oder du kannst dich nicht mehr disziplinieren. Stattdessen lässt du dich gehen, gibst dich der Lethargie, dem Fatalismus, den zermürbenden Gefühlen oder den negativen Gedanken anheim. Auch tiefe Mitfreude kann sich temporär verabschieden. Du bist nicht mehr derselbe Mensch und auch ein Blick in den Spiegel bestätigt, dass die Haut anders ist, dass die Augen nicht mehr glänzen ... Im Kleinen und Großen, im vermeintlich Nebensächlichen oder ganz substanziell: Die sekundären, tertiären, quartären Verluste scheinen sich, wenn man sich ihnen zuwendet, ewig und ohne Ende zu verzweigen.

Vorbemerkung / Einstimmung

Dieses Ritual macht man meistens nur einmal, und wenn man es doch wiederholt, dann in größeren Abständen. Es soll dir deinen Klumpen an Leid und Selbstmitleid vor Augen führen und dir helfen, ihn in seiner Zusammensetzung genauer anzuschauen. Du bedauerst so viel mehr, als du ausdrücken könntest. All dieser Kummer drückt dich nieder, er wälzt sich in dir und findet keinen Weg nach außen. Mitunter liegt das daran, dass wir solche Dinge den Mitmenschen nicht vor die Füße werfen wollen. Selbst wirklich guten Freunden möchten wir nicht die ganze Bandbreite unseres Schmerzes zumuten. Wir wählen aus, was nach außen kommen darf und einen großen Teil behalten wir in uns.

Die Anzahl der Verluste, die einhergehen mit dem physischen Verlust der geliebten Person, ist beträchtlich. Und: Diese Verluste gibt es. Man sollte sie weder kleinreden noch verschweigen. Wenn du dich ihnen zuwendest, wirst du sehen, was dieses Ventil mit dir machen wird. Du wirst dich leichter fühlen und das, was du benennen kannst, wird greifbarer für dich. Du kannst anders damit umgehen, wirst nicht mehr innerlich von all diesen namenlosen Verlusten zerfressen.

Es spielt keine Rolle, ob du bereits emotional aufgeladen bist oder es im Verlauf des Rituals werden könntest. Was du brauchst, ist Ruhe, ein intimer Rahmen zur Durchführung des Rituals sowie etwas Zeit, viel Verständnis und Nachsicht.

Das geschriebene Wort manifestiert sich anders. So wie ein Gedanke, der ausgesprochen wird, sich anders entfaltet und wirkt, wenn er verlautbart wird. Ein Gegenüber verstärkt diese Wirkung noch. Wenn du die Verluste benennen willst, ist es hilfreich, sie aufzuschreiben oder auszusprechen. Du benötigst für den Verluste-Check nicht unbedingt eine reale Person als Gegenüber. Du kannst dir auch jemanden vorstellen, bei dem du dich ausweinst. Und diese vorgestellte Person kann auch der geliebte Mensch sein (oder eine andere Person, die physisch schon länger nicht mehr da ist). Dieses Ritual bietet eine Form des Sich-Ausweinens und du kannst – ja, du sollst – larmoyant sein.

Ablauf

Schreib dir selbst einen Brief, in dem du alle deine Verluste aufführst. Schreib drauflos. Wenn es anfangs stockt, dann ist das völlig in Ordnung. Ein wildes Drauflossprudeln ist ebenfalls legitim. Äußere ganz offen, was du zutiefst bedauerst und für immer verloren glaubst. Es gibt kein Richtig oder Falsch. Es ist nicht die Zeit der Korrektur und des Abwägens, ob das nicht vielleicht allzu übertrieben und dramatisch daherkommt: Lass es raus!

Wenn du nicht schreiben möchtest, dann mach einen Spaziergang. Versuche, nicht nur die Gedanken kreisen zu lassen, sondern das, was kommt, zumindest leise, besser aber (halb)laut auszusprechen.

Möglicherweise wird diese erste Konfrontation dich sehr stark treffen. Beschäftige dich deshalb nicht sofort mit dem, was schriftlich oder mündlich aus dir herauskam. Lass es ruhen und wenn du meinst, dass du dich mit dem Geschriebenen oder Gesagten beschäftigen möchtest, dann komme zu einem späteren hierfür geeigneten Zeitpunkt darauf zurück.

Du kannst den Verluste-Check aber zu einem anderen Zeitpunkt einfach nochmal von vorn machen. So, als hätte es den ersten Anlauf nicht gegeben. Mit größter Wahrscheinlichkeit wird es sich beim zweiten Mal anders anfühlen. Vielleicht leichter oder fokussierter. Du kannst Muster erkennen oder erfahren, was dich in erster Linie bekümmert. Es ist in Ordnung, dass du vermeintlich dasselbe notierst. Es ist ein anderer Zeitpunkt und das zweite Mal ist eben nicht das erste Mal. Werte daher nicht, vergleiche nicht, sondern lass es auch hier einfach fließen.

Mit etwas Abstand kannst du dich dem schriftlich oder verbal Geäußerten widmen und dann vielleicht auch nur dem, das am allerlautesten in dir nachhallt. Du könntest dir beispielsweise folgende Fragen stellen:

- Was bedeutet das, was ich fühle? Wie endgültig ist dieser Verlust?
- Wie kann ich versuchen, ihn aufzufangen? Sollte ich gegen ihn oder mit ihm arbeiten? Wie?
- Ist es möglich, den Verlust zu besänftigen und ihn kleiner werden zulassen?
- Kann ich ihn vollen Herzens akzeptieren?
- Was würde mir mein geliebter Mensch anraten zu tun bzw. zu unterlassen? Wie würde er an meiner Stelle agieren oder damit umgehen?
- Gibt es etwas, das den Verlust aufwiegen könnte? Gibt es vielleicht schon neue Dinge in meinem Leben, die geeignet wären?
- Gibt es einen ganz einfachen Weg, mich in dieser Sache selbst zu überlisten?
- Kann ich es für mich so stehen lassen, wie es ist? Der Verlust ist da. Es tut weh. Ich unternehme trotzdem nichts, sondern ich nehme lediglich zur Kenntnis. Ich akzeptiere.

Salopp ausgedrückt fragst du dich: Kann ich nicht trotzdem weitermachen?

Nehmen wir an, du bist einmal die Woche mit deiner geliebten Person ins Kino gegangen und vermisst nun diese Filmabende. Es steht außer Frage, dass du diese Gewohnheit nicht aufgeben musst. Du solltest dir jedenfalls die Chance geben, es auszuprobieren. Du kannst ja an einem anderen Tag in ein anderes Kino gehen. Und wie einst mit deinem geliebten Menschen kannst du jetzt mit jemand anderem einen Film aussuchen.

Wenn du einen Brief an dich selbst schreibst, musst du ihn nicht weiter beachten, ja du kannst ihn anschließend sogar verbrennen. Du musst diesen Brief nicht lesen und andere Personen müssen das auch nicht. Du kannst außerdem vertrauen, dass sich deine Verluste entsprechend ihrer Priorität nach und nach in der richtigen Reihenfolge zeigen werden und genauso werden sich Wege herauskristallisieren, zunehmend besser mit ihnen umzugehen und sie auszubalancieren.

Das Ritual kann dir helfen die Verluste anzuerkennen, zu objektivieren und schneller einen Verlust in eine Aktivität umzuwandeln.

Als Ergänzung eignet sich das Ritual „Ich schreibe mir selbst einen unsichtbaren Brief“ (siehe 4.13), in dem es auch darum geht, Verluste zu entdecken. Zusätzlich möchtest du vielleicht das Ritual „Ich brauche einen Brüll-Eimer“ (siehe 4.2) (erneut) durchführen.

4.9 Ich bedaure

Es gibt kaum einen Trauernden, der nicht bedauert, irgendetwas mit der geliebten Person noch geteilt oder gemacht zu haben. Auf das Bedauern folgt das schlechte Gewissen und darauf ein schlechtes Gefühl. „Hätte ich noch das sagen können ... Oder jenes damals anders machen." Man bedauert, dass man zu dramatisch war, zu wenig rücksichtvoll, zu egoistisch. Dass einem nicht bewusst war, was man hätte ganz anders gestalten können, wenn man damals gewusst hätte ...

Es ist aber, so wie es ist. Dinge waren aus bestimmten Gründen so, wie sie waren. Man sah, was man sah und hinterher, in der Rückschau, sehen die Dinge immer ganz anders aus. Was damals wichtig schien, war gar nicht so wichtig. Was man früher nicht zu schätzen wusste, erweist sich jetzt als elementar.

Wenn man sich heute Vorwürfe dafür macht, wie etwas war und wofür man sich (nicht) entschieden hat, ist man im weitesten Sinne wahnsinnig oder gar größenwahnsinnig. Man kann nicht an den Konsequenzen herumschrauben und damit Ursachen und Konstellationen verändern. Man kann sie nicht beeinflussen. Man kann nur tun, was man gerade tut.

Das Gefühl des Bedauerns kann höchst subtil und nicht der Rede wert sein. Es kann aber auch ein zermürbendes, wiederkehrendes sein, das sich zu anderen Gefühlen kumuliert. Früher oder später kommt der Moment, wo man gewisse Dinge bedauert. Dass man sich damals anders hätte entscheiden können, als die geliebte Person physisch noch da war. Wenn man sich mit diesem Bedauern und seinem Inhalt auseinandersetzt, stellt man sich damit dieser Facette der Trauer. Was ist es, das an mir nagt? Selbst wenige Kleinigkeiten können in Gefühle münden, die einen gelegentlich anfressen, insbesondere dann, wenn es uns ohnehin mies geht.

Ablauf

Gedanken wie „Oh, hätte ich doch …", „Wenn ich bloß … getan hätte", „Schade, dass ich damals …" kommen ganz von selbst, fast immer überraschend und oftmals verbunden mit einer Erinnerung. Lass dir diese Erinnerung nicht nehmen, sondern trenne sie von dem nachträglich angehängten Bedauern.

Lege eine Mappe an, in die du lose Blätter einlegen kannst. Jeden einzelnen Gedanken, dass du etwas bedauerst, notierst du auf einem separaten Blatt. Und wenn Gefühle hochkommen, beachte sie jetzt nicht.

Schenk deinen Notizen erstmal keine große Aufmerksamkeit. Behandle sie wie Dinge, die du gelegentlich aufschreibst, um sie nicht zu vergessen. Sie sind aber akut nicht dringlich und können vorerst zur Seite gelegt werden.

Über kurz oder lang wird sich deine Mappe füllen. Wenn du dich gut und ausgeglichen fühlst, nimm sie zur Hand und zieh ein Blatt hervor, auf dem ein Bedauern notiert ist. Formuliere nochmals ganz konkret, warum und was du bedauerst. Nutze dafür als eine Art Rahmen die folgenden Sätze:

„Ich bedaure, dass …“
„Ich tue mir selbst leid.“
„Die Sache tut mir leid.“
„Ich bin traurig.“
„Ich fühle mich schlecht.“

Lass alle diese Sätze raus. Stelle dich dann diesem Bedauern, indem du mit Fragen um es herum kreist. Es können Fragen sein, die dann ganz von selbst aufkommen. Du kannst dich aber auch erst an den folgenden Beispielfragen orientieren, die dir eine erste Richtung zur Entfaltung deiner ganz persönlichen Fragen und Gedanken geben können.

- Wie waren damals die Umstände, die mich in diese Situation gebracht haben?
- Habe ich bewusst eine Entscheidung getroffen oder hat es sich ergeben?
- Wäre es möglich gewesen, den Lauf der Dinge anders zu gestalten oder bestimmte Entwicklungen gar zu verhindern?
- Wie schlimm war das, was ich jetzt so bedaure, damals?
- War es damals überhaupt bedauernswert?
- Warum kommt es mir jetzt so viel dramatischer vor?
- Haben die Umstände / Entscheidungen seinerzeit auch positive Konsequenzen mit sich gebracht?
- Gab es negative Konsequenzen?
- Gab es damals überhaupt positive Dinge, die ich vielleicht übersehen habe?
- Würde ich, wenn mein geliebter Mensch heute hier wäre, alles komplett anders machen?
- Was würde ich anders machen, was nicht?
- Wie schlimm ist mein Bedauern, gemessen an einer Skala von 1 bis 10, auf der 1 „ein wenig“ und bis 10 „unverzeihlich“ bedeutet?
- Wenn ein Freund oder eine Freundin dasselbe bedauern würde wie ich: Als wie schlimm würde ich sein bzw. ihr Bedauern auf einer Skala von 1 bis 10 einstufen?
- Angenommen, ich könnte auf mein gesamtes Leben zurückzuschauen und die Bedeutung einzelner Lebensereignisse für mein Leben insgesamt mithilfe einer Skala von 1 bis 10 bewerten: Wie bedeutend wäre das, was ich hier gerade mache (das, was ich jetzt bedaure), wenn 1 für „wenig wichtig“ und 10 „äußerst wichtig“ steht?

Lass weitere Fragen zu, und notiere sie, wenn du magst, damit du sie auch für die anderen Blätter in der Mappe verwenden kannst.

Sage dir abschließend in etwa das Folgende:

> *Es tut sehr weh. Gerade aus heutiger Sicht tut es besonders weh. Ich bedaure.*
> *Aber ich weiß jetzt, dass ich damals nicht anders habe handeln können (oder andere konnten sich nicht anders verhalten).*
> *Ich sehe, wie die Umstände damals waren. Ich sehe die Abläufe, die Hindernisse, die übersehenen Chancen.*
> *Damals war ich der, der ich damals war. Heute bin ich der, der ich heute bin.*
> *Ich erkenne, wie es gelaufen ist.*
> *Einen großen Teil verstehe ich, einiges ist mir aber nicht zugänglich.*
> *Die Sachen liegen, wie sie liegen und nicht alles, was geschehen ist, lag und liegt in meiner eigenen Hand. Ich kann nie alles steuern: Nicht das, was vorher war und nicht das, was nachher ist. In einer Situation kann ich niemals alles kontrollieren, schon gar nicht alle äußeren Umstände.*
> *Ich kann damit leben. Ich muss damit leben. Ich habe bisher damit gelebt, ohne dass es so weh tat, wie es jetzt weh tut.*
> *Was passiert ist, bedaure ich von Herzen, aber ich sehe auch, dass die Welt davon nicht untergegangen ist.*
> *Dennoch darf ich bedauern, so viel und so intensiv wie ich möchte.*
> *Ich muss mir nichts verzeihen, denn aus damaliger Sicht habe ich keinen Fehler gemacht. Bei dem, was ich getan/unterlassen/nicht geahnt habe, war keine böse Absicht im Spiel.*
> *Ich habe die Dinge nicht so gesehen, wie ich sie heute sehe. Damals konnte ich sie nicht anders sehen.*
> *Denn damals war damals. Heute ist heute.*

Ergänze mit deinen eigenen Sätzen.

Beende das Ritual (gegebenenfalls zeitlich etwas später), indem du das Blatt mit dem Bedauern, das du dir eben näher angeschaut hast, verbrennst. Du kannst mit dem Verbrennen aber auch warten, bis du mit allen Blättern durch diesen Prozess gegangen bist.

Bearbeite niemals mehrere (oder gar alle) Blätter am selben Tag. Lass unbedingt etwas „Verdauungszeit“ dazwischen.

Versuche so oft wie möglich dir selbst vor Augen zu halten, dass du eben bist, wie du bist. Du bist „nur“ ein Mensch, der entsprechend der jeweiligen Situation handelt. Du hast Fehler, Eigenheiten, dein ganz eigenes Temperament und deine ganz eigene Natur. Du kannst die Zukunft nicht manipulieren.

Sage dir, dass du weder Übermensch noch Heilige/r bist. Sei dankbar für Schritte, die du heute, wo du mehr gereift bist, womöglich nicht mehr tun würdest. Denn du hast gelernt. Weil du jetzt weißt, was du vorher nicht hast wissen können. Vermeide das Wort „Fehler“. Für das, was geschehen ist, gab es Gründe und Ursachen und es gab Konsequenzen. Aber es waren keine Fehler. Es gibt nichts zu verzeihen oder zu entschuldigen.

Wenn du mit deiner Mappe arbeitest, wirst du vielleicht feststellen, dass es dir nicht so leicht fällt, das Bedauern in seinen Varianten laut auszusprechen. Es kann sein, dass du dich überwinden musst, und das machst du auch, weil das Ritual hierfür einen sicheren Rahmen bietet.

Vielleicht stellst du auch fest, dass dein Bedauern inzwischen nicht mehr der Rede wert ist. In diesem Fall musst du nicht mehr damit arbeiten und kannst das entsprechende Blatt mit Freude und Erleichterung ad acta legen. Lobe dich für diesen enormen Schritt sowie für deinen Mut, dich einzulassen.

4.10 Ich lass Freunde stehen und schaue weiter

Meist trauert man nicht nur um einen geliebten Menschen, der physisch nicht mehr da ist. Häufig sind ganze Lebensentwürfe hinfällig, ja das eigene Leben ist zuweilen ein Scherbenhaufen, der neu zusammengesetzt werden muss. Doch der „Originalzustand" lässt sich nicht wieder herstellen und es fehlen zudem Motivation und Antrieb. Es entsteht ein Kreislauf, der nicht nur die Lebensfreude mindert, sondern auch die Tatkraft. Zeitweilig kann man nicht viel mehr tun, als einen Schritt vor den anderen zu setzen.

Der kraftvolle Sog der Trauer und das Sich-nach-innen-Kehren sind in ihrer Wucht und Intensität nicht zu unterschätzen. Manche Menschen gehen mit einem, stützen, hören zu. Andere ziehen sich (vorerst) zurück. Vielleicht können sie nicht nur mit der Situation, sondern auch mit dem Menschen, der nicht mehr ist, wie er einst war, nicht mehr umgehen. Weil er Dinge anspricht oder länger schweigt. Weil ihn diese Traurigkeit umhüllt. Weil er von der Trauer bestimmt ist und zynisch wird oder scheinbar allgemein gültige Vorstellungen neu reflektiert und infrage stellt. Weil er mitten im Gespräch zu weinen beginnt. Sie warten auf einen Tag X, an dem man wieder ansetzen und weitermachen könnte. Doch dieser Tag X kann gar nicht kommen, denn Trauernde gehen ohne bewusstes Dazutun immer als (zumindest etwas) andere aus der Trauer hervor. Wer also wartet, dass alles wieder ist, wie es war, wird Mühe haben, an den neuen Entwicklungsstand nach dem Trauerprozess anzuknüpfen. Auch diejenigen, die passiv darauf hoffen, dass die Trauernden von sich aus auf sie zukommen, werden möglicherweise sehr lange warten und manchmal umsonst.

In Extremsituationen werden auch Freundschaften sehr stark herausgefordert. Spreu trennt sich vom Weizen, aber was zeitweilig weh tut, muss nicht für immer schmerzen.

Wer sich der Trauer bewusst stellt, der schont sich selbst nicht und schaut den Dingen ins Auge. Nicht ohne Selbstmitleid, aber wachsam auch auf das gerichtet, was ihn umgibt. Einige Freundschaften erlahmen, drohen zu zerbrechen und die Trauernden haben oft keine Kraft, dies aufzuhalten. Es ist nicht das, was sie sich wünschen. Dennoch können sie nichts dagegen tun, dass manche Freunde fernbleiben. Die Zeit vergeht und es stellt sich die Frage: Ist es jetzt vorbei? Wird dieser ungewisse Schwebezustand sich irgendwann auflösen?

Da jede Freundschaft anders, jeder Fall anders gelagert ist, gibt es hier kaum ein generelles Schema. Es gibt aber zwei wichtige Punkte, die man sich bewusst machen kann, wenn es einst soweit ist.

Punkt 1 ist der Blick auf sich selbst: Habe ich bewusst die Freundschaft/en beendet, sie willentlich auslaufen lassen? War ich darauf aus, zu provozieren, oder habe ich getan, was ich zu dieser Zeit tun musste oder konnte und nun ist es so, wie es eben ist? Habe ich absichtlich so gehandelt oder war ich vor allem in meiner Trauer unterwegs, ohne das Augenmerk auf die Freundschaft zu richten?

Punkt 2 bedeutet, auf die Bruchstellen zu blicken, die im Zwischenmenschlichen entstanden sind: Welche Personen sind betroffen? Welche Freundschaften könnten tatsächlich in die Brüche gehen? Wo herrscht gerade Funkstille?

Und dann gibt es noch einen möglichen dritten Punkt: Gibt es Menschen, die neu in mein Leben gekommen sind? Sind mir Menschen, die ich schon kannte, in dieser Zeit näher gekommen?

Einstimmung / Vorbemerkungen

Erkennen und bedauern, was nicht, was nie mehr sein kann, aber auch sehen, was (eventuell später) wieder sein könnte: Sich die Sekundärverluste bewusst zu machen ist hilfreich. In deinem persönlichen Umfeld hat sich vielleicht vieles verschoben. Es entstehen neue Beziehungskonstellationen, neue Themen tun sich auf, du orientierst dich neu. Mal nimmst du es mit Bedauern, mal mit Verblüffung zur Kenntnis, manchmal auch mit Wehmut.

Wenn Freundinnen, Freunde oder Familienmitglieder sich von dir zurückziehen, dann ist es im Grunde müßig, über das Warum zu viele Gedanken zu verlieren. Ohne ein Gegenüber, das Teil des Problems ist, sind sie kraftraubend und führen nicht weiter. Doch sie nicht zu durchdenken, heißt, sie unbewusst gären zu lassen und dieses Gären, Hadern und Grübeln rauben dir Kraft und bringen dich nicht weiter. Was also kannst du tun, wenn du auf die betreffenden Menschen nicht zugehen kannst?

Dieses Ritual ist zeitlich schwer zu bemessen. Es dauert auf alle Fälle länger. Du solltest dir nicht nur genügend Zeit dafür nehmen, sondern auch den richtigen Moment wählen. Du konfrontierst dich am besten damit, wenn du in einem gut ausgeglichenen Zustand bist. Mach auch nicht zu viel auf einmal, sondern beschäftige dich an einem Tag maximal mit einer Beziehung beziehungsweise einer Person. Es ist wichtig, in diesem Ritual bei dir zu bleiben.

Für das folgende Ritual benötigst du ein großes Blatt Papier (möglichst DIN A3), ein Heft und (Farb-)Stifte.

Ablauf

Zeichne dich selbst ins Zentrum deines Blatts (ein Strichmänchen reicht). Unmittelbar neben dich schreibst du die Namen aller Personen, die dich in deiner Trauer begleitet haben. Vergiss nicht, auch diejenigen zu notieren, die nur für eine bestimmte Zeit da, die aber wichtig für den Prozess waren. Verwende für all diese Personen eine bestimmte Farbe, zum Beispiel Grün. Notiere mit einer anderen Farbe und etwas weiter weg von dir jene Namen, die nur bei der Trauerfeier da waren, sich aber seither nicht mehr gemeldet haben. Noch etwas weiter von dir entfernt schreibst du in einer dritten Farbe die Namen derjenigen auf, die überhaupt nicht da waren, obschon sie bisher Teil deines Lebens waren. Zuletzt füge jene Menschen hinzu, die, seit du auf dieser inneren Reise bist, in dein Leben gekommen sind. Auch für sie nimmst du eine eigene Farbe.

Schreibe die Namen von Freunden, deren Verhalten dir gegenüber sich im negativen Sinne verändert hat, in ein Heft; für jede Person / jedes Paar nimmst du eine neue Seite. Schau dir dann in einem ruhigen Moment (und am besten mit etwas Abstand) den Lebensweg jeder dieser Personen bis heute an. Wie sah er aus, bevor ihr euch kennengelernt habt? Welche gemeinsamen Erlebnisse hattet ihr? Betrachte nur diesen Menschen und seinen Weg und versuche nicht zu werten, ob in deinen Augen etwas gut oder verkehrt ist. Bleib bei den reinen Fakten, ohne dich emotional zu sehr hineinzubegeben. Anschließend lass den Status quo eurer Beziehung offen. Nimm alles an, so wie es ist, was zusammengefasst Folgendes heißt:

- Du siehst die Person und ihre Position auf dem großen Blatt (A3).
- Du blätterst die Seite dieser Person im Heft auf und beschäftigst dich mit ihrem Lebensweg.
- Du erkennst, wie ihr Leben bisher verlaufen ist.
- Du erinnerst dich an alles, was ihr gemeinsam erlebt hattet. Du freust dich daran, lässt die Gefühle hochkommen, ob positive oder negative, doch du haderst nicht. Es geht darum zu betrachten, was ist, was war und was das jetzt mit dir macht.
- Halte das, was die Zukunft euch bringen könnte, erstmal offen. Es kann, es muss aber nicht in deiner Hand liegen, ob und wie es weitergeht.
- Wenn es für dich stimmig ist, anzunehmen, was ist, dann sei so mutig, es vorerst dabei zu belassen.

Schließe mit diesem offenen Ende ab. Allerdings hast du jetzt größere Klarheit darüber wie (1) der Lebensweg der Person war, was du (2) bisher mit der Person an Erinnerungen teilst und was (3) derzeit ist bzw. nicht ist; wie sich das für dich anfühlt.

Für dich heißt das: Du musst weder eine Eskalation provozieren noch grübeln und ständig irgendwelche Gedanken wälzen. Auch trotzig brauchst du nicht zu sein. Zudem verlangt niemand von dir, dass du einen Schlussstrich unter die Beziehung ziehst oder von Schuldgefühlen geplagt dem anderen hinterherläufst. Nein, du stellst fest, nimmst zur Kenntnis, nimmst wahr.

Hab den Mut, im Heft die Seite mit dem Namen der Person erstmal stehen zu lassen. Dann lass alles wirken, komm gelegentlich auf dieses Heft zurück und spüre nach. Vielleicht ist da irgendwann ein Impuls, spontan bei dieser Person anzurufen. Oder du bist vielleicht sogar glücklich darüber, dass diese Freundschaft von selbst geendet hat. Oder lass neutral die Dinge sich von selbst entwickeln.

Dies ist fürwahr alles andere als einfach. Die Namen zu notieren, ist das eine, aber sich des neu formierenden, nicht immer sicheren Umfelds zu vergewissern, kann sehr schmerzhaft sein und ist ein Prozess.

Und hier noch eine Möglichkeit, wie du verhindern kannst, dass dich all die Betrachtungen, Fakten und Erinnerungen zu sehr herunterziehen: Dreh das Heft um und schreib von hinten auch die Namen der Personen hinein, mit denen du dich gut verbunden fühlst. Wenn du die Lebensgeschichten dieser Menschen ebenfalls betrachtest, findest du – wenn du sehr stark aufgewühlt bis – vielleicht leichter ins Gleichgewicht zurück.

Unbeschriebene Seiten kannst du auch für deine gedanklichen Spaziergänge nutzen, und alles, was dir einfällt, kannst du in Stichworten festhalten. Auch deine „Gesamt-Aufstellung" auf dem A3-Blatt kannst du nach und nach verändern oder ergänzen.

Vielleicht kommen nicht sofort neue Menschen in dein Leben. Sei trotzdem offen dafür. Vielleicht hast du ein neues Hobby, machst Pilates in einer Gruppe, woraus sich eine nähere Bekanntschaft oder Freundschaft entwickeln kann. Sei also mutig und halte auch dieses Neue schriftlich fest. Auch wenn mögliche Beziehungen erst ganz am Anfang stehen: Diese Menschen sind neu in deinem Leben. Sie können für dich zu sehr wichtige Begegnungen werden, auch wenn sich daraus keine dauerhaften Freundschaften entwickeln.

Sei auch offen gegenüber Menschen, die du nicht persönlich triffst, etwa Autoren von für dich wichtigen Büchern oder Menschen, die für Themen stehen, die dir neue Perspektiven eröffnen, dein Leben bereichern, deine Trauer mildern.

4.11 Ich schreibe dir einen unsichtbaren Brief

Anders als unsichtbare nagende, zermürbende Gedanken, die innerlich kreisen, vermeintlich ohne Spuren zu hinterlassen, ist ein unsichtbarer Brief im Außen angesiedelt. Er nimmt eine gewisse Form an und wirkt neutralisierend.

Auch Gedanken in einem unsichtbaren Brief können in alle Richtungen wirbeln, aber das Briefformat verlangt ihnen einige Regeln ab: Sie sind z. B. an die Satzform gebunden, an einen Aufbau. Außerdem gibt es Satzzeichen, Absätze und Linien und diese sorgen, egal wie konfus der Inhalt sich gibt, für Ordnung. Inhaltlich kann ein Brief aus der Höhe in die Tiefe fallen, vom Abstrakten ins Konkrete gehen. Er kann Probleme aufzeigen, auflösen oder verschweigen. Im Grunde kann er alles. Aber er saugt einzig die unsichtbare Tinte auf, frisst sich ins blanke, ebenso unsichtbare Papier, er geht nicht an deine Substanz. Er nistet sich nirgendwo in dir ein, um dort sein Unwesen zu treiben. Und, wie du schon weißt, wahrt der unsichtbare Brief die Form: Neben Anfang und Mittelteil hat er, wie lang er auch sein mag, irgendwann einen Schlusspunkt.

Die Trauer ist nicht nur eine besondere Zeit, ein oftmals kräftezehrender Ausnahmezustand, sondern sie bietet potenziell auch einen enormen Ausdrucksraum. Ein Raum, der gefüllt und beachtet werden möchte und der entlastet. Ganz ähnlich verhält es sich mit Briefen, die man schreibt, um sie sofort zu verbrennen; manchmal auch etwas später, nachdem jemand anderes sie gelesen hat.

Den Brief, um den es hier geht, kann man nicht sehen. Er sollte möglichst in einem Zuge zustande kommen, um dann keineswegs gelesen zu werden. Dieser Brief schreibt sich, wird im unsichtbaren Raum lediglich im Prozess gelesen, und noch während er sich schreibt, verblasst er bereits. Am Ende des Briefs angekommen, ist da nichts mehr. Aber da war etwas. Eben.

Ablauf

Du musst dich nicht inhaltlich auf den Brief vorbereiten oder ihn im Vorfeld skizzieren. Du musst also nicht im Geiste durchgehen, worüber du schreiben möchtest. Ob du wütend, traurig, unsicher oder sogar ein wenig glücklich bist: Finde für dich einen guten Tag oder Abend, an dem du ungestört für längere Zeit mit dem Briefschreiben beschäftigt bleiben kannst. Versuche einen Zeitpunkt zu wählen, an dem du halbwegs ausgeglichen, das heißt, nicht von einer einzigen Gefühlslage beherrscht wirst. Wenn du vor allem wütend bist, solltest du den Brief nur dann schreiben, wenn es wirklich dein tiefes Bedürfnis ist. Besser ist es jedoch, wenn du von allen Gefühlslagen nur wenig spürst und das, was du spürst, gut ausbalanciert ist: zum Beispiel ein Gefühl von Leere, Orientierungslosigkeit, Grübeln sowie positive Gefühle wie Unternehmungslust, Energie oder Freude. All diese Empfindungen kann man binnen einer halben Stunde haben. Du brauchst kein Drama, um alles elementar Wichtige aufrufen zu können. Du kannst darauf vertrauen, dass auch bei einer ausgeglichenen Gefühlslage alles zum Vorschein kommen wird, was kommen soll.

Es gibt viele Methoden, um einen unsichtbaren Brief zu schreiben. Es gibt unsichtbare Tinten, aber auch Korrekturstifte, die die Tinte aufsaugen. Oder du nimmst einen Stift, der weiß schreibt, und auf weißem Papier bleibt das Geschriebene unsichtbar.

Wenn deine Gedanken schnell kommen und eine Tastatur dir vertrauter oder lieber ist als ein Stift, kannst du die Schriftfarbe auf Weiß stellen, sodass du das Getippte nicht sehen kannst. Wenn du ein wenig Kontrolle über das haben möchtest, was du schreibst, könntest du zur partiellen Orientierung ein sehr blasses Grau als Schriftfarbe wählen. Oder du trickst dich selbst aus, z. B. mit einer „Mäuseschrift". Nimm dafür eine sehr kleine Schriftgröße, die alles andere als einladend ist, um nachzulesen, was du soeben geschrieben hast.

Das Wichtigste an diesem Brief ist es, möglichst im Fluss zu bleiben. Das heißt, die Finger besser nicht von der Tastatur nehmen oder den Stift nicht absetzen. Du schreibst, denkst aber nicht über das soeben Geschriebene nach. Du korrigierst nicht und wenn du innehalten musst, dann vermeidest du die Analyse.

Jeder Gedanke, der kommt, wird aufgeschrieben. Du bewertest nicht. Du denkst auch nicht darüber nach, was du schreibst. Du ordnest nicht vorab in Themenbereiche ein etc. Ganz wichtig ist hier, auch das Heikle, das Unangenehme, das höchst Schmerzhafte zuzulassen.

Das Allerwichtigste ist, diesen Brief nicht durchzulesen und darauf zu vertrauen, dass das Wichtige wiederkehrt, dass du im Schreiben zu einer Selbstreflexion gelangst. Wenn du den Brief mit weißer Schrift in den Computer getippt hast, dann speichere ihn ab, nachdem du ihn vorher ganz markiert und auf Löschen gedrückt hast. Wenn du weißt, du musst nur die Farbe umstellen, um den Brief irgendwann doch zu lesen, schürt das nur unnötigerweise deine Neugier. Es geht hier nicht um ein Ergebnis, sondern um den Prozess – und nur um diesen.

Dranbleiben heiß nicht unbedingt, dass du den Brief wie im Rausch schreiben musst. Versuche aber einen gewissen Zug beizubehalten und wenn du pausierst, halte die Pausen fokussiert und zeitlich begrenzt ein, zehn Minuten beispielsweise. Grüble dann nicht über das nach, was gerade passiert, sondern nimm dir diese Pause der Pause wegen und schreibe dann sofort weiter.

Es könnte sein, dass viel an die Oberfläche kommt, was zuvor im Unter- oder Unbewussten geschlummert hat. Zum Ausgleich könntest du dir 25 Dinge notieren, für die du dankbar bist.

4.12 Ich verzeihe dir aus tiefstem Herzen

Manchmal verzeihen wir innerlich, können es aber nicht laut äußern. Vielleicht, weil wir Angst haben, etwas, das sich langsam beruhigt, unnötig wieder aufzurütteln. Oder wir schämen uns, fürchten uns vor einem möglichen Gefühlsüberschwang in einem Verzeihungsszenario, mit Umarmungen und allem, was dazu gehört. Was uns hochgradig tragisch erscheinen mag, ist für den anderen aber vielleicht nur eine Kleinigkeit.

Wenn Verzeihung gewähren schon nicht leicht ist: Kaum jemand bittet gerne um Verzeihung. Es fällt schwer, diesen Schritt zu tun und deshalb vertrauen wir lieber auf die Zeit und das berühmte Gras, das über die Sache wachsen soll.

Richtig ohnmächtig sind wir, wenn wir einer Person etwas verzeihen wollen, die physisch nicht mehr da ist. „Soll ich? Soll ich nicht? Wann soll ich und wie?" – All diese Optionen sind nicht mehr im Spiel, es scheint keine Möglichkeit zu geben, die Situation zu bereinigen und diesen Ballast abzuwerfen.

Was real von Angesicht zu Angesicht nicht mehr möglich ist, kannst du jetzt innerlich vollziehen: Du äußerst in dir die Absicht, der geliebten Person von Herzen aufrichtig zu verzeihen. Für die eine große Sache, die im Raum steht oder für ein paar Kleinigkeiten, die nicht ganz ohne Wirkung sind und deine geliebte Person belastet haben könnten, ohne, dass sie es zu Lebzeiten angesprochen hätte. Egal, was es ist: Es soll künftig nicht mehr zwischen dir und deinem geliebten Menschen stehen und eure Verbindung belasten.

Vielleicht hast du es versäumt, zu Lebzeiten deinem geliebten Menschen zu verzeihen oder selbst etwas anzusprechen, weil der Mut, die Zeit, die Gelegenheit bislang fehlte. Oder etwas ist erst nach seinem Ableben zu einem Verzeihungsthema geworden, blockiert jetzt eure Beziehung und macht dir das Leben unnötig schwer.

Dir ist bewusst: Aufrichtig etwas zu verzeihen, verlangt immer eine gewisse Größe. Von beiden Seiten. Man muss um Verzeihung bitten und verzeihen können, man muss aber auch eine gewährte Verzeihung annehmen können.

Dir ist klar: Wenn du einer physisch nicht mehr anwesenden Person verzeihen willst, nimmst du beide Rollen ein. Anstelle der Person, die real vor dir stehen könnte, bittest du (in ihrem Namen) um Verzeihung und nimmst sie, wenn sie gewährt wird, an. Und du bist der Mensch, der die Hand ausstreckt und gelassen sagt: „Ja, ich bin bereit zu verzeihen. Von Herzen bin ich bereit, das zu tun."

Ablauf

Überlege dir, in welcher Form du das Ritual durchführen möchtest:

- Schriftlich, indem du in einer ruhigen Minute alles zu Papier bringst?
- Möchtest du es dir innerlich durch den Kopf gehen lassen?
- Willst du dieses Ritual auf einen Spaziergang mitnehmen und deine Gedanken Schritt für Schritt erst erkunden?
- Oder möchtest du hierfür einen schönen Ort aufsuchen – eine Wiese, einen sakralen Raum wie eine Kirche usw.?

Horche in dich hinein, um das herauszufinden.

Egal, ob es viele kleine Dinge zu verzeihen gibt oder eine größere Sache: Nimm dich jeder einzelnen an und habe den Mut, sie zu äußern. Selbst, wenn es etwas ganz Kleines ist, das dich zum Lachen bringt.

Sei dir im Klaren: Eine von Herzen geäußerte Verzeihung bewegt bereits den Stein, der auf dem Weg liegt und eure Verbindung blockiert. Es liegt an dir, ob du diesen Stein komplett entfernst oder ob du ihn am Wegrand liegen lässt. Auch wenn es dir noch schwerfällt: Gib dir unbedingt die Chance, aufrichtig zu verzeihen. Auch wenn nicht alles restlos geklärt ist: Versuche im Sinne deines eigenen inneren Friedens und im Sinne einer guten Verbindung zum geliebten Menschen die Entschuldigung anzunehmen. Was du jetzt beiseite räumst, macht den Weg frei – zu dir selbst und zu deinem geliebten Menschen. Damit nicht eure Liebe und Verbundenheit behindert wird und damit auch deine Selbstliebe frei strömen darf.

Wenn du mehr als eine Sache hast, die es zu verzeihen gilt, deine Liste länger und länger wird, dann beschränke dich zunächst auf ein Gebiet und führe das Ritual in mehreren Etappen durch. Du kannst dir einzelne Bereiche vornehmen, die du zeitlich unabhängig voneinander angehst.

Versuche, auch wenn du mit Worten ringst, am Ende dennoch diese wesentlichen Sätze zu sagen:

1. Die Aussage, **worum** du (anstelle der physisch nicht anwesenden Person) um Verzeihung bittest: „Ich bitte dich um Verzeihung für …“
2. Vielleicht kennst du zudem den **Grund**: „Ich bitte dich aus folgendem Grund um Verzeihung: …“
3. **Du verzeihst** wirklich und sprichst es aus: „Ich verzeihe dir … (weil ich verstehe, dass …)“

Versuche, in diesem Ritual den Knoten in der Verbindungsschnur zu deinem geliebten Menschen zu sehen. Für dich liegt er greifbar nah. Wenn du so weit bist und von Herzen verzeihen kannst, nimm den Knoten und löse ihn auf. Danach wird es dir besser gehen. Du wirst die Entlastung spüren und fühlen, dass euer Band jetzt umso stärker ist.

Du kannst dieses Ritual auch mit „Ich bitte dich um Vergebung" (siehe 4.3) kombinieren. Im Sinne von Harmonie und Ausgleich ist es nicht schlecht, beide Rituale durchzuführen und es nicht nur bei einem zu belassen.

4.13 Ich schreibe mir selbst einen unsichtbaren Brief

Wenn sich die Trauer immer in den Vordergrund drängt, blockiert sie dein Leben, den ungehinderten Zugang zu dir selbst. Sie kann dich in eine Sackgasse führen, von der aus es nicht mehr weiter geht. Sie kann dich in unangenehme Höhen mitnehmen, wo die Luft dünn und das Atmen immer schwerer wird. Die Trauer hat die Macht, dich niederzudrücken und niederzumachen, dich immer mehr zu verunsichern, dich in deinen Schwächen zu bekräftigen und dir wörtlich den sicheren Boden unter den Füßen wegzuziehen.

Nicht selten führt die Trauer in eine Spirale anstrengender Gedanken, die zu keiner Lösung führen. Du fokussierst dich immer mehr auf das Negative, bestärkst dich in der Abwertung und wendest dich von deinen Mitmenschen ab. Für Konstruktives fehlt dir der Sinn – weil nichts mehr einen Sinn zu ergeben scheint. Manchmal bist du grundlos gereizt, reagierst überempfindlich. Die Wirklichkeit erscheint dir unwirklich, du fühlst dich nicht zugehörig zur Welt und stumpfst in diesem Zustand unmerklich ab. Negative Emotionen und kreisende Gedanken können kumulieren. Sie zu durchbrechen, wird zunehmend schwieriger, aber es ist möglich. Auch ohne die Hilfe Dritter. Ein unsichtbarer Brief kann dir helfen, einen Schritt in die richtige Richtung zu machen. Alles – egal ob noch diffus oder schon greifbar – kannst du dir in einem solchen Brief wunderbar von der Seele schreiben.

Du schreibst dir selbst einen unsichtbaren Brief. Du schreibst ihn, weil die Trauer nicht nur eine sehr anstrengende Zeit, sondern ein kräftezehrender Ausnahmezustand ist. Du fühlst, wie du dich in der Trauer verlierst. Neben deiner Traurigkeit, Ohnmacht und Verletzung schleichen sich andere negative Emotionen ein. Dein Leben ist ein Scherbenhaufen, die vereinzelten Stücke liegen vor dir. Wie es dazu kommen konnte, weißt du nicht mehr genau. Auch bei einem Erdbeben haben etliche Nachbeben einen großen Anteil an den Verwüstungen.

Einen Brief „blind“ zu schreiben, ihn nicht zu lesen, ihn mit niemanden teilen zu müssen, ist entlastend. Alles diesem Brief zu überlassen, ist zudem einfacher, als für all das Aufgestaute, Unfassbare eine für andere Menschen geeignete konstruktive Ausdrucksform zu suchen. Es ist zudem eine sehr intime Sache, diesen Brief zu schreiben. Denn alles darf hier notiert werden. Vor allem das, was besonders weh tut.

Ablauf

Der Ablauf ist identisch mit „Ich schreibe dir einen unsichtbaren Brief“ (siehe 4.11, Seiten 145).

Bitte blättere zurück und lies dort nach.

4.14 Ich wandle mich

Alles ist im Wandel. Alles ist verbunden, miteinander verwandt, ineinander verwoben. Man kann die Welt strukturieren und gliedern wie man will, aber nicht wirklich das eine vom anderen trennen. Wir sind im Fluss, sind Wandlungen, Einflüssen unterworfen. Wir wandeln uns selbst, und zwar kontinuierlich. Wir transformieren ein Vorhaben in eine Erinnerung. Wir schöpfen aus etwas Vergangenem die Kraft, um morgen etwas anzugehen, von dem wir heute noch keine Vorstellung haben.

Weil deine geliebte Person physisch da war und du physisch noch da bist, kannst du nicht umhin, in dieser Verbindung an deine Person zu denken, wenn du dich an sie erinnerst. Das, was war, ist aber nicht Geschichte und nicht damals, sondern ebenso jetzt, weil du jetzt bist, so, wie es auch morgen noch jetzt und aktuell sein wird, wenn du dich in diese Verbindung aus dem zukünftigen Jetzt begibst. In diese Verbindung, wann immer sie stattfindet, ist die Verbundenheit, Freundschaft und eure Liebe gebettet. Es gibt viele Dinge, die dein geliebter Mensch getan, geliebt hat und die du nicht zu verwerfen brauchst. Weil deine geliebte Person war, hat sie die Welt verändert. Auch dich. Und sie tut es noch immer, weil du mit ihr in Verbindung stehst. So, wie du schon damals mit ihr in Verbindung warst, als sie physisch da war.

In diesem Ritual geht es darum, sich deiner Person bewusst durch die Umwandlung anzunähern: Durch Bewusstwerdung dieses Wandelnden, durchs Nachspüren, durch eine kleine Verschiebung, um anders dabei zu sein, in der gewandelten, stets sich wandelnden Form.

Ablauf

Eine Anleitung kann es nicht geben, denn jeder Mensch ist individuell und hat seine eigenen Vorlieben.

Bestimmt gibt es aber typische Dinge, die du unmittelbar mit deiner geliebten Person verbindest. Besondere Hobbys, Talente, Angewohnheiten. War deine geliebte Person z. B. Fußballfan und einem bestimmten Verein verbunden? War Brotbacken ihre Leidenschaft oder hatte sie die Angewohnheit, abends bei einem Glas Cognac Musik zu hören oder auf der Toilette Kreuzworträtsel zu lösen? Sicherlich findest du im Nu etwas, das du mit dem geliebten Menschen verbindest. Dies ist möglicherweise einfacher als der nächste Schritt.

Jetzt nämlich sollst du für dich herausfinden, in welche Transformation du dich begeben könntest, was in einem Zusammenhang mit dieser bestimmten Angewohnheit, diesem Typischen an deiner geliebten Person steht. Es kann bedeuten, dasselbe zu tun, was und wie es der geliebte Mensch getan hat. Aber noch besser wäre es, du würdest versuchen, das, was ihn ausmachte auf dich zu übertragen. Was könnte deine Form, deine Weise sein? Was könntest du versuchen und überlegen? Was könntest du auf Basis dessen, was dein geliebter Mensch getan hat, selbst tun? Nehmen wir das Beispiel Brotbacken: Das bedeutet nicht, dass du selbst anfangen, musst Brot zu backen, sondern dass du diese Tätigkeit als eine Art Auslöser für etwas Eigenes nutzt: Vielleicht möchtest du Sandwiches für Obdachlose machen. Hier ist zweifelsohne Kreativität gefragt. Am besten gelingt es, wenn du eine Idee immer weiter transformierst, indem du fragst: „Was könnte ich sonst noch (tun)? Wie könnte die Geschichte weitergehen?“

Das Brotbacken dient als Wegbereiter für diese Gedankengänge und „befruchtet“ in gewisser Weise dein Brainstorming. Ideen, die schöpferisch und umsetzbar zugleich sein sollten, kommen nicht einfach von selbst. Es verläuft alles in mehreren Schritten. Aus Gedanken werden Handlungen, die in Erfahrungen münden, und schließlich werden daraus neue Assoziationsmuster.

Das Ritual kann – unbedingt sogar – eine ganz leichte Komponente haben: War eine Passion deiner geliebten Person beispielsweise das Golfspiel? Dann verabrede dich mit jemandem auf einen Kaffee im Golfclub oder kleide dich einen Tag lang golftypisch.

Das Ritual beinhaltet das nochmalige Bewusstwerden von Vorlieben, Eigenschaften, sogar von Marotten. Es gibt dir durch die erinnernde, assoziierende und physische Annäherung die Möglichkeit, dich auf einer ganz anderen Ebene, abseits von Emotionen oder Gedanken, mit diesem geliebten Menschen zu verbinden. Es bringt etwas Schwung in dein Leben, weil es mit einem Augenzwinkern deine geliebte Person ehrt oder dir zeigt, wie du ihr über Umwege in einer homöopathischen, humorvollen oder einmaligen Dosis „nachstreben“ kannst. Lass diese spielerische Transformation zu und erlaube ihr, sich von selbst zu gestalten, sich zu entwickeln. Beginne dabei mit dem ersten Schritt.

Sieh dieses Ritual nicht als reines Nacheifern an, um in die Fußstapfen der geliebten Person zu treten, sondern vielmehr als ein in neuartiger Weise In-Rollen-Schlüpfen, ein Transformieren und als etwas Sich-Wandelndes, das dennoch nicht ohne einen Ursprung, nicht ohne die Verbindung zum geliebten Menschen ist. Diesen Ursprung kennst du nur allzu gut und das macht dieses Ritual in aller Leichtigkeit so besonders und so wertvoll. Es geht nicht darum, alles in Stein zu meißeln. Diese Unternehmung darf einen temporären, spielerischen Charakter haben und muss nicht für immer bleiben.

4.15 Die Trauer und das Schöne

Jedem Tag kann man Schönes abgewinnen. Selbst dann, wenn man sich dafür anstrengen muss und es sich nicht offenkundig anbietet. Man kann das üben, und wenn man übt, arbeitet man daran, für dieses Schöne Sorge zu tragen, damit es einem nicht entgeht. Mal überwindet man sich, mal ist man überrascht. Und immer ist da auch etwas Dankbarkeit.

Der Kreislauf geht aber noch weiter: Wer Schönes sucht, der findet es. Der sieht etwas, das er anerkennen darf. Durchs Anerkennen gelangt man zum Erkennen, was sich als Dank in einem manifestiert. Kurz und gut: Es lohnt sich, das Schöne zu suchen und sich dieses Schönen zu vergewissern. Der Blick auf das Schöne verschönert das Schöne nochmals und auch denjenigen, der sich diesen Blick übend zu eigen macht.

Im Grunde ist dies die Schwester des altbekannten Rituals, sich täglich drei Dinge aufzuschreiben, für die man just heute dankbar ist. Die Praxis, sich täglich aufzuschreiben, was Schönes passiert oder da ist, geht Hand in Hand mit der Dankbarkeit, ist aber unter Umständen etwas weniger statischer Natur. Wer einen Menschen, der physisch nicht mehr da ist, schmerzlich vermisst, wird vielleicht weniger Sinn dafür haben, auf das Schöne zu schauen, das Schöne aktiv zu suchen. Möglicherweise empfindet er die Aufforderung, Schönheit in sein Leben zu holen, (anfangs) als Zynismus: Was soll noch schön sein, wo es einem doch so elend geht wie noch nie?! Warum so tun, als würde man etwas fühlen und sehen, wo es doch aber gar nicht so ist? Nun, gerade deswegen sollte man vielleicht dieses Ritual machen! Weil man zu einem späteren Zeitpunkt staunen wird, dass sich, inmitten von Trauer, Schmerz und verloren gegangener Sinnhaftigkeit, dennoch das Schöne zeigen, entfalten kann und offenbar auch in schweren Zeiten integraler Teil des Lebens ist.

Ablauf

Du brauchst Schreibpapier, Stifte und ein großes Glas.

Zu Beginn einer Woche fängst du an, Schönes festzuhalten. Am besten legst du einen Termin dafür fest, z. B. direkt nach Feierabend, und schreibst jeden Tag auf ein neues Blatt, was dir Schönes begegnet ist. Du kannst auch dein Handy nutzen: Wenn dir etwas auffällt, sprichst du es direkt ein. Aber diese Sprachnachrichten solltest du später verschriftlichen.

Anfangs ist es vielleicht etwas schwierig, täglich etwas Schönes zu finden und du wirst länger suchen müssen. Mit der Zeit aber wirst du eine Art Muster entwickeln. Es wird sich zeigen, ob du die ganz kleinen, gewöhnlichen, scheinbar unbedeutenden Dinge wertschätzt oder nur das Außerordentliche für aufschreibenswert hältst. Bleib auch für eine Mischung aus beidem offen, sowohl für die größeren Ereignisse als auch für das ganz Unscheinbare. Schön kann der Anblick eines Maikäfers sein oder ein Schattenspiel an der Wand. Schön kann ein dreistündiger Austausch mit einem Freund sein. Werte nicht, sondern bleib spontan. Frage dich fortwährend: „Ist das schön?"

Schneide am Ende der Woche die einzelnen Notizen zu eigenständigen Zetteln. Falte sie zusammen und bewahre sie am besten in einem durchsichtigen, verschließbaren Glasbehälter auf. Du kannst auch schon im Verlauf der Woche bereits Zettel zurechtschneiden und sie sofort ins Glas werfen. Es ist jedoch großartig, sich nach einer Woche, nach zwei Wochen oder noch später auf einen Schlag all des Schönen zu vergegenwärtigen. Wenn du willst, kannst du die Zettel auch mit einem Datum versehen. Halte das Ritual grundsätzlich aber spielerisch und gestalte es nicht zu streng.

Versuche das Schöne, das du erlebst, nicht als Flucht vor der Traurigkeit zu sehen, sondern als etwas, das trotz der Trauer und inmitten des Trauerschmerzes ebenfalls zugegen ist. Anerkenne, dass das Schöne da ist und es kein Widerspruch sein muss, dich an etwas zu erfreuen und dennoch tieftraurig zu sein. Gerade, wenn du etwas mit deinem geliebten Menschen teilen möchtest, ist das Schöne und Leichte kaum zu ertragen. Unabsichtlich oder gewollt verschließt du dich ihm. Weil du es dir unbewusst nicht zugestehen willst oder befürchtest, es könne die Trauer zerreißen, die Wehmut schüren – und davor willst du dich schützen. Doch das Schöne ist von der Trauer nicht zu trennen. Auch der geliebte Mensch ist nur fort, er bleibt immer ein Teil von dir.

Achte auf das Schöne, ohne allzu willentlich danach zu trachten. Finde es nebenbei. Sieh es als Teil deines Lebens – in der Trauer, in der Liebe und Verbundenheit zu deinem Menschen und auch in der Banalität des Alltäglichen. Das Schöne ist Teil des Lebens und du möchtest wieder hinsehen, dich dem Schönen von Neuem öffnen, mithilfe dieses Rituals.

Wenn dein Glas sich allmählich gefüllt und du Zeit hast (vielleicht gibt es auch einen besonderen Anlass), widme dich seinem Inhalt. Lies dir selbst vor, in welcher Vielfalt du dem Schönen begegnet bist und das Schöne dir.

5.

Rituale zur Stärkung der Erinnerung und des Nicht-Vergessens

5.1 Du in meiner neuen Erinnerung

Erlebnisse und Erfahrungen werden, wenn sie besonders sind, zu Erinnerungen. Wir sind Träger dieser Erinnerungen und dadurch mehrfach Beschenkte. Beschenkt mit dem, was wir erleben, erfahren und lernen dürfen, und auch beschenkt mit dem, was später noch in uns bleibt. Auch diejenigen, die sich schwer damit tun, den Mantel der Trauer – und sei es nur zeitweise – abzulegen, um sich auf neue Erfahrungen einzulassen, werden Neues erleben, das zu Erinnerungen reifen wird. Und es ist häufig schmerzhaft, neue Erfahrungen zu machen, neue Erlebnisse und Erinnerungen zu haben, ohne sie mit der geliebten Person teilen zu können – ohne, dass sie in physischer Form dabei sein darf. Man möchte diese Erlebnisse deshalb lieber gar nicht erst haben. Oder man verwirft sie, sagt sich, sie seien jetzt weniger wichtig als früher, in jenen guten Zeiten, wo alles ganz anders und der geliebte Mensch noch da war. Doch die Zeit läuft weiter und wenn das eigene Leben weitergeht, so werden auch Erlebnisse und Erinnerungen nicht ausbleiben. Das Gute ist: Man kann sie trotzdem mit der geliebten Person teilen.

Bereits wenige Minuten, nachdem man einen Freund am Bahnhof verabschiedet hat, wird aus diesem Erlebnis eine Erinnerung. Eben noch hat man mit dem Freund beim Kaffee zusammengesessen und jetzt wird einem bewusst, wie schön diese Stunden doch gerade waren. Es bleibt die Erinnerung, weil diese Zeit etwas Wichtiges war. Und selbst, wenn man sich gleich wieder anderen Dingen zuwendet und nicht mehr an erster Stelle an diese Stunden denkt, sind sie doch nie ganz vergessen.

Wenn wir uns einen Augenblick, den wir erlebt haben, erneut vor Augen führen, erinnern wir uns. Wir gehen auf diese Weise in der Zeit zurück, weil wir vielleicht noch etwas ordnen müssen, etwas noch nicht verstanden haben. Oder wir tun es aus reiner Freude, weil wir es können, weil wir diesen Rückspulknopf in uns haben, um alles, was war, nochmals Revue passieren zu lassen. Ob fragmentarisch, lückenhaft oder mit allen Details ausgeschmückt. Erlebtes setzt sich als Erinnerung in uns ab und wir können darauf zugreifen.

Besonders prägnante – das heißt: schöne, irritierende, noch nicht aufgelöste – Erinnerungsstücke möchten wir am liebsten mit unserer geliebten Person teilen. Wir möchten sie mit ihr durchgehen oder sie einladen, am Erinnerungsprozess teilzuhaben. Nichts leichter als das: Du lädst, wenn dich eine neue Erinnerung packt, deinen geliebten Menschen ein, mit dabei zu sein.

Ablauf

Wenn wir uns erinnern, passiert das meist von selbst, eher nebenbei und selten bewusst. Oft sind kleine Erinnerungsanflüge bereits vorbei, ehe wir uns ihrer bewusst werden. Sich hier selbst zu beobachten, bedarf der Übung und ist bereits Teil des Rituals.

Die Wahrscheinlichkeit, dass du dich an etwas erinnern wirst, das neu ist und das dein geliebter Mensch noch nicht kennt, ist höher, wenn du bereits bewusst in eine neue Erfahrung gehst. Wenn sie anschließend zur Erinnerung wird, kannst du sie später besser fassen. Nehmen wir an, du willst jemanden treffen. Ihr verabredet euch an einem bestimmten Ort, ihr werdet im Austausch sein. Es ist ziemlich sicher, dass daraus später eine, wenn auch kurze, Erinnerung wird. Mach dir also bereits im Vorfeld bewusst, dass es ein Danach geben wird, das du Revue passieren lassen kannst.

Mit dieser Vorbereitung kannst du später leichter deine geliebte Person einladen, mit dir diesen Moment zu teilen. Das gilt auch dann, wenn sie bei diesem Treffen dabei war, weil du ihre Anwesenheit spürtest, weil ihr über sie gesprochen habt oder sie sich auf andere Weise zeigte. Lade sie dennoch ein, denn ganz oft schaut man sich gemeinsam das Erlebte nochmals zusammen an.

Die Einladung sollte unprätentiös sein, nicht anders, als sie es zu Lebzeiten der geliebten Person gewesen wäre. Etwa: „Wie fandest du den Nachmittag?“, „War das nicht besonders schön?“, „Hast du gemerkt, wie …?“ Geh natürlich vor und bleib im eigenen Fluss. Das heißt, warte nicht auf Antworten, aber sei offen für mögliche Impulse. Sei in dieser Erinnerungsschlaufe wie auch sonst. Lass die neuen Erfahrungen zu Erinnerungen werden, gemeinsam mit deinem geliebten Menschen und in der Form, die sich am natürlichsten anfühlt.

Dieses Erinnern mit der geliebten Person soll keine akribische Analyse sein, die wichtige und elementare Ergebnisse hervorbringt. Flieg darüber, so leicht, wie du es schon immer getan hast. Sei einzig bereit, deinen geliebten Menschen dabei zu haben.

5.2 Ich lade in deinem Namen ein

Wäre der geliebte Mensch bloß hier! Dann wäre alles einfacher. Er würde Ideen einbringen, von denen du dich im Austausch mitreißen lassen könntest, dir Kraft geben für dein Tun. Jetzt, ohne diese Person, wo du alles allein bewerkstelligen musst, bleibt dir das Wissen, wie ganz anders es mit ihr sein könnte.

Betrachte dieses Alleinsein und Alles-selber-machen-Müssen, von der Idee bis zur Umsetzung, einmal nicht als Hürde, sondern als Fortsetzung, als Erbe und Ehrenamt. Mit Leichtigkeit, mit Stolz übernimmst du das Ruder, weil du dies alles im Namen des geliebten Menschen tun darfst.

Dieses Ritual kannst du ohne besonderen Anlass durchführen, du musst nicht auf Gedenk- und Feiertage in Verbindung mit der geliebten Person warten. Nein, lade regelmäßig deine Freunde oder Familie ein, „einfach so", aber eben im Namen deiner geliebten Person. Auch wenn du dir vorher genau überlegt hast, dass du etwas in ihrem Namen machen willst: Halte diese Einladungen möglichst spontan oder leicht. Lade z. B. zu einem Zoobesuch ein und bezahle im Namen der geliebten Person die Eintrittskarten (oder zum Teil – falls das Ganze zu kostspielig ist). Oder lade im Sommer via Chat spontan zum Eisessen im Namen der geliebten Person ein, ohne ein Zeremoniell daraus zu machen. Die Leichtigkeit wird auch für die anderen ansteckend sein und deine spontanen „Einladungen im Namen von …" werden mit der Zeit das Natürlichste der Welt sein.

Ablauf

Ohne viel nachzudenken weißt du vermutlich, wo deine geliebte Person gerne dabei wäre, wann sie eine Idee hätte oder wo sie sich großzügig geben würde. Sei offen für solche Ideen und Anregungen.

Was hättet ihr normalerweise gerne gemacht? Ins Kino gehen? Einen Familienbrunch organisieren? Eine Bar besuchen? Sei aber auch offen für Dinge, die vielleicht etwas anders sind als früher. Es gibt viele Möglichkeiten für spontane, unaufgeregte Einladungen.

Jeder Mensch hat sein eigenes Leben, eigene Vorlieben und Gewohnheiten. Die einen mögen sportliche Gemeinschaftsbetätigungen, andere gehen lieber gemeinsam ins Theater oder veranstalten eine Motto-Party. Bleib dir treu. Bleib aber auch offen für das, was sich unverhofft und unerwartet anbietet. Um dich inspirieren zu lassen, geh in die Stadt, studiere Kulturangebote, setz dich in ein Café, beobachte die Umgebung, die Menschen, kombiniere die möglichen Vorhaben in Gedanken.

Wenn du schriftlich einladen möchtest, halte dich möglichst kurz. Und wenn jemand fragt, warum du im Namen von YX einlädst, hast du die perfekte Antwort parat: Einfach, weil sich diese Person darüber freuen würde. Oder du nimmst den Wind aus den Segeln und lädst mit genau diesen Worten ein: „Weil sich XY freuen würde, lade ich dich ein, …"

Wenn du bereit bist, etwas Geld im Namen der geliebten Person auszugeben, setze dir ein Budget. Wenn du gerne etwas machen möchtest, das viel zu teuer für dich ist, dann überlege, wie du die Kosten im Rahmen halten kannst. Wenn du mit mehreren Menschen einen Flug über eure Stadt machen möchtest, könntest du unter den Eingeladenen z. B. zwei Personen auslosen, für die du bezahlst, die anderen zahlen selbst. – Das musst du jedoch im Vorfeld planen und klar kommunizieren, nicht dass jemand sich übertölpelt fühlt.

Oder du bezahlst bei einem Abendessen im Restaurant die Getränke oder das Dessert im Namen deiner geliebten Person. Das kannst du spontan machen, so wie es sich gerade aus der Situation heraus ergibt.

Vergiss dich selbt nicht, wenn du spontan eine Idee hast oder allein unterwegs bist. Vielleicht hätte dein geliebter Mensch dich auf einen Cappuccino eingeladen. Lade dann du dich ein – stellvertretend für ihn.

5.3 Ich schließe nicht ab

Der Brauch, „Liebesschlösser" als Ausdruck der Liebe und Verbundenheit am Gitter von Brückengeländern anzuschließen, ist vermutlich in Florenz entstanden, am Ponte Vecchio. Von Italien aus verbreitete er sich in der ganzen Welt.

Nach dem Schwur ewiger Liebe wirft man den Schlüssel in den Fluss. Ein Schloss der tiefen Verbundenheit für den geliebten Menschen. Ein Schlüssel, der mit dem Fluss des Lebens weiterzieht. Und weil Vorhängeschlösser meistens mit zwei Schlüsseln ausgestattet sind, bleibt gegebenenfalls ein Schlüssel bei dir.

In der abgewandelten Form macht man dieses Ritual ohne den physisch anwesenden Menschen. Die Absicht bleibt aber die gleiche: Mit dem Schloss zeigt man dem geliebten Menschen seine Liebe und Verbundenheit. Ein Schlüssel geht mit der Natur weiter, ein Schlüssel bleibt bei einem selbst.

Ablauf

Du musst in keine bestimmte Stadt fahren, um die geeignete Brücke zu finden. Geh mit offenen Augen durch deine Stadt und du wirst mit Schlössern behängte Brückengitter finden. Du kannst aber auch einen Ort finden (es kann, muss aber keine Brücke sein), der sich für dich besonders stimmig anfühlt oder eine Bedeutung für dich hat. Den Schlüssel musst du auch nicht unbedingt in ein fließendes Gewässer werfen. Du kannst ihn z. B. vergraben oder der Umwelt zuliebe auf diesen Teil des Rituals verzichten und den Schlüssel lediglich symbolisch entsorgen.

Lass dir Zeit, den richtigen Ort zu finden und nimmt dir auch Zeit für das Schloss. Möchtest du es vielleicht gravieren lassen? Möchtest du es selbst gravieren, beschriften, verzieren oder es schlicht belassen? Du musst auch kein Vorhängeschloss aus Metall verwenden. Du kannst dir ein Schloss aus Karton basteln, aus Holz schnitzen …

Betrachte den Akt nicht als Abschluss, Starre oder Stillstand, sondern als symbolischen Ausdruck deiner Freundschaft, Liebe, Verbundenheit und Dankbarkeit. Das, was du durch das effektive Abschließen des Schlosses manifestierst, ist zudem keineswegs abgeschlossen, sondern hat lediglich eine bestimmte Form und fand eine konzentrierte Sprache. Kurz, es hat einen Ausdruck bekommen. Außenstehende sehen nur die Form, das befestigte Schloss. Sie ahnen vielleicht, dass es nicht grundlos, aus einer Laune heraus angebracht wurde. Den Inhalt verstehst nur du, aber die Tatsache, dass du das Schloss „vor Zeugen" anbringst, hilft dir, zu dem zu stehen, was du ausdrücken möchtest.

Wenn dir das Schloss allein zu statisch und symbolisch gesehen als zu einengend erscheint, dann verbinde das Festgehaltene mit etwas, das du tatsächlich dort belässt. Du kannst eine Entschuldigung ins Schloss nehmen und sie dort aufgehoben wissen. Auch für Vergebung oder für das zu physischen Lebzeiten nicht Ausgesprochene, dein Bedauern oder deine Sorgen darfst du mit diesem Akt abschließen und ziehen lassen.

Sei dir bewusst, was das Schloss bedeutet und sage beim Befestigen innerlich oder leise vor dich hin, was du mit dem Ritual ausdrücken möchtest. Binde deinen geliebten Menschen mit ein. Denn er ist ein wichtiger, wenn nicht der wichtigste Teil dieses Rituals.

Die beiden Schlüssel, die normalerweise bei einem Vorhängeschloss mit dabei sind, symbolisieren nicht nur dich und deine geliebte Person. Wenn ein Schlüssel mit der Natur, mit dem Gesagten weiterzieht, verbleibt ein Schlüssel bei dir. Als Erinnerung an das, was war. An das, was du ausgedrückt hast. Es ist eine Erinnerung, die in dir bleibt. Ein Ritual, das dich und den geliebten Menschen meint und das in der Weite der Welt einen Platz hat.

An vielen Orten ist es inzwischen verboten, Schlösser an Brücken oder denkmalgeschützten Objekten zu befestigen. Informiere dich daher vorher gut, denn die Bußgelder können sehr hoch sein.

Alternativ könntest du eine Schleife anbringen, von der du ein Stück abschneidest und einen Teil behältst, einen ins Wasser wirfst. Wenn du verschiedene Emotionen anbringen möchtest, kannst du verschiedenfarbige Schleifen machen und sie gegebenenfalls an unterschiedlichen Orten aufhängen.

5.4 Wir bauen Geschichten mit deinen Sätzen (Variante 1)

Ein Zweiergespräch ist schön, wenn beide Gesprächspartner/innen in etwa gleichgroße Anteile haben. Wenn es möglich ist, etwas hinzuzufügen oder wenn verschiedene Perspektiven den Horizont weiten. Wenn Faktenwissen geteilt wird, aber auch Anekdoten und Humorvolles ihren Platz haben. Kurz: Wenn das Gespräch wie ein Ping-Pong-Spiel ist, mit leichten, lockeren Ballwechseln zwischen den Menschen.

Wenn du dieses Spiel gern mit deinem geliebten Menschen gespielt hast, wird er dir sehr fehlen, denn seinen Part kann so leicht niemand einnehmen und auch du kannst diese Lücke nicht füllen. Doch du kannst mit dem geliebten Menschen nicht nur Gesprächs-Ping-Pong spielen, sondern ihn auch spielerisch zum Gesprächsthema machen.

Es gibt wahrscheinlich ganz typische Sätze und Äußerungen deiner geliebten Person, und idealerweise liegen sie sogar in schriftlicher Form vor: in Briefen, Tagebüchern oder als per Handy übermittelte Nachrichten. Bestimmt findest du etwas, das dein geliebter Mensch geschrieben oder gesagt hat. Die Themen spielen hier keine Rolle, es sei denn, etwas ist zu persönlich oder zu unpersönlich (z. B. reine Geschäftskorrespondenz nach Schema F).

Wenn du Sätze deiner geliebten Person findest, dann schreibe für dieses Ritual ihren Anfang auf, lass sie also unvollendet. Wie die Sätze bei deiner geliebten Person weitergingen, behältst du vorerst für dich. Erst wenn du mit einigen Menschen das gleich ausführlicher beschriebene Ritual durchgespielt hast, löst du auf und freust dich daran, dass dein geliebter Mensch auf diese spielerische Weise dialogisch zugegen sein konnte.

Vorbereitung

Als Erstes musst du einige Sätze finden, aus E-Mails, Briefen, SMS, WhatsApp-Nachrichten, Postings in sozialen Medien etc. Wenn du dich jedoch unwohl dabei fühlst, etwa, weil du nicht so sehr in die Privatsphäre deiner geliebten Person eindringen möchtest oder weil du noch nicht soweit bist, dann versuche stattdessen, dich zu erinnern: Welche typischen Sätze gibt es? Was würde die Person heute angesichts eines aktuellen Ereignisses in der Welt sagen?

Schreibe dann die Sätze für dich auf; etwa ein Dutzend genügt vollkommen. Überlege dir auch, mit wem du dieses Ritualspiel machen möchtest. Es sollten nicht zu viele sein, und auch bei fünf oder sechs Beteiligten kann sich eine gute Gruppendynamik entwickeln.

Als Nächstes unterteile die Sätze in einen Anfang und den Kern der Aussage, der meistens im zweiten Fall folgt. Schneide dafür das Blatt, auf dem die Sätze stehen, in Streifen und schneide jeden Streifen in zwei Teile. Wenn die Sätze zu wenig aussagekräftig sind und in zu viele Richtungen gehen könnten, kannst du auch zwei Sätze notieren. In diesem Fall behältst du den ersten Satz möglichst in seiner Gänze und Offenheit (und schneidest lediglich das weg, das zu viel verraten würde).

Ablauf

Stell dir vor, du sitzt mit anderen zusammen, die deine geliebte Person auch gekannt haben[4], und es macht sich eine gewisse Müdigkeit in eurer Runde breit. Dies könnte ein guter Moment sein, um zu sagen: „Ich würde jetzt gerne ein Spiel mit euch spielen."

Erläutere, dass es sich um die Anfänge von Sätzen deiner geliebten Person handelt. Du hast sie in eine Schachtel oder in ein Säckchen getan. Dieses Behältnis reichst du herum und bittest jeden, einen Satz zu ziehen und ihn spontan zu vervollständigen.

Wichtig: Wenn du nicht erwähnst, von wem die Satzanfänge stammen, können deine Gäste die geliebte Person mental nicht mit einbeziehen. Doch nur, wenn sie das können, gewinnt das Spiel an Tiefe!

Vielleicht fühlen sich einige von dieser Aufgabenstellung überrumpelt. Deshalb ist es ratsam, dieses Spiel in Schriftform zu machen. Verteile Kugelschreiber und lass den Leuten etwas Zeit. Dies ist der Moment, um aufzustehen, zu rauchen oder Kaffee vorzubereiten. Nach etwa einer Viertelstunde kannst du die Gruppe wieder zusammentrommeln.

Du kannst Druck herausnehmen, indem du deine Gäste nicht selbst vortragen lässt, sondern die Zettel einsammelst und sie an ihrer Stelle vorliest, ohne den jeweiligen Urheber zu benennen. Lass beim Vorlesen den Zufall die Reihenfolge bestimmen.

Verrate nicht sofort, wie der zweite Teil des Satzes im Original lautet. Und du kannst auch – wie gesagt – offen lassen, den anderen mitzuteilen, wer aus der Runde was geschrieben hat. Vielleicht brennen alle darauf zu erfahren, wer den lustigen, wer den berührenden Satz geschrieben hat. Die Antworten werden von ganz allein kommen, lass die Dynamik des Geschehens nur machen.

Am Ende löst du auf und liest die vollständigen Originalsätze vor.

Sehr schön ist es, wenn du deinen Gästen ein paar Tage später Danke sagst und ihnen beide Sätze, das Original und den vervollständigten Satz, überlässt. Aus den Sätzen kann man meistens einen Dialog zusammenstellen. In manchen Fällen passen sie so perfekt aufeinander, dass man nur staunen kann.

---

4 Sollten einige Menschen in der Runde deine geliebte Person nicht gekannt haben, dürfen sie selbstverständlich mitmachen. Sie können aus ihrer Fantasie schreiben und sich deinen geliebten Menschen vorstellen.

Beispiel

Satzteil 1: „*Sie müssen für meinen Geschmack …*“
(Wird als Zettel einem Gast gegeben.)
Er / sie vervollständigt den Satz während des Spiels z. B. folgendermaßen:
„*… zuckersüß sein.*“

Dann verrätst du, wie der zweite Teil des Originalsatzes lautet:
„*Sie müssen für meinen Geschmack … unkompliziert, schlicht und dennoch fesselnd und faszinierend sein.*“

Der „Dialog“, den du zum Beispiel allen als „Dankeschön“ zukommen lässt, könnte so aussehen:

Gast: *Sie müssen für meinen Geschmack zuckersüß sein.*
Name der geliebten Person: *Sie müssen für meinen Geschmack unkompliziert, schlicht und dennoch fesselnd und faszinierend sein.*

Usw.

Statt nur „Gast“ zu schreiben, kannst du selbstverständlich auch dessen Namen hier nennen, wenn dieser durch das Spiel aufgelöst wurde (weil man z. B. neugierig war).

Du wirst erstaunt sein, wie lebendig diese Doppelsätze sein können, wenn sie dialogisch aufeinandertreffen. Wenn du alle Doppelsätze aneinander fügst, können sie fast so etwas wie eine Geschichte erzählen.

5.5 Gutes in deinem Namen

Die Trauer verändert den Menschen, womöglich auch sein Leben und die Sicht darauf. Manche schlagen angesichts des traurigen Ereignisses neue Wege ein. Manche kommen mit der Zeit wieder in ihre gewohnten Spuren. Selbst, wenn man meint, dass da etwas war, das jetzt vorbei ist und dass sich alles wieder eingerenkt hat, ist dies nicht ganz die Wahrheit. Denn es kann nicht sein, dass es so ist, wie es schon immer oder einst war. Fakten kann man nicht nach eigenem Gutdünken zurechtbiegen.

Man kann bewusst einen neuen Schritt wagen und sich in eine ganz neue Richtung bewegen. Nicht, um etwas für sich selbst zu tun oder um sich abzulenken, sondern um etwas für andere zu tun. Dieser Schritt fällt nicht immer leicht, aber im Namen der geliebten Person wird er womöglich einfacher.

Vielleicht bist du schon lange ehrenamtlich engagiert, hilfst, unterstützt deine Gemeinde, bringst dich in sozialen oder Umweltprojekten ein. In diesem Fall kannst du dir überlegen, deine Tätigkeit oder Unterstützung ein wenig auszuweiten, indem du fragst: „Was kann ich sonst noch tun? Kann ich vielleicht etwas, das ich ohnehin schon für wenige Stunden tue, zeitlich etwas ausdehnen? Kann ich jemanden vertreten? Werden Hilfskräfte an einer Stelle besonders benötigt?“

Wenn dies Neuland ist für dich, hör dich zunächst um. Was tut dein Umfeld, was könntest du dir für dich vorstellen? Was würde dir eher schwerfallen? Wenn du etwas gefunden hast, hab den Mut, dich einmalig zu verpflichten, um reinzuschnuppern. Fühl dich nicht gezwungen, dich für immer und ewig an diese Aufgabe zu binden. Sieh es als einen Versuch an, als eine Selbsterprobung. Wichtig: Wähle etwas, das für dich sinnvoll ist. Suche dir nichts aus, das dir als Opfer vorkommt. Tue, was du ausprobieren möchtest, und zwar im Namen deiner geliebten Person.

Ablauf

Falls du sofort weißt, was du angehen möchtest oder an wen du dich wenden kannst, dann achte darauf, dass du etwas Neues machst bzw. eine Erweiterung deines bisherigen Engagements suchst. Vielleicht ist dies auch der Moment, um nun im Namen deiner geliebten Person endlich etwas anzugehen, das dir schon lange vorschwebt.

Wenn dies alles neu ist für dich, dann lass dir unbedingt Zeit, um nachzudenken, zu recherchieren und bei Unklarheiten nachzufragen. Tausch dich auch in deinem nahen Umfeld über deine Ideen hinsichtlich eines möglichen Engagements aus. Vielleicht hast du noch Bedenken oder du bist generell unsicher, ob das, was du machen könntest, wirklich das Richtige ist. Lass dich auf diese Gedanken und Gespräche ein.

Während der eine zum Beispiel gerne mit Betagten spazieren geht, findet es ein anderer sinnvoller, Abfall in den Wäldern zu sammeln. Man kann bei einer Lebensmitteltafel helfen, sterbende Menschen begleiten, Kindern Märchen vorlesen, in Pferdeställen oder Tierheimen mithelfen. Es gibt unzählige Möglichkeiten, die sich erst eröffnen, wenn du den ersten Schritt in diese Richtung gehst.

Wenn du den Mut verspürst, diesen ersten Schritt zu wagen, dann sei offen dafür, dass er sich womöglich anders anfühlt und gestaltet, als du es dir theoretisch vorgestellt hast. Vielleicht übertrifft die Erfahrung deine Erwartungen oder sie erschöpft dich physisch oder mental zu sehr. Sage deshalb von Anfang an, dass du es für dich zunächst auszuprobieren musst und dass du es auch mit anderen Sachen versuchen willst. Wenn du hier Klarheit hast, wirst du dich melden. Dich zu engagieren soll nicht heißen, dass du dich aufopfern und dich von vornherein längerfristig verpflichten musst.

Wenn du etwas für dich gefunden hast, das dir gefällt, überlege dir, wie oft du etwas tun kannst. Passt für dich eine regelmäßige oder eine eher spontane Unterstützung besser? Die Balance muss für dich stimmen. Wenn du ohnehin zu wenig Zeit hast, dann bringt es nichts, alle deine Wochenenden zu verplanen und dir privat noch mehr Stress zu organisieren. Einmal im Monat etwas zu tun ist nicht mehr wert, als sich einmal im Jahr für eine Sache oder andere Menschen zu engagieren. Stell dir vor, jeder und jede macht einmal im Jahr etwas im Namen einer geliebten Person, die physisch nicht mehr da ist: Es käme sehr viel Gutes zusammen, ohne dass Einzelne dabei Druck haben müssten. Wir alle werden irgendwann eine geliebte Person haben, die physisch nicht mehr um uns ist. So gesehen ist jedes Engagement in jeder Frequenz legitim.

Wenn du das für dich Richtige gefunden hast, etwas, das Teil deines Lebens – und sei es nur einmal jährlich – werden könnte, dann habe den Mut, auszusprechen, was dich dazu bewogen hat. Sprich laut vor Dritten aus, dass du das im Namen deiner geliebten Person machst. So kann sie von Anfang an dabei sein und dich begleiten. Mach von Anfang an klar: „Ich widme mein Engagement, dieses Projekt meiner geliebten Person."

Die folgenden Fragen helfen dir vielleicht, das für dich Richtige zu finden:

- Was ist für mich persönlich eine sinnvolle Aufgabe?
- Gibt es eine Richtung, für die ich brenne? Verfüge ich über Talente, die ich einsetzen könnte? Gibt es auch Aufgaben, die mir weniger zusagen?
- Was kann ich tun, das anders ist und über das hinausgeht, was ich bereits mache?
- Was könnte mich herausfordern?
- Was wollte ich schon immer tun, habe es aber verschoben oder mich nicht getraut?

- Was könnte meine geliebte Person getan haben und was kann ich an ihrer Stelle für sie tun?
- Was würde mir mein geliebter Mensch raten? Worüber würde er sich besonders freuen?
- Wer könnte mich im Suchprozess begleiten, mit wem könnte ich mich austauschen?
- Gibt es vielleicht jemanden, der das gemeinsam mit mir tun würde?
- Kann ich mich gegebenenfalls einer Person anschließen, die sich bereits für etwas engagiert?
- Wie viel Zeit habe ich überhaupt, und wie viel Zeit könnte ich mir für die Tätigkeit nehmen?

Nichts ist für immer. Wenn du beginnst und es nicht das Richtige ist oder sich irgendwann nicht mehr stimmig anfühlt für dich, dann sei ehrlich und offen: Brich ab und suche weiter. Was für dich nicht richtig ist, ist für einen anderen perfekt und umgekehrt. Du wirst dein passendes Projekt oder den geeigneten Ort mit der Zeit garantiert finden.

Vielleicht fühlst du dich noch nicht stark genug, Dritten deine Hilfe anzubieten. Dann fang niederschwellig an. Buche eine lokale Veranstaltung, z. B. eine Lesung oder einen Vortrag und widme dieses Vorhaben deiner geliebten Person. Du engagierst dich damit erstmal für dich selbst (und unterstützt trotzdem andere) und überwindest so unter Umständen deine Angst, etwas mit anderen zusammen zu unternehmen. Um an deiner Überwindung zu arbeiten und dich zu öffnen, kannst du auch das Ritual „Etwas Neues für dich" (siehe 5.7) machen.

5.6 Ich spende in deinem Namen

Etwas zu spenden ist in unserer Gesellschaft gängig und normal. Man wird kaum jemanden finden, der noch nie um eine Spende gebeten wurde. Mit größter Wahrscheinlichkeit wird auch dein geliebter Mensch irgendwelche Projekte und Organisationen unterstützt oder Geld für Menschen in Not gegeben haben. In jedem Fall haben wir alle mit dem Thema zu tun, auch diejenigen, die hier eher Zurückhaltung üben.

Vielleicht spendest du ohnehin regelmäßig, und vielleicht kannst du im Interesse deines geliebten Menschen ganz andere Zwecke für eine Spende entdecken. Wenn dein geliebter Mensch z. B. an einer Krankheit gelitten hat, kannst du eine Organisation bedenken, die sich hier engagiert. Oder du führst das fort, wofür die geliebte Person sich von Herzen und seit jeher eingesetzt hat.

„Ich spende in deinem Namen" ist wörtlich zu nehmen, in zweierlei Hinsicht. Du öffnest dich den Organisationen, die entweder deiner geliebten Person als unterstützenswert galten oder die du mit ihr gut assoziieren kannst. Zudem spendest du tatsächlich nicht in deinem, sondern im Namen der geliebten Person. Das kannst du entweder beim Spenden in irgendeiner Form kenntlich machen (in einem Bemerkungsfeld den Namen angeben oder bei der Angabe des Zwecks). Du kannst aber auch ohne diese Hinweise von Herzen in ihrem Namen spenden.

Ablauf

Vielleicht kannst du das „Erbe" deines geliebten Menschen antreten, indem du da weitermachst, wo er aufgehört hat. Die Spendensumme muss natürlich in dein Budget passen und wenn er für mehrere Organisationen gespendet hat, kannst du für dich eine ganz bestimmte auswählen.

Versuche zudem, dich für neue Organisationen zu öffnen, die zu deiner geliebten Person passen, zu dir und zu euch beiden.

Wenn du irgendwo den Namen deiner geliebten Person anbringen kannst, dann tu es. Bei einem höheren Betrag und wenn du eine Spendenquittung für die Steuer brauchst, dürfte es schwierig sein, nicht in deinem eigenen Namen zu spenden. Bei einem kleineren, steuerlich nicht relevanten Betrag ist es eine Überlegung wert, tatsächlich im Namen deiner geliebten Person eine Spende zu tätigen.

Mit diesem symbolisch wirkenden Akt leistest du konkrete Unterstützung. Du hast zudem die Möglichkeit, auf eine höchst subtile Weise durch den anderen Menschen Zuwendung an Dritte auszudrücken. Du darfst deiner geliebten Person auch eine

Ehre erweisen und aufrechterhalten, was ihr wichtig war, respektive was für dich in Zusammenhang mit deinem geliebten Menschen von Bedeutung ist.

Vielleicht hast du ohnehin vor, im Namen deiner geliebten Person eine Stiftung zu gründen? Falls nicht, kannst du dieses Spendenritual auch als eine Art Mini-Stiftung sehen. Außerdem freuen sich auch Vereine über aktive oder passive Unterstützung neuer Mitglieder.

5.7 Etwas Neues für dich

Immer wieder entsteht Neues. Selbst dann, wenn wir es nicht für möglich halten. Eine Zäsur im Leben, beispielsweise den physischen Verlust eines geliebten Menschen, ist für uns zunächst nicht etwas Neues. Es ist etwas, das noch keinen Namen, aber ohne Zweifel das Alte zerschlagen hat. Da ist ein Vakuum, man fällt in die Tiefe. An Neues ist nicht zu denken und ans Gewesene kommt man nicht heran.

Je länger und intensiver dieser Zustand andauert, umso schwieriger wird es, zu dem zurück zu gelangen, das noch da ist. Und Schritte nach vorn, um etwas ganz Neues zu wagen, sind undenkbar, weil Mut und Antrieb fehlen. Die Überwindung kommt nicht aus uns selbst heraus und wir sind kaum davon zu überzeugen, dass es dennoch sinnvoll sein könnte, dieses Neue zu probieren.

Wir kennen die Sprüche: „Wenn ich mal alt bin. Wenn ich dann Zeit habe. Wenn die Zeit reif dafür ist." Und plötzlich ist ein geliebter Mensch physisch nicht mehr da und man merkt: Die Kraft, all das zu verwirklichen, hätte man zu seinen Lebzeiten gehabt. Nun ist die geliebte Person physisch nicht mehr da und auch die Energie, all diese Pläne umzusetzen, ist nicht mehr vorhanden. Was man einst vorhatte, scheint nicht mehr greifbar und unerreichbar. Es fehlt vor allem an der Lust, überhaupt aktiv zu werden. Dinge zu unternehmen, sich neu ins Leben zu stürzen – all das tönt schal oder geradezu provokativ anmaßend, um nicht zu sagen zynisch. Auch die Aussage, der geliebte Mensch hätte es nicht anders gewollt, klingt nicht überzeugend. Alle, die einem begegnen, sind mit einem Mal so schlau. Doch was wissen sie, wo sie selbst nicht in dieser Haut stecken?

Etwas Neues beherzt und aus voller Kraft angehen: Dieses Ansinnen trifft auf eine große Schwerfälligkeit. Vielleicht könnte man es versuchen ... Diesen Versuch solltest du dir aber gestatten. Einfach nur um zu schauen, was dabei herauskommt. Das Neue. Das ganz und gar nicht Naheliegende. Etwas, das Überwindung kostet. Etwas, das man auch wieder verwerfen kann, etwa, wenn der Versuch scheitert, weil sich nämlich die Unternehmung am Ende nicht gut anfühlt. Aber vielleicht ist es auch etwas, das nur dafür da ist, dich wieder sachte in die Spur zurückzuführen, neue Dinge einfach zu wagen.

Vorbemerkung

Setz dich bitte nicht unter Druck. Du musst keineswegs die Welt aus den Angeln heben, jetzt erst recht die Ärmel hochkrempeln oder doppelt Gas geben – für dich, für den geliebten Menschen, gegen die Welt und gegen deinen Schmerz. Nein, nichts von alledem. Versuche vielmehr, dieses Ritual als eine Art Experiment zu sehen. Als eine Methode, um dich selbst aus deinem Schneckenhaus zu locken. Um einen kleinen ersten Schritt zu machen, in eine neue, noch ungewohnte Richtung.

Du kannst jederzeit abbrechen. Du musst auch nicht mit ganz viel Herzblut an die Sache herangehen, dich beweisen oder gar kasteien. Wie tief deine Verbundenheit, Liebe oder Freundschaft zu deinem geliebten Menschen auch ist: Das Neue ist kein Lückenfüller, keine Flucht, sondern eine weitere Spielerei, ein Experiment im Leben.

Ablauf

Überlege dir zunächst, was du Neues in deinem Leben tun könntest, ohne die geliebte Person physisch bei dir zu haben. Was wolltest du schon immer tun? Denk dann im nächsten Schritt darüber nach, was von dem, das du tun könntest, hinsichtlich deiner aktuellen Situation nicht besonders naheliegend ist.

Vielleicht möchtest du seit Langem dein Italienisch aufbessern. Wenn du diesen Gedanken weitertreibst und dich anschickst, deine Komfortzone zu verlassen, sagst du dir möglicherweise: „Vielleicht sollte ich gleich Japanisch lernen, auch wenn ich diese schwierige Sprache nie besonders gut beherrschen werde. Aber genau deswegen." Sag dir dann: „Das tue ich. Für meinen geliebten Menschen. Für mich selbst, des Experiments wegen."

Indem du etwas Verrücktes tust, schlägst du eine Brücke zu dem, was zeitweilig nicht minder unwirklich ist für dich – dass der geliebte Mensch physisch nicht mehr da ist. Von den neuen Pfaden, die schwer zu begreifen sind, wirst du gestärkt zurückkehren. Mit einer gewissen Selbstverständlichkeit tust du Dinge, ganz ohne Rechtfertigung. Dieser spielerische Ansatz, eine Art Labor, hilft dir möglicherweise, auf eine unverkrampfte Weise die Verbindung zu deiner geliebten Person zu stärken. Ist diese Verbindung jetzt schon tief und auch schmerzhaft, dann wird sie zusätzlich leicht sein und vielleicht etwas irritierend.

Du übst, im Neuen zu leben, ohne gleich zu wissen, was der geliebte Mensch womöglich gewollt hätte, was er sagen würde. Und du beachtest nicht, was so viele darüber zu wissen meinen. Nein, du kannst selbst nachfragen: „Wie findest du es, dass ich mich für einen Japanischkurs angemeldet habe?"

Etwas Neues zu probieren soll keineswegs bedeuten, dass du es exzessiv angehen musst, um irgendetwas zu überwinden. Ganz im Gegenteil. Das hier ist ein Selbst-Experiment: subtil, sachte, selbstironisch und schauend, was sich von selbst wieder auflöst oder wie es von selbst weitergeht und sich entwickelt.

5.8 Wir bauen Geschichten mit deinen Sätzen (Variante 2)

Geschichten über die geliebte Person zu hören, in Erinnerungen zu schwelgen – davon kann man als Trauernde/r nicht genug bekommen. Sich Anekdoten anhören, die man schon kannte, die sich jetzt aber ganz anders anhören, weil sich die Perspektive geändert hat. Als Trauernde können wir aus vermeintlich bekannten Geschichten etwas Essenzielles auf neue Weise heraushören.

Manchmal reicht es, dass in einer Unterhaltung der Vorname des geliebten Menschen fällt und es ändert sich innerlich etwas. Man horcht gespannt auf, mit Angst, Hoffnung und auch Vorfreude. Man ist bereit, alles aufzusaugen, was man überhört oder vergessen haben könnte oder womit man den eigenen Erfahrungsschatz mit dem geliebten Menschen bereichern könnte.

Unsere Gesellschaft ist gut darin, Gras über Dinge wachsen zu lassen, um sich vermeintlich losgelöst der gelobten Zukunft oder dem Augenblick zu widmen. Doch alle Zeitebenen sind miteinander verbunden. Es gibt keine Zukunft ohne die Vergangenheit, und wenn man an dieser Vergangenheit interessiert ist, bedeutet es nicht, dass man das Heute oder das Morgen ausblendet und nicht loslassen kann. Wir sind mit unseren physisch nicht mehr anwesenden Lieben verbunden und wir bleiben es. Doch wir drücken diese Verbundenheit nicht aus. Wir behalten sie in uns, verschließen sie dort mit der Zeit und sprechen vorwiegend über Dinge, die im Außen geschehen.

Man wünscht sich so sehr, über den geliebten Menschen zu sprechen, der physisch nicht mehr da ist. Doch dieses Thema stößt oftmals auf taube Ohren. Vor allem, wenn schon viel Gras darüber gewachsen ist oder gewachsen sein sollte. Irgendwann ist es genug, meint man vom Umfeld zu vernehmen. Vom „Wunden-Aufreißen“ ist die Rede. Es ist aber nicht genug. Der geliebte Mensch ist noch immer wichtig. Er verliert diese Wichtigkeit nicht, weil irgendein Gras gewachsen ist. Er ist da. In einem selbst ist er omnipräsent und überdeutlich spürbar.

Wenn du möchtest, dass über den geliebten Menschen gesprochen wird, ist ein strukturiertes Ritual besser geeignet als darauf zu hoffen, dass sich ein Gespräch ganz von selbst in „seine Richtung“ entwickeln wird. Lass in diesem Ritual Anekdoten aufleben, vielleicht auch in ergänzter Form, oder lass die Anekdoten durch die Fantasie deines Umfelds wandern.

Vorbemerkung

Für dich sind bestimmte Anekdoten fest mit deinem geliebten Menschen verknüpft, und für deine Mitmenschen sind es andere, die du vielleicht nicht kennst. Du würdest jede einzelne hören wollen, denn jede Sichtweise, jede Erfahrung vervollständigt dein Bild und bereichert deine Geschichten. Du würdest diese Erfahrungen gerne aus deinen Mitmenschen herauskitzeln, doch du möchtest nicht zu aktiv vorgehen. Du hast vielleicht auch nicht die Geduld, darauf zu warten, dass sich etwas von selbst ergibt. Letzteres wird es immer wieder geben und das ist auch schön so! Aber diese Anekdoten könnten verblassen, weil man sie kaum noch erzählt.

In unserer Gesellschaft hört man meist irgendwann damit auf, über die zu reden, die physisch nicht mehr sind. Und doch waren sie da, und das, was an ihnen tief, wichtig und prägend war, verliert mit der Zeit nicht an Bedeutung. Aber was sich verliert, ist der Austausch. Für dich als Trauernde/r ist dieser Prozess nicht leicht anzunehmen, im Grunde deines Herzens sogar nicht zu akzeptieren. Du möchtest, dass der geliebte Mensch weiterhin in Gesprächen vorkommt und du möchtest ihn nicht auch noch in dieser Form fortgehen lassen. Im Folgenden erfährst du, wie du dagegenhalten kannst.

Ablauf

Lade Menschen aus deinem Umfeld ein, um Anekdoten und Erinnerungen wieder aufleben zu lassen. Erwähne am besten in deiner Einladung, was dein Anliegen ist.

Bereite dich insofern vor, als dass du mögliche Themenbereiche im Kopf hast, wenn du es für eher schwierig hältst, deine Gäste zum Reden zu bewegen.

Eröffne das rituelle Anekdoten-Spiel mit einer eigenen Geschichte. Vielleicht ist dir in der Vorbereitung etwas in den Sinn gekommen. Fang eher klein an, um die anderen nicht unter Druck zu setzen und ihnen nicht das Gefühl zu geben, deine Anekdote sei unmöglich zu „überbieten".

Danach kannst du in die Runde fragen, ob jemand ebenfalls etwas teilen möchte. Du könntest beispielsweise fragen: „Woran denkst du spontan, wenn du an XY denkst? Welches Bild hast du sofort vor Augen?" Oder: „Was fällt dir im Zusammenhang mit dem Thema ABC ein?"

Lass das Gespräch offen. Sei auch nicht enttäuscht, wenn es sich im weiteren Verlauf von der ursprünglichen Anekdote oder gar vom geliebten Menschen wieder etwas entfernt. Es ist auch okay, wenn nicht alle Eingeladenen etwas erzählen. Es wird bestimmt ein anderes Mal geben.

Hab den Mut, solche Anekdoten auch außerhalb eines Rituals immer wieder mal anzubringen, in aller Natürlichkeit. Sodass es mit der Zeit dazu gehört, dass du gelegentlich „aus dem Nähkästchen plauderst".

Womöglich kannst du die anderen mit der Zeit auch ohne Ritual dazu anregen, von selbst etwas zu erzählen. Insofern kann sich dieses Ritual zu einem versteckten Ritual entwickeln oder gar zu einer ganz natürlichen Sache, die das Potenzial hat, andere anzustecken und die Erinnerung im Austausch wirklich zu leben.

Eine spielerische Komponente bekommt das Ritual, wenn du auf Kärtchen Themenbereiche notierst, zum Beispiel: Sport, Ferien, Beruf, Peinliches, Liebe, Mode, Musik etc. Werde nicht zu spezifisch, um nichts vorwegzunehmen und von dir aus zu sehr zu beeinflussen. Mit solchen Kärtchen ist es möglich, dass sich die erhoffte Anekdote zwar mit anderen Erzählanteilen mischt, dafür wird es einfacher sein, in einen Redefluss zu kommen. Du kannst die Kärtchen blind ziehen lassen und dich dabei einbeziehen.

Du kannst die Karten auch als Deko auf den Tisch platzieren. Oder du versteckst sie unter den Tellern der Gäste, um erst dann, wenn alle am Tisch sitzen, das Geheimnis zu lüften. Lade deine Gäste dann ein, spontan den Begriff auf der Karte mit deiner geliebten Person zu assoziieren.

Offenheit ist wichtig für dieses Ritual. Bereite dich also im Vorfeld nicht allzu sehr vor, indem du zu jeder Karte deine Geschichte bereits zu kennen glaubst. Bleib im Jetzt und lass dich von der Gruppendynamik inspirieren. Vielleicht lässt sich auch das, was gerade am Tisch passiert, in eine Anekdote einbinden.

Gib auch den Menschen am Tisch Zeit und lass ihnen die Freiheit, etwas zu sagen, nichts zu sagen oder es gegebenenfalls bei einer anderen Gelegenheit zu tun.

5.9 Eine Wasserschale mit Blüten für dich

Die Tradition, Blüten in Wasserschalen zu legen, stammt ursprünglich aus Asien. Heute erfreuen sich Menschen weltweit an diesem schönen Anblick. Rein, rund und von einer zarten Ästhetik: die schwimmenden Blüten, das tragende Wasser im Rund der Schale, die sanften Wellenbewegungen. Ob farbenfroh oder in einem Ton gehalten: Schwimmende Blüten präsentieren sich dem verzauberten Auge auf ganz besondere Weise.

Du kannst die Tradition der Blütenschalen für ein sehr schönes, einfaches, aber auch verbindendes Ritual nutzen. Lade Gäste ein und kreiere gemeinsam mit ihnen ein kleines Blütenmeer für deinen geliebten Menschen.

Du benötigst dafür eine große, mit Wasser gefüllte Schale (alternativ mehrere kleinere Schalen) sowie Blumen – mindestens so viele, wie du Gäste hast.

Manche Gäste beteiligen sich vielleicht nur dir zuliebe, für andere wird das Ritual aber eine tiefere Bedeutung haben.

Ablauf

Du kannst dieses Ritual an einem Tag durchführen, der für dich in Verbindung mit deiner geliebten Person besonders wichtig ist, aber es kann auch jeder beliebige Tag sein. Du lädst Menschen aus deinem Umfeld ein und hättest deinen geliebten Menschen so gerne mit am Tisch, wenn alle beisammen sind. Doch heute möchtest du das nicht in Worten ausdrücken. Stattdessen hast du eine große, flache Wasserschale besorgt (oder mehrere kleine), ferner Blumen, mindestens eine für jeden Gast.

Es ist am einfachsten, wenn du jeden Gast gleich bei der Begrüßung darum bittest, später am Tisch (wenn er mag) eine Blüte abzuschneiden und sie in die besagte Schale für deine geliebte Person zu legen. In diesem höchst subtilen Ritual, das auch ein Geschenk für jeden Gast sein kann, wird am Ende aus einer „nackten" Wasserschale wie von selbst ein kleines Blütenmeer.

Statt vieler einzelner Blumen kannst du auch eine einzige mit vielen Blüten nehmen, z. B. eine Hortensie oder eine Rose mit besonders vielen Blütenblättern. Dann bittest du die Anwesenden, einzelne Blüten(-Blätter) abzuzupfen und diese in die Schale zu legen.

Platziere die Schale so, dass alle sie gut sehen können. Später, wenn sie mit den Blumen gefüllt ist, kannst du sie auch auf den Tisch stellen.

5.10 Außerhalb des Fotos bist du mittendrin

Wenn der geliebte Mensch in physischer Form nicht mehr ist, wird er auch auf zukünftigen Fotos nicht mehr zu sehen sein. Doch halt! Ist jene Handykamera, mit der du gerade ein Foto machst, nicht voll mit Fotos von der geliebten Person? Und dort, im gewählten Bildausschnitt nicht zu sehen, steht da nicht eine gerahmte Fotografie auf dem Tisch? Hat nicht der gute Freund, der dich auf einem Foto gerade im Arm hält, dir weitere Bilder zugeschickt, die er seit Jahren auf seiner Festplatte hat? Und überhaupt: Ist nicht die geliebte Person auch in all denen präsent, die da sind? Weil es gemeinsame Erinnerungen gibt, weil sie in ihren Herzen ist. Weil sie deinen geliebten Menschen kennen und weil sie dich kennen.

Dein geliebter Mensch ist, mitten unter euch, längst da, und er kann noch präsenter sein.

Irgendwann wird auf einem Foto von dir oder deiner Familie deine geliebte Person nicht mehr zu sehen sein, weil sie physisch nicht mehr da ist. Du trägst sie aber in dir – im Herzen, auf der Zunge, im Hinterkopf. Auch in der Form, wie du durch die Begegnung mit ihr geworden bist, wie sie dich geprägt hat.

Kurz bevor alle sich für ein Foto aufstellen, fühlst du dich vielleicht melancholisch und allein. Schlimmstenfalls überschatten diese Empfindungen dein Gesicht. Doch hier geht es nicht um Ästhetik, sondern darum, deine geliebte Person aufs Foto mitzunehmen. Selbst wenn alle noch so eng zusammenrücken müssen, um abgelichtet zu werden: Verschaffe deinem geliebten Menschen einen Platz. Spüre seine Kraft und strahle selbst über den Bildrand und über diesen geschaffenen Raum hinaus.

Ablauf

Auf Fotos, egal, zu welchem Anlass sie entstehen und egal, ob andere sie machen oder ob du sie selbst knipst: Sei dir gewiss, dass du jederzeit für deine geliebte Person einen Platz schaffen kannst.

Wenn du mit einigen Menschen posierst, mach im Geist den kleinen Bogen zur geliebten Person und positioniere sie in der realen Welt. Sie steht hinter dir, hält dich im Arm. Oder sie schaut von der Seite zu und möchte nicht mit ins Bild. Oder du siehst durch das Objektiv eine Lücke oder einen Umriss und dort könnte dein geliebter Mensch gerade sein und dir zulächeln.

Nimm deine geliebte Person bei Fotos mit. Mit aufs Bild, neben dich oder in das Objektiv, zu dem du schaust. Je öfter du das machst, desto leichter wird es dir fallen.

Es muss niemand von dieser Spielerei wissen. Aber es tut dir persönlich gut, es so zu handhaben und die für dich entstandene Lücke auf eine zwanglose Weise zu füllen.

Über dieses Ritual hinaus weißt du: Der geliebte Mensch ist sowieso da und das den Augen Sichtbare ist nur ein Teil der Welt.

5.11 Das mochtest du doch so gerne

Dein geliebter Mensch hatte eine Leibspeise, vielleicht auch mehrere. Es gab etwas, das er gerne gegessen oder selbst zubereitet hat. Am Rezept dieser Leibspeise hängen vermutlich Erinnerungen, an einen besonderen Ort, einen Anlass, eine Jahreszeit oder was auch immer mit diesem Essen eng verknüpft ist. Du erinnerst dich noch gut an den Geschmack, an den freudigen Gesichtsausdruck, wenn deine geliebte Person dieses Essen zubereitete oder es vor sich auf dem Teller hatte.

Du begibst dich auf eine gustatorische Reise zu deinem geliebten Menschen. Gemeinsam mit anderen erforschst du den Geschmack dieses Lieblingsessens. Ihr feiert dieses Lieblingsessen.

Gemeinsam mit anderen kochst du das Lieblingsessen deines geliebten Menschen. Entweder so, wie du es auch früher gemacht hast oder du kochst es, wie dein geliebter Mensch es zu kochen pflegte. Das Essen ist auch für die geliebte Person. Das Essen ist in ihrem Namen. Es wird ihr zu Ehren zubereitet und genossen. Du bist aber nicht allein. Du hast dir Freunde und / oder Familienmitglieder zur Unterstützung geholt. Entweder kocht ihr gemeinsam oder alle bringen etwas mit und tragen auf diese Weise zum Menu bei. Deine Gäste kennen deine liebe Person. Es können sich jedoch auch neue Personen hinzugesellen, die gut in die Runde passen.

Ablauf

Plane die Einladung. Zumindest für das erste Mal ist es leichter, wenn der Tag ein besonderer ist und im Zusammenhang mit deiner geliebten Person steht. Wenn du das Ritual häufiger machst, kann es aber auch jeder beliebige Tag sein.

Um die Feierlichkeit zu betonen, könntest du handgeschriebene Einladungen verschicken. Sag etwas zu dem speziellen Rahmen, etwa so: „Am Tag X wäre ...", „... haben wir normalerweise ..." Oder du schreibst: „Schon lange kann ich Essen Y nicht zubereiten, weil es zu viele Erinnerungen weckt ... Das möchte ich jetzt ändern. Zu Ehren von .... und anlässlich ..." Usw.

Schaffe einen guten Rahmen, mit einer Tischdekoration, einem schönen Aperitif und such vielleicht auch geeignete Hintergrundmusik aus. Eventuell gibt es Anekdoten, die du in Zusammenhang mit diesem Essen erzählen möchtest. Oder du hast andere Sachen im Kopf, an die du dich kürzlich erinnertest und die du gerne teilen möchtest.

Wenn du meinst, dass du nichts beisteuern kannst, dann recherchiere ein wenig über dieses Lieblingsessen: Woher kommt es ursprünglich? Was war es, das die geliebte Person so besonders daran fand? Etc. Spekuliere, frage, wisse.

Bevor es an die Arbeit geht, gib den Menschen Zeit für ein wenig Smalltalk und um sich einzufinden. Vielleicht magst du zum Aperitif bereits ein paar Worte sagen. Es genügt, dass du sagst: „Schön, dass ihr da seid. Er / sie würde sich sehr darüber freuen, uns hier zu sehen und wie wir das für ihn / sie tun."

Wenn ihr zusammen kochen wollt, besprecht kurz das Vorgehen und wenn die Küche klein ist, teilt euch auf. Überlass das Kommando denjenigen, die das gut können. Falls du eindeutig das „Alpha-Tier" in der Runde bist, gib das Zepter dennoch zeitweise weiter. Sonst wirst du als Gastgeber/in, Organisator/in und Handlanger/in die kleine Feier am Ende selbst verpassen.

Das bedeutet mitunter, dass etwas Chaos sein wird und auch sein darf. Jedoch nicht die Unordnung soll im Fokus sein, sondern das, worum es geht: Deinen lieben Menschen zu ehren und ihm zu Ehren das zu kochen und zu verspeisen, was er so gerne aß.

Wenn das Essen zubereitet auf dem Tisch steht, sei dir bewusst, dass du die Person bist, die diesen Anlass erneut mit ein paar Worten einläuten sollte. Wenn dir das nicht liegt oder nicht gut passt, dann erhebe das Glas, trinkt gemeinsam auf die geliebte Person und lasst es euch in ihrem Namen schmecken. Du kannst auch etwas über die Ergebnisse deiner Recherchearbeit in Zusammenhang mit diesem Essen kundtun und versuchen, Assoziationen zur geliebten Person auf diese Weise gemeinsam zu erkunden.

Auch wenn du den Anlass initiierst und organisierst: Lass dieses Ritual zu einem gemeinsamen werden. Du bist nicht für jeden einzelnen Schritt verantwortlich. Lass es geschehen und bürde dir hier nicht zu viel Verantwortung auf.

Eine schöne Variante: Die Gäste bringen die einzelnen Zutaten, gegebenenfalls schon vorgeschnitten, mit. Du verrätst nicht, was es damit auf sich hat. Wenn alle beisammen sind, teilst du mit, was gekocht wird und aus welchem Anlass. So ist jede/r nicht nur Teil dieses Beisammenseins, sondern Teil der Zusammensetzung für die Bestandteile des Menus, was dem Anlass einen weiteren wertschätzenden Charakter verleiht.

5.12 Die Traditionen gehen weiter

Traditionen sind keine starren Gebilde, die immer nach dem gleichen Muster ablaufen müssen. Ähnlich wie viele Rituale verändern sie sich im Lauf der Zeit und vermeintlich wie von selbst. Alle Traditionen haben einen inneren Kern, eine Art Ausgangsbasis, von der aus sie sich ausgestalten. Traditionen ist eine Beständigkeit und Beharrlichkeit zu eigen und in diesem Sinne sind sie existenzieller Natur. Sie nicht zu leben, bedeutet, sie nicht als Traditionen anzuerkennen und damit diejenigen, die es tun, zu brüskieren.

Eine Tradition kann man nicht einfach abbrechen. Man kann nicht aus heiterem Himmel allem, das bisher galt, diese Gültigkeit aberkennen und es nicht weiter fortsetzen. Doch vor genau diesem Dilemma steht jemand, der Traditionen mit einer geliebten Person lebte, die jetzt physisch nicht mehr ist.

Traditionen, die du mit deinem geliebten Menschen geteilt und gelebt hast, sollen auf einmal Schall und Rauch sein?! Du kannst dich an dem erfreuen, was einst war und tust das durchaus. Jedoch nicht, ohne dich zu fragen: „Wie aber weiter?" So Vieles ist schon nicht mehr möglich, und jetzt sollen auch noch Traditionen einreißen, die eine Art persönliches Kulturgut geworden sind? In solchen Traditionen stecken viele gute Momente, Erinnerungen, Emotionen. Sie haben sich organisch im Lauf der Zeit entwickelt, haben ihre Form gefunden und schenkten dir und deinem geliebten Menschen so viel mehr als das rein Vordergründige.

Es gibt keinen Grund, diese Traditionen ad acta zu legen. Man kann weitermachen, wenn auch in (leicht) veränderter Form. Man darf bislang gepflegte Traditionen unbedingt bewahren, ja, man soll sie recht verteidigen und mit ihnen weiterleben. Der Tradition willen und weil sie einem weiterhin so viel geben können.

Ablauf

Du wirst nicht lange in dich gehen müssen, um zu benennen, was für dich und deine geliebte Person zu einer Art Tradition geworden ist. Es ist etwas, das dir im Herzen weh tut, wenn du daran denkst. Unter Umständen meidest du diese Gepflogenheiten aus verschiedensten Gründen: Weil du dich schmerzhaft an das erinnert fühlst, was nicht mehr ist. Weil du meinst, dass es nicht mehr sein darf. Weil du findest, dass es dir nicht zusteht. Weil du Angst hast, was es mit dir macht, wenn du diese Tradition fortsetzen würdest.

Trotzdem vermisst du diese Gewohnheiten, die vielleicht etwas Rituelles hatten oder sich natürlich und spontan ergaben. Und jetzt stehst du allein und wie bestellt und nicht abgeholt vor diesen Traditionen und das tut dir alles noch mehr leid und sehr weh.

Lass dir daher Zeit, dich erstmals zu konfrontieren und nachzuspüren, welche Gefühle dich am meisten beschäftigen, wenn du an Gewohnheiten, an Traditionen denkst, die du mit der geliebten Person geteilt hast. Die Gefühle gehen dabei in zwei Richtungen: Es kommen – mit etwas Wehmut – all die guten Erinnerungen hoch. Da sind aber auch Leere, Traurigkeit und Ohnmacht, weil das, was war, nie mehr so sein wird und sich wie eine leere Hülle anfühlt.

Es ist in Ordnung, dies alles zur Kenntnis zu nehmen. Das, was war. Das, was nicht mehr sein wird. Lass dir Zeit, diese Narbe etwas verheilen zu lassen und komme etwas später wieder darauf zurück mit der Frage: „Liegt mir noch etwas oder gar sehr viel an dieser Gewohnheit / Tradition?“

Lautet die Antwort Nein, verabschiede dich offiziell von dieser Tradition, die nun nicht weitergeführt wird. Mach es formell und feierlich. Schreibe auf ein Blatt, von welcher Tradition du Abschied nehmen willst. Nimm es etwas später – vielleicht mit einen Glas Wein – wieder hervor und sage in etwa das Folgende: „Auch wenn ich diese Tradition (zunächst jedenfalls) nicht weiterführe: Ich ehre und feiere die Momente, die sie uns geschenkt hat. Ich bin dankbar. Ich werde niemals vergessen.“

Ist deine Antwort Ja, dann frage dich, ob du die Tradition allein weiterführen kannst. Das heißt: Du vollziehst sie und nimmst in Gedanken deine geliebte Person mit oder lädst sie ein. Lege dann einen Termin fest und verabrede dich: mit dir selbst, mit der Tradition und mit dem geliebten Menschen, der in anderer Form dabei sein kann.

Beim ersten Mal kann das emotional sein und schmerzen. Doch bei einem zweiten, dritten Mal wird es nicht mehr so sehr wehtun. Bleib offen und nimm gegebenenfalls Anpassungen vor. Vielleicht seid ihr samstags auf den Markt gegangen, aber erst um 10 Uhr, weil deine geliebte Person ausschlafen wollte. Du wärst aber am liebsten schon um 8 Uhr gegangen, und jetzt hast du die Möglichkeit, die Tradition für dich anzupassen und ihr so eine andere Qualität zu verleihen. Andere Beispiele: Trinke eine Flasche Prosecco, die einen Abend lang für zwei genügt hat, an zwei, drei Abenden oder koche mit dem Rest am Folgetag einen Risotto, was zu einer neuen Tradition werden könnte. Oder wenn du dich in dem Café, das du regelmäßig mit deiner geliebten Person besucht hast, allein nicht wohlfühlst, such dir ein anderes.

Bleib flexibel und offen. Leb die Traditionen, die dich mit deiner geliebten Person verbinden, weiter, wenn vielleicht auch auf neue Weise. Pass fortlaufend an und komme, je nach Gefühl, wieder zu den Ursprüngen zurück. Lass dir die Tradition von niemanden nehmen und lass alles zu, was kommen mag: Vielleicht schöpft sich eine Gewohnheit aus, wenn dein geliebter Mensch nicht mehr dabei ist. Oder das Gegenteil ist der Fall: Es ergeben sich neue Gewohnheiten, die du fortan nicht mehr missen willst.

Wenn du eine geschätzte Tradition nicht loslassen möchtest, ja sogar leben willst, du dies aber allein nicht schaffst, überlege dir, mit welcher Person / mit welchen Menschen aus deinem Umfeld du sie weiterführen könntest. Nicht etwa, um deine geliebte Person durch eine neue Begleitung zu ersetzen, sondern um dich unterstützen zu lassen und um die schöne Gepflogenheit, an der dir viel liegt, nicht aufzugeben. Es geht einzig darum, die alte Tradition in ein neues Gewand zu kleiden.

Lass die Traditionen noch mehr in dein Leben, indem du ihnen den vorhandenen oder möglicherweise einen neu entstehenden Namen gibst. Schaffe ihnen zudem Raum, indem du ihnen möglichst regelmäßig nachgehst. Trage sie als Termin und Vorhaben in deinen Kalender ein.

6. Rituale, die einfach umzusetzen sind

6.1 Ich decke für dich

Zur wahren Gastfreundschaft gehört, auch die willkommen zu heißen, die unverhofft kommen oder die sich bei Dritten an eine Einladung anschließen. An Weihnachten wird in Polen ein Gedeck mehr hingestellt, für jemanden, der allein ist und am Heiligabend vielleicht an die Tür klopfen wird. Für deine geliebte Person ist dein Herz so offen, dass du womöglich das Geschirr einer ganzen Stadt auftischen würdest, wenn es dir helfen könnte, sie hier zu haben. Dabei ist sie zugegen. Bereits dann, wenn du einlädst. Wenn du alle zu Tisch bittest. Wenn ein Satz fällt, der dich an deine geliebte Person denken lässt.

Wenn du das nächste Mal Gäste hast und dir umso deutlicher bewusst wird, wie sehr du deinen geliebten Menschen vermisst, weil er nicht dabei sein kann, nicht heute und auch nicht morgen, dann decke den Tisch auch für ihn. Als sei es etwas ganz Selbstverständliches. Sage allen, für wen das Extra-Gedeck gedacht ist. Aber erkläre dich nicht. Dir ist danach. Punkt. Das ist für dich stimmig und weil es so ist, wird es auch für deine Gäste passen.

Ablauf

Wenn du Gäste einlädst und normalerweise deine geliebte Person auch eine Einladung erhalten hätte oder ohnehin dabei gewesen wäre, vermisst du sie vermutlich ganz besonders. Verwandle dieses Gefühl des „Hätte … wäre …. Ach, wenn doch …“ und gib ihm eine neue Form. Weise deinem geliebten Menschen am gedeckten Tisch einen Platz zu. Decke und arrangiere die Teller, das Besteck und die Gläser wie gewohnt. Mit dem Unterschied, dass du vielleicht ein Extra-Gedeck, eine Extra-Blume, ein Kerzenlicht auf den Teller stellst oder einen Gegenstand hinlegst, der deinem geliebten Menschen gehört hat oder der mit ihm assoziierbar ist.

Vermutlich wirst du deine Gäste mit dem zusätzlichen Gedeck stutzig machen. Daher ist es besser, einen Gegenstand, den du eventuell auf den Teller legen willst, zu verpacken. Am Tisch soll nicht in erster Linie darüber gesprochen werden, dass hier ein Platz absichtlich freigehalten wird oder dass du es so für richtig hältst. Vielmehr sollte sich dieses Gedeck wie selbstverständlich integrieren und natürlicher Bestandteil der Runde sein. Denn deine geliebte Person ist ja für dich da. Durch dich, durch die Abwesenheit. Dadurch, dass man vielleicht über sie spricht oder auch schweigt – bewusst und aus Angst vor Gefühlen, die hochkommen könnten.

Erzwinge kein Gespräch über das Extra-Gedeck. Wenn du merkst, dass es deine Gäste irritiert, dann löse auf, indem du mit aller Selbstverständlichkeit sagst: „Mir war danach, auch für XY zu decken. Diese Person gehört heute Abend für mich einfach dazu.“

Es wäre wunderbar, wenn man dieses Ritual als etwas ganz Normales ausleben könnte und bei jeder Einladung ein zusätzlicher Teller z. B. mit einem Teelicht auf dem Tisch stehen würde. Die anderen Gäste würden das nicht wortlos und bewusst ignorieren können, sondern fragen: „Wer ist heute sonst noch hier?" Und der Gastgeber würde mal die Oma, mal einen Bekannten einladen, und je nach Runde und Gesellschaft könnte man frei über diesen Menschen reden, so, wie man über das Wetter spricht – ein weniger interessantes Thema als die abwesende bzw. anders anwesende Person. Wer weiß, vielleicht kannst du einen Anfang machen und die anderen inspirieren, das Ritual für sich zu adaptieren …

6.2 Ich kuratiere deine Fotos

Wenn man sich Fotos von Menschen anschaut, die physisch nicht mehr da sind, kann man in diesen Momentaufnahmen geradezu baden. Unspektakuläre, beiläufig gemachte Fotografien gewinnen an Gewicht. Beim Betrachtenden entwickeln sie sich weiter, zu einer Komposition, zu einem Kurzfilm. Man sieht quasi über den Rand der Fotos hinaus, und der Blick des geliebten Menschen kann sich ins Unermessliche intensivieren, er ist von einer ungeahnten Gegenwärtigkeit.

Die meisten Trauernden verzehren sich nach fotografischem Bildmaterial. Nach dem, was man schon kennt und wieder aufsucht sowie nach neuen Fotos, die man möglicherweise später von Freunden oder Verwandten bekommt. Ein „Bad" in einer Fotografie kann temporär Wunden aufreißen, aber mit der Zeit kann es Trost, Dankbarkeit und Freude spenden.

Jeder bewahrt Fotos auf andere Art und Weise auf: als Dateien auf dem Rechner oder dem Handy, ausgedruckt und in Schachteln gepackt, eingeklebt in Alben, die chronologisch oder thematisch geordnet sind. Egal, ob eher ungeordnet oder akkurat organisiert: Irgendwo gibt es Fotos, darunter auch die, auf denen der geliebte Mensch abgebildet ist. Bestimmte Fotos wieder hervorholen, sie neu anordnen, damit spielen, kann eine wunderschöne Sache sein, die über das erste Schwelgen und Erinnern hinausgeht. Insbesondere dann, wenn man sich bewusst damit befasst und bereit ist, gewisse Fotos neu zu sortieren, sie neu drucken zu lassen oder gegebenenfalls alte Abzüge zu digitalisieren. Die Beschäftigung kann in viele Richtungen gehen. Doch es lohnt sich, mit dem bestehenden Material bewusst umzugehen. Man kann z. B. Fotobücher für sich selbst oder für andere kreieren. Oder man kann bestimmte Fotos heraussuchen, um sie gerahmt aufzustellen, zu Collagen zusammenzusetzen oder zu einer kleinen Diashow zusammenzufügen.

Ablauf

Vielleicht bist du bereits oft durch die Fotos deines geliebten Menschen gegangen. Du hast sie angeschaut, geweint, gelacht, dich erinnert und alles wieder weggelegt. Wenn du diese „Phase" hinter dir hast, ist es nicht verkehrt, zu den Fotos zurückzukehren. Aber diesmal so, als würdest du sie als Material verwenden für neue Formen, die du daraus kreieren möchtest – für dich selbst oder auch für andere, die die geliebte Person ebenfalls kennen, schätzen und vermissen.

Vielleicht möchtest du schon lange die Fotos sortieren und aufräumen, und dies ist ein guter Augenblick, um die Erinnerung mit diesem Vorhaben zu verknüpfen. Vielleicht findest du es gut, auch die nicht digital vorhandenen Bilder zu digitalisieren. Du kannst sie scannen oder abfotografieren und es gibt auch hilfreiche Apps. Das ist also sehr schnell und ohne großen Aufwand zu bewerkstelligen.

Vielleicht bevorzugst du eine Collage, die Ausdruck des bunten Lebens deiner geliebten Person ist und die du aufhängen kannst. Oder du möchtest eine andere Form der Fotogalerie bei dir zu Hause gestalten. Neben einer chronologischen Sortierung kannst du die Fotos auch thematisch ordnen und dir ein Set neu ausdrucken lassen. So musst du dich nicht mehr durch Berge von Fotos wühlen, um zu denen mit deiner geliebten Person zu gelangen. Wenn du weißt, dass es ein konzentriertes Set von Fotos eines geliebten Menschen gibt, ob digital, ob in einer schönen Box oder in einem Fotobuch aufbewahrt, verschafft dir das ein schönes und besänftigendes Gefühl.

Experimentiere beim Suchen und Finden auch mit Effekten. Du kannst farbige Fotos zu Schwarz-Weiß-Bildern machen oder sie in Sepia-Töne umwandeln. Arbeite in solchen Fällen mit zuvor gefertigten Kopien, um die Originale auf jeden Fall zu behalten. Du darfst dir die Freiheit nehmen, Ausschnitte zu machen und das nicht Nötige digital wegzuschneiden.

Wenn es passt, kann es besonders schön sein, im Rahmen einer Einladung, die du aussprichst, bestimmte Fotos weiterzuschenken. Den Moment der Übergabe kannst du spielerisch gestalten: Dekoriere beispielsweise den Tisch mit Motiven deiner geliebten Person oder bereite Couverts mit ausgewählten Fotos vor. Lass die Gäste über diese Fotos sprechen und lade sie ein, Fotos untereinander auszutauschen.

Wenn du eine kleine Fotogalerie erstellst – gute Ausdrucke schön gerahmt an geeigneter Stelle aufgehängt – kannst du auch andere einladen, sich die Fotos anzuschauen. Betrachte gemeinsam mit deinen Gästen die Bilder. Je nachdem, wie sehr sie mit deiner geliebten Person verbunden waren, werden sie vielleicht beglückt sein, ihr Gesicht auf diese Weise wiederzusehen. Bei manchen Menschen verblassen mit der Zeit die physischen Umrisse. Der Mensch ist körperlich weniger präsent. Es ist nichts Seltsames dabei, sondern möglicherweise sogar hilfreich, wenn du sagst: „Komm und schau, was ich Schönes kreiert habe.“ Aber jene, die die Bildkomposition bereits angeschaut haben und wissen, dass der geliebte Mensch auch durch diese Fotos geehrt wird, kannst du, beispielsweise beim Verabschieden immer wieder mal fragen: „Willst du noch kurz zu den Fotos und Tschüss sagen, bevor du gehst?“

Berücksichtige unbedingt auch Fotos, auf denen der geliebte Mensch nicht abgebildet ist, die aber etwas zeigen, wo er dabei war. Du weißt, er war ganz in der Nähe, hat sich vielleicht in der Küche um den Wein gekümmert. Vergiss nicht, diese Aufnahmen mit einzubeziehen. Du kannst zudem aus dem bewegten Filmmaterial Fotos herausschneiden (sog. Film Stills aus Videos) und umgekehrt: nämlich eine Abfolge von Fotos zu einer Art Video zusammenstellen. Wenn du offen und großzügig mit Fotos umgehst, steigen die Chancen, dass du auch Fotos von anderen bekommst, auf denen dein geliebter Mensch abgebildet ist.

Geselle dich zu deinen Gästen, wenn sie die Fotos anschauen und darüber sprechen. Kreiere bei einem solchen Anlass nicht die Art von Essen, die dich die meiste Zeit in die Küche verbannt und du so diesen für dich wichtigen Austausch, das für dich Wichtige verpassen könntest.

6.3 Ich feiere dich mindestens zwölf Mal im Jahr

Schon zu physischen Lebzeiten gehörten gewisse Tage allein der geliebten Person, waren für sie reserviert. Das ist nun nicht anders. Wer aber nicht bis zum Gedenk- oder Geburtstag warten mag, um dem geliebten Menschen mehr Aufmerksamkeit zukommen zu lassen, wer ihn zudem unter anderen Rahmenbedingungen feiern, ehren und an ihn erinnern möchte, für den eignen sich vielleicht zwölf besondere Tage, die ich gleich vorstelle.

Es gibt in jedem Monat einen besonderen Tag, der sich obendrein gut merken lässt: Das Jahr beginnt mit dem 1.1., es folgt der 2.2., sonach geht es weiter mit dem 3.3., dem 4.4., dem 5.5. usw. Zudem gibt es pro Tag etliche „passende" Uhrzeiten: 22:22 Uhr, 17:17 Uhr etc. Rituale, die an diesen Tagen gemacht werden, können einen leichteren, spontaneren Charakter haben als beispielsweise Gedenktage.

Dies ist kein Ritual mit einem mehr oder weniger festgelegten Ablauf. Du bekommst aber ganze zwölf Möglichkeiten, einen guten Tag zu finden, um eines der Rituale aus diesem Buch zu machen. Eines, das du besonders gerne magst, das du ausprobieren möchtest oder ein neues Ritual, das sich spontan ergibt. Du musst nur für dich herausfinden, ob dir solche Tage gut gefallen könnten und wenn ja, richte dir am besten gleich deinen automatischen Kalender ein. Eine Erinnerung einen oder zwei Tage vorher schadet zur Einstimmung nicht. Wenn du die Rituale nicht dem Zufall oder dem spontanen Einfall überlassen möchtest, dann notierst du beim gewünschten Datum das entsprechende Ritual.

Ablauf

Überlege dir, ob die oben beschriebene Idee etwas für dich wäre. Zwar in einem ganz kleinen Rahmen und nur für dich, würde aber immerhin alle vier Wochen ein Ritual stattfinden – eine bewusste Anbindung an die geliebte Person mittels einer Zeremonie. Du musst für dich schauen, ob dir das guttut oder ob es dir zu viel ist und dich dieses Zeitintervall zu sehr einengt.

Wenn du gerne zwölf Mal dabei bist, dann vermerke diese Tage in deinem (digitalen oder analogen) Kalender. Eine automatische Erinnerung steigert die Vorfreude und lässt eine kleine mentale Vorbereitung zu.

Wenn du bereits weißt, welche Rituale, welches Lieblingsritual du durchführen möchtest, kannst du die Einträge detaillierter anbringen.

Es ist aber auch in Ordnung nur die zwölf Termine festzulegen, um sie dann, je nach Situation, spontan zu gestalten.

Mach dir hier keinen Druck. Alle vier Wochen etwas Kleines zu tun, ist schon eine ganze Menge. Andernfalls stellst du vielleicht fest: Jetzt ist schon ein halbes Jahr vergangen, ohne dass du überhaupt etwas gemacht hast – für oder mit dem geliebten Menschen. Diese Termine sind also auch Chancen, nicht vollständig vom Alltag überrannt zu werden oder unbewusst in Apathie und Passivität zu verfallen. Denk daran, dass Rituale dir Halt geben. Sie entbinden dich vom Alltag und schenken dir inneren Frieden und ermöglichen dir, die Verbindung zu deinem geliebten Menschen in einer zeremoniellen Form auszuleben. Es hilft auch, dich selbst im Zeremoniell mit der geliebten Person nicht ganz zu verlieren. Insbesondere, wenn du Rituale als Bestandteil deines Lebens oder einer bestimmten Lebensphase ausprobieren und leben möchtest.

Die Rituale an solchen Tagen können sehr klein sein. Es reicht aus, ein Glas zu erheben, das du mit der geliebten Person oder auf sie trinkst. Eine kleine Meditation, in der du dich gut zentrierst und in der tiefen Ruhe Danke sagst. Du kannst eine Blume berühren und ein paar liebevolle Gedanken aussenden. Du machst einen besonderen Spaziergang, liest ein Gedicht für deinen lieben Menschen vor …

6.4 Was kann ich mitbringen? – Eine Blume für mich, für dich, für sie und für ihn

Der Mensch und die Blumen. Immer und immer wieder. Die Blume, die für uns ausdrückt, wofür wir Bücher mit Wörtern füllen müssten. Eine einzige noch so kleine, noch so zarte Blüte, die für die Vollendung steht. Eine reine Ästhetik, die in die Ordnung der Welt eingebunden ist, mathematisch perfekt, wie nicht von dieser Welt und gleichsam die Schönheit der Erde präsentierend. Doch selbst die schönste Blume wird schon bald zerfallen. Sie ist der wunderschöne Augenblick, der uns den Prozess davor und danach auf eine Weise zeigt, die uns mehr in den Bann dieser Schönheit zieht, als dass wir in der prachtvollen Blüte das sehen könnten, was einst unweigerlich geschehen wird. Doch wir wissen es ohnehin und trotzdem, oder gerade deshalb: Wir halten diese Blume in ihrer Blüte. Wir betrachten ihre Vollendung. Wir wissen um die Verwesung, die wir nicht sehen. Wir halten mit der Blume die Zeit an.

Dies ist ein Ritual, das zu einem Blumenfest werden kann. So, wie sich die Blüten öffnen, werden die Blumen bestenfalls den Horizont öffnen. Wenn wir einen Besuch machen, dann möchten wir mit dem Blumenstrauß nicht in erster Linie das Haus des Gastgebenden schmücken, sondern diese Blumen sind Ausdruck unseres Dankeschöns, für die Mühe, die man sich unseretwegen gemacht hat und für die Zeit, die jemand bereit ist, mit uns zu verbringen. Blumen, die ans Grab gebracht werden, drücken aus: „Ich bin noch da. Ich denke an dich."

Wenn du das nächste Mal einen oder mehrere Menschen einlädst und die Frage aufkommt, was man mitbringen darf, hast du deine Antwort. Du kannst deinen Wunsch getrost anbringen, denn er wird deinen Gast weder in Verlegenheit bringen noch in Unkosten stürzen. Du wünschst dir von ihm das Folgende: Eine Blume für dich selbst, eine weitere Blume für deinen geliebten Menschen und eine, die der Gast mitbringen darf für die Person, die er physisch nicht mehr im Leben hat, die ihm aber ebenso viel bedeutet wie deine geliebte Person dir und die er in Form dieser Blume mitbringt.

Vorbemerkung

Besonders leicht ist dieses Ritual, wenn du eine Einladung ohne besonderen Anlass aussprichst. Egal, ob du ein befreundetes Paar einlädst, eine Freundin oder eine ganze Familie: Das Ritual richtet sich einerseits an dich und an deinen geliebten Menschen, andererseits auch an deine Gäste und deren geliebte, physisch ebenfalls nicht mehr präsente Personen. Deshalb hat das Ritual einen weitenden und öffnenden Charakter. Es sorgt zudem für Gesprächsebenen, etwa, wenn man darüber sprechen möchte, wen man in Form einer Blume mitgebracht hat.

Ablauf

Egal, ob die Frage „Was darf ich mitbringen?“ fällt oder nicht: Sei bereit, deinen Wunsch proaktiv zu äußern. Du kannst sagen: „Bitte bring nichts, es sei denn, du möchtest mir einen Gefallen tun und drei Blumen mitbringen, und zwar eine für mich, eine für meinen geliebten Menschen und eine für diejenige Person, die du heute in die Runde mitbringen möchtest und die physisch nicht mehr da ist.“ Sag deinem Gast aber auch, dass er sich nicht verpflichtet fühlen soll, es zu tun. Dies sei das Einzige ist, das du möchtest, falls er / sie nicht mit leeren Händen kommen will.

Wenn du ein Paar einlädst, sollten die beiden – neben den Blumen für dich und deine geliebte Person – jeweils für sich eine Blume mitbringen, die für sie einzeln steht. Vielleicht mag der eine eine Rose für die Großmutter mitbringen, der andere eine Tulpe für einen guten Freund.

Wenn du mehrere Personen einlädst, sorge dafür, dass genügend Vasen bereitstehen, sodass du nicht zu viel Zeit verlierst, um danach zu suchen, wenn deine Gäste da sind.

Du selbst bist Teil des Rituals. Das heißt: Auch du hast für dich, für deine geliebte Person und einen weiteren geliebten Menschen eine Blume besorgt und sie in eine Vase gestellt.

Wenn sich das Gespräch bei der Blumenübergabe nicht von selbst ergibt, finde einen guten Moment, um in die Runde zu fragen, ob jemand mitteilen möchte, für wen er oder sie die dritte Blume mitgebracht hat. Überlass es deinen Gästen, ob sie etwas dazu sagen wollen oder nicht. Es ist gut möglich, dass die Frage einen kurzen Moment der Stille hervorruft, weil man nicht sofort mit der Tür ins Haus fallen möchte. Wenn sich auf Anhieb keiner in der Runde findet, der erzählen mag, dann nimm du das Zepter in die Hand und erzähle von deiner Person. Du kannst auch mitteilen, was die Person für dich bedeutet, wie sie als Mensch war, in welcher Beziehung ihr standet. Vermutlich wird sich dann auch bei den anderen der emotionale Knoten lösen.

So, wie die Blüten entstehen, strahlen und wieder vergehen, so soll auch dieses Ritual sich leise fortsetzen dürfen, und zwar in der Form, dass du deine Gäste am Ende des Abends bittest, aus den Vasen eine oder mehrere Blumen für sich mitzunehmen. Als Zeichen der Verbundenheit. Für dich, für deine geliebte Person, für andere geliebte Menschen, die physisch nicht mehr da sind.

Interpretiere dabei nicht, für wen diese Blumen stehen könnten, lass es als offene Einladung dabei bewenden und freu dich, dass auch deine Gäste mit Blumen nach Hause gehen, die sie besonders schön fanden und die jeweils stellvertretend für eine geliebte Person stehen.

Dieses Ritual versinnbildlicht den Prozess. Es feiert die Schönheit. Es verdeutlicht nicht nur das Vergehen und Sein, sondern zeigt ein ständiges Geben und Nehmen und Teilen. Es offenbart, dass niemand allein ist, dass wir alle begleitet werden, auch von jenen, die physisch nicht mehr da sind. Es zeigt zudem, dass wir alle miteinander verbunden sind.

Nicht zuletzt ist das Ritual öffnend und zeigt in dieser Form die unsichtbare Welt, die aber Teil der sichtbaren Welt ist. Wenn man sich das einmal vor Augen führen möchte, dann sitzen mit dir z. B. vier Personen physisch am Tisch. Hinzu kommen vier weitere und mit zugegen ist auch deine geliebte Person. Ihr seid also keineswegs zu fünft, sondern zu zehnt! Und kein Gast geht allein nach Hause.

Für den Fall, dass ein Gast die Blumen vergessen haben sollte, besorge ein paar extra. Es ist außerdem schön, wenn sich die Gäste am Ende des Abends noch weitere Personen, die physisch nicht mehr zugegen sind, in Erinnerung gerufen haben – Personen, an die sie zunächst nicht gedacht haben. Daher halte auch hierfür genügend Blumen zur Auswahl für deine Gäste bereit.

6.5 Du bist Farbe, ich bin Farbe

Mit deinem geliebten Menschen verbindest du auch Farben. Vielleicht seine Lieblingsfarbe. Möglicherweise trug er gerne Rosa oder in seiner Wohnungseinrichtung dominierten Grüntöne. Auch gewisse Farbkombinationen könnten typisch für diese geliebte Person sein. Brachte sie vielleicht stets orangene Tulpen mit oder sah umwerfend erfrischend selbst in einer Grau-Braun-Kombination aus? Oder du siehst immer wieder vor dir, wie der geliebte Mensch in einem gelben Ohrensessel sitzt?

Spüre den Farben des geliebten Menschen nach. Was spricht dich an? Wenn du einen Farbton oder eine ganze Farbpalette gefunden hast, steht deiner „Ehrerweisung in Farbe“ nichts mehr im Wege.

Schau dir Fotos an oder grabe in deinen Erinnerungen: Welche Farben oder Farbkombinationen verbindest du unmittelbar mit der geliebten Person? Wenn du sie gefunden hast, frage dich, wie du heute, an diesem Ritual-Tag, der Person farblich die Ehre erweisen kannst. Ist es die Farbe Rot, kannst du dir z. B. die Lippen rot schminken. Du kannst symbolisch eine rote Rose in eine Vase stellen. Du kannst dich in einer für den geliebten Menschen typischen Farbkombination anziehen oder einen farblich passenden Halbedelstein kaufen und ihn schön platzieren.

Wenn es nichts Typisches gab, dann such dir ein Foto deines geliebten Menschen heraus, um dich farblich davon inspirieren zu lassen. Sei so spontan, dich heute auch mal in einer Farbe zu kleiden, die du sonst eher meidest oder dich in anderer Weise mit dieser Farbe zu „umgeben“. Versuche, die Farbe, respektive die Farbkombination möglichst den ganzen Tag zugänglich und präsent zu haben oder noch besser, sie anzuziehen – damit der geliebte Mensch heute den ganzen Tag in dieser farblichen Form bei dir ist.

Ablauf

Du kannst zur Einstimmung durch Fotos mit der geliebten Person gehen, durch Erinnerungen, die du sofort in eine farbliche Assoziation bringst. Vielleicht gibt es Lieblingsblumen, eine Wohnungseinrichtung, ein Geschenk, das der geliebte Mensch dir gab oder das du ihm gemacht hast. Sei offen für alle möglichen Gedanken, solange sie dir am Ende eine Farbe aufzeigen.

Geh dann durch deine Garderobe, durch die Stadt … und versuche etwas zu finden, das dieselbe Farbe hat. Besorge dir dieses farbliche Etwas, ziehe dich entsprechend an oder finde eine andere Form, der Farbe und ihrer Verbindung mit dem geliebten Menschen Ausdruck zu verleihen.

Lass deiner Fantasie freien Lauf. Du kannst auch versuchen, einen Tag lang nur grüne Sachen zu essen, wenn der geliebte Mensch einen grünen Daumen hatte oder gerne einen grünen Mantel trug.

Assoziiere und kombiniere ganz frei, Hauptsache mit einer Farbe in Verbindung mit deiner geliebten Person. Und lass möglichst den ganzen Tag in dieser Farbe „erstrahlen".

Vielleicht bleibt von diesem Ritual etwas, das zu einem neuen kleinen Verbindungssymbol werden kann. Beispielsweise kaufst du ein königsblaues Kissen, eine Porzellanschale etc. und erinnerst dich bei dieser Farbe an das Ritual, das dich zu diesem Stück brachte. Du erinnerst dich an die geliebte Person und den Zusammenhang mit dieser bestimmten Farbe.

6.6 Ich teile + gebe = ich bekomme

Teilen und geben heißt bekommen. Dies jedoch ist kein Deal, der auf Bedingungen, auf vorgegebenen Zuteilungen und vorhergehenden Verhandlungen aufbaut. Nein, hier geht es um eine zauberhafte Formel, die zugleich ein Naturgesetz ist. Wer gibt, der bekommt – nicht selten um ein Vielfaches – zurück. Beim Geben aus reinem Herzen scheint sich das Gegebene wie von selbst zu mehren. Eine gute Tat kann auch zu einer positiven Botschaft werden, die ihrer Natur gemäß weitererzählt wird und sich somit andernorts zu einer weiteren guten Tat entwickeln kann.

Ob deine geliebte Person etwas hinterlassen hat, das du physisch teilen möchtest oder ob es symbolisch ist, ist weniger wichtig als der Akt des Rituals selbst. Mit Sicherheit gibt es etwas, das du mit der geliebten Person assoziierst. Ein Hobby, ihre Vorlieben, eben etwas für sie Typisches. Dieses Stück Erinnerung kannst du mit anderen teilen, indem du es zu einem Objekt werden lässt und dieses Objekt tatsächlich in mehrere Stücke teilst. Wenn du das nicht kannst oder möchtest, kannst du auch stellvertretend für den Gegenstand, den du ganz belassen willst, etwas Neues kaufen, das in Verbindung mit dem Gegenstand steht. Oder du backst aus einem Teig mehrere kleine Brote. Diese Stücke erhalten Personen, die in der Trauer für dich da waren, die zu deiner Familie, deinem engen Freundeskreis gehören oder solche, die deinen geliebten Menschen ebenfalls ins Herz geschlossen haben.

Ablauf

Es ist nicht wichtig, ob es einen bestimmten Anlass gibt oder dich die Idee spontan ergriffen hat. Du kannst die Erinnerungsstücke bei nächster Gelegenheit, bei einem gemeinsamen Zusammensein verteilen oder als Pakete per Post verschicken – auch das ist dir überlassen. Wichtig ist, dass du weißt, welchen Gegenstand bzw. welches rein symbolische Objekt du teilen möchtest.

Lass das Vorhaben zunächst etwas in dir gären, damit du später nicht bereust, etwas geteilt zu haben, das dir in seiner Gänze wichtig sein könnte. Überlege dir daher gut, ob es vielleicht etwas geben könnte, das du symbolisch und stellvertretend, aber in Verbindung zu diesem Original kaufen oder kreieren könntest. Den Einfällen sind keine Grenzen gesetzt. Du kannst die Lieblingsdecke deiner geliebten Person zerschneiden und in anderer, ungewöhnlicher Form verschenken oder die Krawattensammlung auflösen. Du kannst das Lieblingsbuch des geliebten Menschen auseinanderrupfen und die Einzelteile neu einbinden oder du züchtest aus seiner Lieblingspflanze Setzlinge, die du weitergibst.

Wenn du die Übergabe in einer Gruppe machst, kannst du die Schenkung spielerisch gestalten. Hier ein paar Anregungen.

Nehmen wir an, du hast die Pfeifensammlung deines Großvaters aufgelöst.

Blinde Wahl

Alle Pfeifen hast du, vielleicht mit einem Foto deines Pfeife rauchenden Großvaters versehen, einzeln verpackt. Du überlässt es den Beschenkten, blind nach einem Päckchen zu greifen.

Ausgeloste Reihenfolge (Version 1)

Du hast alle Pfeifen auf ein Tablett gelegt. Außerdem hast du Lose mit Nummern vorbereitet. Wer die niedrigste Losnummer gezogen hat, darf sich als Erste/r seine Pfeife aussuchen. Derjenige mit der höchsten Zahl bekommt die vorletzte Pfeife und die letzte Pfeife bleibt für dich übrig.

Varianten: Du kannst selbst auch ein Los ziehen. Oder du suchst dir bereits im Vorfeld eine Pfeife aus.

Ausgeloste Reihenfolge (Version 2)

Wie in Version 1 liegen die Pfeifen auf einem Tablett und es wird ausgelost, wer als Erste/r eine Pfeife aussuchen darf.

Diesmal hast du auch kleine Zettel mit den Namen aller Anwesenden vorbereitet. Wer als Erste/r eine Pfeife aussucht, muss außerdem die übrigen Pfeifen den Namen zuteilen. Die Zuteilung kann derjenige, der an zweiter Stelle wählen darf, wieder komplett umwerfen. Somit hat hier die Person mit der höchsten, beziehungsweise letzten Nummer das letzte Wort.

Danach bekommt jeder seine Pfeife und der Spaß der Verteilung nimmt diesem Ritual die Schwere und die Melancholie, die vielleicht an diese Erinnerungsstücke gebunden sind.

Ausgeloste Reihenfolge (Version 3)

Die Pfeifen liegen auf dem Tablett, die Nummernlose sind ebenfalls bereit. Derjenige, der beginnt, schenkt einer Person aus der Gruppe eine bestimmte Pfeife. Bitte ihn, die Schenkung zu begründen.

Auch dieser spielerische Ansatz macht das Ritual leicht.

Statt eine Reihenfolge auszulosen, kannst du sie auch auswürfeln lassen.

6.7 Anstoßen am Grab

In manchen Kulturen gehört es dazu, dass man ein alkoholisches Getränk ans Grab mitnimmt. In der richtigen Runde auf den geliebten Menschen anzustoßen, kann etwas sehr Feierliches und auch etwas Würdevolles haben. Das Ritual kann dezent und kurz ablaufen. Ob ein Gläschen Schnaps, ein Schluck Wein oder Bier: Solange alles im Rahmen bleibt, kann dieser Akt verbindend wirken und gegebenenfalls auch die Angst vor dem Besuch am Grab nehmen. Man kann auch allein am Grab etwas trinken – etwa das Lieblingsgetränk des geliebten Menschen. Das nimmt eine gewisse Hilflosigkeit, die einen manchmal an diesen Ort begleitet.

Am Friedhof, am Grab der geliebten Person Getränke zu konsumieren, hört sich zunächst seltsam an. Doch es geht nicht um den Konsum, sondern darum, auf den geliebten Menschen, vielleicht zusammen mit anderen, anzustoßen. Ob mit etwas Alkoholischem oder mit einem alkoholfreien Lieblingsgetränk der geliebten Person: Man unterbricht, was man üblicherweise am Grab tut, beispielsweise sich um die Pflanzen oder Blumen kümmern, ein Kerzenlicht anzünden, beten usw.

Ein solches Intermezzo an einem besonderen Tag, vielleicht gemeinsam mit anderen, kann der Starre entgegenwirken, die einen manchmal am Grab überfällt. Es kann die oft ähnlich verlaufenden Gedanken und Gefühle in neue Bahnen bringen.

Ablauf

Wenn dich die Zeit, die du am Grab verbringst, lähmt und schmerzt, wenn du das Gefühl hast, du verrichtest fast mechanisch deine üblichen Pflegehandlungen oder wenn du überhaupt unglücklich bist, diesen Ort aufzusuchen, dann kannst du versuchen, mit diesem Ritual Routinen zu durchbrechen.

Bring z.B. ein Glas Schnaps mit und trinke auf den geliebten Menschen. Lade noch jemanden oder die ganze Familie ein und öffne eine Flasche Wein. Trink etwas, das dir nicht unbedingt zusagen muss, das du aber mit der geliebten Person verbindest. Vielleicht eine Limonade oder einen schwarzen, kräftigen Kaffee. Trink auf deine geliebte Person und durchkreuze damit das, was du bisher am Grab getan hast oder nicht tun konntest. Die bewusste Einnahme eines Getränks, das du mit deiner geliebten Person in Verbindung bringst, wird dich wahrscheinlich etwas auflockern und das Weltliche an diesen für dich vielleicht unwirklichen Ort bringen.

Es ist einen Versuch wert und soll nicht bedeuten, dass du es immer so tun musst. Natürlich kannst du auch ein Stück Schokolade im Mund zerschmelzen lassen oder etwas anderes Dezentes und Subtiles zu dir nehmen. Was immer es ist: Es soll jedenfalls keinen Picknickcharakter entwickeln.

Lass diese Tradition noch mehr in dein Leben, indem du ihr einen Namen gibst. Schaffe der neuen Tradition Raum, indem du ihr möglichst regelmäßig nachgehst. Halte sie als Termin in deinem Kalender fest.

7. Rituale, die über das rein Physische hinausgehen

7.1 Was wohl nachts los ist

Was wir tagsüber alles treiben, denken und fühlen, meinen wir zu wissen – schließlich sind wir live dabei. Wie aber sieht es nachts aus? Wenn wir nicht zu den Klarträumern gehören und uns auch sonst kaum an unsere Träume erinnern, bleibt uns das, was nachts in unserem Inneren passiert, gänzlich verborgen. Laut Experten passiert aber nicht gerade wenig. Während wir schlafen, erholen wir uns körperlich und auch mental sind wir keineswegs „ausgeknipst". Auch die Trauer verschwindet nicht im Schlaf, genauso wenig wie das Gefühl der Verbundenheit mit unserem geliebten Menschen.

Um herauszufinden, ob sich nachts etwas tut und vor allem, was sich tut, gibt es nur eins: Aufstehen, sich lauschend auf die nächtliche Atmosphäre einlassen und offen sein für das, was da ist oder was einem nach wie vor unzugänglich bleibt.

In diesem Ritual geht es darum, sich der Nacht zu öffnen. Zu versuchen, der Nacht, in der wir zum größten Teil schlafen und die wir daher auch verschlafen, mit offenem Herzen nachzuspüren. Wer bin ich nachts? Welche Art von Gedanken und Gefühlen sind präsent, welche werden unwichtig?

Auf eine solche „Nachspür-Nacht" kannst du dich vielleicht an einem Wochenende, wenn du tagsüber nicht komplett ausgeschlafen sein musst, einlassen. Du gehst bereits früh ins Bett und unterbrichst zwei oder drei Mal deinen Schlaf.

Ablauf

Such dir ein Wochenende ohne große Verpflichtungen aus (z. B. die Nacht von Samstag auf Sonntag) oder auch zwei Tage im Urlaub, wenn du keine besonderen Pläne hast. Lass schon tagsüber den Alltagsstress hinter dir und geh relativ entspannt in diese Nacht hinein.

Du gehst relativ früh zu Bett, beispielsweise um 21.00 Uhr. Zuvor stellst du den Wecker, der alle zwei oder drei Stunden klingelt. Ein guter Rhythmus wäre folgender:

21.00 Uhr Zubettgehen, 00.00 Uhr erster Weckruf, 3.00 Uhr zweiter Weckruf, 5.00 Uhr dritter Weckruf.

Trinke vorher genügend Wasser, sodass du, wenn du vom Klingeln geweckt wirst, den natürlichen Drang verspürst, zur Toilette zu gehen. Das zwingt dich aufzustehen und verhindert, dass du im Bett bleibst.

Iss am Vorabend nichts Schweres und trinke keinen Alkohol. Meide möglichst auch zu viel Nikotin oder Koffein. Alles, was stark stimuliert, ist eher ungünstig.

Wenn der Wecker klingelt und du wach bist, stehst du auf und machst ein indirektes Licht an. Bereite dir einen Tee (ohne Teein – also keinen Schwarz- oder Grüntee) zu, setz dich an den Tisch und lass auf dich einwirken, wie sich die Nacht, dieses Aus-dem-Schlaf-geholt-Sein anfühlt. Grüble nicht, sondern sei dabei möglichst passiv. Wenn du deine Tasse Tee getrunken hast, legst du dich wieder ins Bett und versuchst einzuschlafen.

Beim nächsten und übernächsten Weckruf stehst du erneut auf, machst dir eine Tasse Tee und setzt dich an den Tisch.

Wenn du es schaffst, nach der letzten Tasse wach zu bleiben, dann genieße den beginnenden frühen Morgen. Freu dich auf einen besonders langen Sonntag. Vielleicht wirst du müder sein als sonst, denn diese Nacht wird dir wertvolle Erholungsphasen geraubt haben. Aber du wirst dies ohne Schaden überstehen. Darüber hinaus wirst du, wenn du den Tag über wach bleibst, am Abend wieder gut in deinen Schlafrhythmus zurückfinden. Jedenfalls besser, als wenn du den Vormittag verschläfst, um die geraubte Nacht nachzuholen.

Falls du das Ritual in den Herbst- / Wintermonaten durchführst, braucht es besonders viel Disziplin, nicht wieder ins kuschelige Bett zurückzuwollen. Lege dir daher am Vorabend einen Bademantel, Socken und Pantoffeln bereit oder eine Decke, die du beim Sitzen und Teetrinken über deine Knie legen kannst.

Ich möchte hier bewusst nichts dazu sagen, was in so einer Nacht passieren kann. Es ist zum einen durchaus möglich, dass nichts geschieht und zum anderen möchte ich weder eine Richtung vorgeben, noch Druck erzeugen, es müsse etwas Unglaubliches passieren. Probiere das Ritual unvoreingenommen aus und find heraus, was bei dir nachts wohl (nicht) los ist.

Sieh dieses Ritual als Experiment. Erwarte keinen „Erkenntnisregen" oder dass dir Lösungen einfach zufallen oder sich Probleme, die du tagsüber hast, in Wohlgefallen auflösen. Erwarte nichts, bleib einfach offen für alle Optionen. Betrachte dieses Ritual als eine andere Form, in der die Trauer sich einfinden kann oder allenfalls auch nicht ist.

Nachdem du wach oder halbwach warst, kann sich das darauffolgende Einschlafen in die Länge ziehen. Es gibt Musik, die einschlaffördernd ist. Probiere aus, ob sie bei dir Wirkung zeigt. Beachte, dass dieses Experiment und Ritual nicht zu häufig, auch nicht in Folge durchgeführt werden soll, weil dein Schlaf wichtig für dich ist.

7.2 Lass es uns anpacken

Kaum jemand kennt ihn nicht: den inneren Schweinehund. Und wir alle wissen wohl, wie schwer es ist, ihn zu überwinden. Wir sind Meister im Aufschieben und darin, Dinge unter den Teppich zu kehren. Dann überlassen wir sie der Zeit oder demjenigen, der das nächste Mal ordentlich staubsaugt. Wir sind um keine Ausrede verlegen oder machen Versprechen, an die wir uns nicht halten. Nicht selten geht es dann wieder von vorne los: aufschieben, Ausreden finden, unter den Teppich kehren. Insgeheim warten wir auf ein Wunder, dass das, vor dem wir uns drücken, sich von selbst erledigt.

Dieses Wunder wird es nicht geben. Und wenn wir mal ehrlich mit uns sind, wollen wir im Grunde gar nicht an die Dinge ran, weil vielleicht etwas anderes gerade wichtiger für uns ist. So füttern wir unseren Schweinehund und verharren im Nichtstun.

In der Trauer ist der Schweinehund extrem trostlos und schwerfällig – ein zutiefst müder Geselle. Und damit die Dinge halbwegs in die Gänge kommen, müssen wir ihm endlich Beine machen.

Als die geliebte Person physisch noch da war, schien das Leben leichter. Es kam einem vor, als könnte man Bäume ausreißen – und gelegentlich tat man das auch. Der geliebte Mensch musste dafür nicht unbedingt zugegen sein. Es genügte zu wissen: Irgendwo ist er. Er ist da, er atmet, er existiert physisch. Allein das reichte für ein gutes Grundgefühl, aus dem sich Antrieb, Motivation und Orientierung wie von selbst ergaben. Im Nachhinein betrachtet mutet es erstaunlich an, irgendwie auch magisch und in jedem Fall unlogisch. Man tat Dinge aus eigener Kraft und nur für einen selbst. Mit der geliebten Person hatten sie gar nichts zu tun. Und doch war es just dieser geliebte Mensch, der es schaffte, einen zu bekräftigen, zu bewegen und zu aktivieren.

Ablauf

Wenn du mit dem Bild des Schweinehunds gut zurechtkommst, dann anerkenne, dass du es jetzt nicht mit dem altbekannten Vertreter dieser Gattung zu tun hast, der immer dann auftaucht, wenn du dich überwinden musst. Dieser hier, mit dem du es jetzt zu tun hast, ist besonders traurig, lethargisch und seine Gesinnung ist geradezu krankhaft zäh. Er ist einfach nur da, er ist nicht folgsam und macht dir das Leben schwerer, als es ohnehin schon ist. Aber er ist da und harmoniert mit dir. Das Gute ist: Du kannst ihn aus seiner Ecke zu dir hinlocken.

Jetzt kennst du diesen Schweinehund und hast ihn vor Augen. Und dann ist da etwas, das du erledigen musst. Du würdest es lieber sein lassen und du meinst, dass du es nicht kannst. Aber du weißt auch, dass sich durch das Warten nicht das Können und erst recht nicht das Wollen ergeben werden. Was immer du aufschiebst: Es wird mehr und mehr zu einer Last. Daher ist es nun Zeit, die Sache mit dem Schweinehund anzugehen.

Aus dem Dreieck Aufgabe, Schweinehund und eigene Lustlosigkeit kannst du ein Viereck machen, indem du deinen geliebten Menschen hinzuholst, um dich moralisch zu unterstützen. Schon damals, als er physisch da war, konnte er dich aus der Ferne bestärken, ohne dabei einen Finger zu rühren und ohne sich bewusst einzubringen, sogar ohne zu wissen, dass du seine Hilfe in Anspruch genommen hast. Führ dir nun vor Augen, dass diese Möglichkeit auch jetzt besteht. Sie ist kein bisschen irrealer und genauso abstrakt oder unlogisch wie damals.

Nach dem Motto „Vorbereitung ist alles" schau dir jetzt an, was du zu erledigen hast und setze dir dann einen zeitlichen Rahmen. Bitte deinen geliebten Menschen, dabei zu sein, wenn du beginnst, die Aufgabe in Angriff zu nehmen. Du brauchst ihn, wenn dich mittendrin die Motivation verlässt oder du möchtest ihn schlicht dabeihaben. Binde ihn deshalb ein. Frag deinen geliebten Menschen, ob du es so oder anders angehen sollst, ob das alles seine Richtigkeit hat usw. Du hast deinen geliebten Menschen vor Augen. Er ist ganz nah, er schaut dir zu und spornt dich an. Der Schweinehund liegt zu seinen Füßen und beobachtet interessiert und aufmerksam, was du gerade tust.

Konkret heißt das:

1. Der Fokus ist auf deiner Aufgabe.
2. Der träge Schweinehund wird heranzitiert, um sich hinzusetzen und alles zu beobachten, Zeuge zu sein.
3. Der geliebte Mensch ist zur moralischen Unterstützung mit dabei.
4. Am Tag X wird die Aufgabe vorbereitet: theoretisch, Schritt für Schritt.
5. Am Tag Y folgt die Umsetzung mithilfe derer, die moralisch dabei sind und zusehen.
6. Und siehe da: Du hast es geschafft! *Ihr* habt es geschafft!

Wenn du magst, kannst du diesem besonders trägen Schweinehund einen Namen geben oder ihn einer bestimmten Rasse zuordnen, um ihn für dich besser zu visualisieren. Durch die Personalisierung entsteht eine Art Freundschaft, ein Verständnis zwischen euch. Ihr wisst voneinander und euch ist bewusst, dass ihr euch arrangieren müsst, um vorwärts zu kommen. Du weißt, dass du den Hund zum Staunen bringen kannst, indem du die Aufgabe angehst.

7.3 Ich trage dich und du trägst mich

Wir tragen Abzeichen, Blumen oder bestimmte Farben als Zeichen der Verbundenheit. Weil wir etwas unterstützen, bestimmter Menschen gedenken oder eine Position bzw. Haltung ausdrücken wollen. Für andere, denen wir begegnen, ist dies ein Code, der ein Gespräch eröffnen kann. Gleichsam kann es eine Art Einvernehmen darstellen, das Worte überflüssig macht.

In ähnlicher Form kannst du deiner geliebten Person gedenken – ganz autonom und höchst individuell auf dich und deinen geliebten Menschen abgestimmt.

Auch wenn du deine geliebte Person für immer in deinem Herzen trägst, ist es dennoch schön, sie optisch sichtbar auf dem Herzen zu tragen. Der Fantasie sind keine Grenzen gesetzt: Du kannst dir eine Brosche anstecken oder Socken in einer bestimmten Farbe anziehen, die du mit der geliebten Person assoziierst. Du kannst ein Tuch umbinden oder in ein Jackett einstecken, vielleicht eines, das deinem geliebten Menschen gehört hat oder das aus einem seiner Kleidungsstücke gemacht wurde. Wenn er Comic-Fan war, kannst du ein T-Shirt mit einer Comicfigur tragen, z. B. mit Donald Duck – auch wenn du schon über 60 bist. Finde das Passende, ob mutig oder subtil kaschiert: Die Aufrichtigkeit, das äußere Zeichen deiner Verbundenheit sind heute das A und O.

Ablauf

Auch hier sind die Möglichkeiten so vielfältig, wie es Menschen und Anbindungspunkte gibt. Es muss nicht in erster Linie passen wie der berühmte Deckel auf den Topf. Sicher kennst du die rote Schleife als Symbol der Solidarität mit AIDS-Erkrankten. Warum es eine rote Schleife ist? Hätte man sich damals für eine weiße Tulpe entschieden, würde es heute genauso funktionieren. Für dieses Ritual heißt das: Es geht um Symbolik und nicht um eine eindeutige Lesart. Wenn es sich darüber hinaus optisch gut darstellt, ist das natürlich schön, nicht jedoch Voraussetzung.

Was also könntest du tun, um deine geliebte Person an einem bestimmten Tag in Form eines Symbols, eines Zeichens oder Statements bei dir zu tragen? Es kann, wie gesagt, ein Schal sein, eine Anstecknadel oder eine Brosche, die du deiner geliebten Person widmest. Es kann ein mit seinen typischen Worten oder mit seinen Initialen gesticktes Unterhemd sein, das niemand sieht. Ehre ihn, hab Spaß dabei und fühl dich getragen.

Der symbolhafte Gegenstand in diesem Ritual ist etwas anderes als ein Talisman, etwa ein Schmuckstück, das du mit der geliebten Person verbindest und das du vielleicht oft oder möglicherweise immer dabeihast. In diesem Ritual geht es um etwas, das nur an einem besonderen Tag getragen wird, mit einem gewissen Schalk im Nacken. Äußerlich sichtbar oder unsichtbar, jedoch allemal vorhanden.

7.4 Hallo, da bist du ja

In der ersten Zeit der Trauer bringt man fast alles, was man sieht, unmittelbar mit dem geliebten Menschen in Verbindung. Es gibt faktisch nichts, das einen nicht an die geliebte Person erinnert. Alles erinnert einen – in aller Heftigkeit, verbunden mit dem dazugehörigen Schmerz. Selbst ein ganz neues Musikstück, das melancholisch klingt oder dessen Text dich im Herzen trifft, kann so eine Erinnerung hervorrufen. Man kann sich nicht retten und überhaupt ist alles überwältigend in dieser Zeit.

Kaum auszudenken, dass all das einmal weniger intensiv sein könnte. Dass man, wenn man zum zehnten Mal den Lieblingskäse der geliebten Person kauft, auf einmal nicht mehr an sie denken muss. Weder die Intensität der ersten Zeit tut einem gut, noch muss es sein, dass alles sich mit der Zeit fortstiehlt und auslöscht. Hier bringt ein Bewusstsein für diese verbindenden Kleinigkeiten einerseits die gewünschte Balance und hält andererseits das Nicht-Vergessen des geliebten Menschen auch in dieser Form lebendig.

Vielleicht genügt es dir, dieses Ritual nur ab und zu durchzuführen und du kannst es mehr als eine Art Verortung sehen. Nicht, um dich festzuklammern und krampfhaft nach Dingen zu suchen oder um Zeichen zu finden, sondern weil diese Kleinigkeiten in Verbindung mit deiner geliebten Person von Zeit zu Zeit Schwung in dein Leben bringen können. Du kannst dir für dieses Ritual einen Tag aussuchen, an dem du möglichst viele Dinge ausgiebig tust. Wenn du in einer Begegnung etwas vorfindest, das dich an die geliebte Person denken lässt, sagst du frohgemut: „Hallo, da bist du ja! Schön, dass du da bist!" Durch diese kurze Begrüßung und Einrahmung/Personifizierung der Dinge und Gegebenheiten schlägst du nicht nur eine Brücke zu deinem geliebten Menschen, sondern du bringst dich selbst in eine gewisse selbstironische Lage, die dir guttut. Spiele dem „Zufall" in die Hände. Sei für den Zu-Fall, der dich an-fällt, bereit.

Ablauf

Such dir für dieses Ritual einen Tag aus, der nicht besonders bedeutungsaufgeladen ist. Es ist wichtig, nicht allzu festgefahren und somit blind zu sein für das, was passieren könnte. Wenn man zu sehr in dem ist, was man schon immer tut, fehlt die Peripherie des Blicks, die hier hilfreich ist.

Bevor du den Tag angehst, stell dich darauf ein, dass heute wunderbare Dinge passieren werden. Du wirst Sachen erleben und sehen, die dich unmittelbar oder auf den zweiten Blick an den geliebten Menschen erinnern. Vielleicht kannst du manches auch erst am Abend einordnen, wenn du den Tag Revue passieren lässt.

Mit dieser Einstellung hast du eine Grundlage für deine Offenheit, mit der du durch den Tag gehst. Du suchst nicht aktiv nach irgendwas, sondern wenn du einen Impuls verspürst, in dich zu gehen, gehst du dem nach. Du lässt dich finden. Du fragst dich dann: „Ist da etwas? Habe ich etwas übersehen?" Wenn nichts kommt, machst du weiter. Bis zum nächsten Moment, wo du wieder kurz innehältst, eine Pause machst und eine Art Szenenwechsel erfolgt.

Ist dir bewusst, wie oft wir innerhalb einer einzigen Stunde ohne besonderen Anlass kurz pausieren müssen? Zum Beispiel beim Schreiben einer E-Mail, um uns aus den Gedanken zu befreien und kurz aus dem Fenster schauen. Oder wir meinen, dass wir uns etwas bewegen müssen und verändern dann unsere Sitzposition, bevor wir „in einem Zuge" weitermachen.

Sei dir dieser Kürzest-Momente bewusst, indem du dich dann fragst: „Ist da etwas?" Schau dich dann kurz um. Spür in dich hinein. Versuche, eine Brücke zu deinem Menschen zu schlagen, indem du an ihn denkst. Und wenn du etwas fühlst, frag sachte nach und horche kurz in dich hinein. „Versinke" aber nicht, sondern fahre alsbald, als wäre nichts gewesen, mit deiner Tätigkeit fort.

Den Erfolg dieses Rituals kannst du nicht quantitativ messen – z. B. 20 Sachen gesehen oder gefühlt zu haben. Bereits das Innehalten ist wichtig und kann eine gute Grundlage sein, um beim nächsten Mal darauf aufzubauen. Eine einzige Sache, die du ohne dieses Bewusstsein wahrscheinlich übersehen hättest, ist schon eine kleine Horizonterweiterung, die dich im Herzen erfreut. Und vielleicht kannst du schon beim ersten Mal zum geliebten Menschen sagen: „Da bist du ja. Wie schön, dass du hier bist."

Betrachte dieses Ritual als eine Art „rosarote Brille", mit der du am festgelegten Tag durchs Leben gehst. Wohin du auch schaust: Da ist der geliebte Mensch wieder! Oder: Das könnte er doch sein! Kaum wahrgenommen, ist der Moment schon wieder vorbei. Aber für ein kurzes, freudiges „Hallo" hat es allemal gereicht.

7.5 Ich knote deine Zeichen

Laut einiger Statistiken bekommen fast alle, die einen geliebten Menschen physisch verloren haben, Zeichen von diesen. Ob einmalig oder regelmäßig: Die Trauernden sind überzeugt, dass da etwas ist, das in einem Zusammenhang mit der geliebten Person steht. Sie wissen es einfach. Man kann von Phänomenen, Zufällen oder Synchronizität sprechen. Nur weil man sie sich von Herzen wünscht, kann man solche Zeichen jedoch nicht selbst kreieren. Umso erstaunlicher ist es, dass sie da sind, sobald man sich für sie öffnet und die Möglichkeit, dass sie passieren können, von Herzen in Erwägung zieht. Mehr noch: Je offener und entspannter man selbst ist, umso mehr häufen sich solche Phänomene.

Die einen sind derart skeptisch, dass sie binnen kürzester Zeit solche Phänomene von sich weisen, kleinreden oder als reinen Zufall abtun. Anderen hingegen ist nicht auszureden, dass etwas Bedeutsames passiert ist. Weil diese Person im Innern weiß, was Sache ist, wenn sie ein Zeichen von der geliebten Person bekommt. Doch dann ist der innere Kritiker zur Stelle und er findet: Wenn der Wunsch übermäßig groß ist, konstruiert man sich wohl selbst etwas. Dieser Kritiker darf gelegentlich seinen Auftritt haben, aber er soll nicht die ganze Zeit stören. Denn er verhindert die Offenheit und die Entspanntheit, die man braucht, um solche feinen Zeichen, subtile Impulse oder Phänomene einfach als reine Möglichkeit in Erwägung zu ziehen. Doch diese Gelassenheit und unvoreingenommene Einstellung sind die Grundlage, um die Zeichen des geliebten Menschen, in welcher Form auch immer, wahrzunehmen.

Vorbemerkung

Zeichen gibt es so viele, wie es Menschen und Beziehungen gibt. In materialisierter Form sind sie häufig leicht, etwa Schmetterlinge oder Federn. Doch auch innere Impulse, Ideen, plötzlich auftauchende Erinnerungen oder Gefühle können Zeichen sein. Auch wenn du meinst, es seien deine eigenen Gedanken: Es können ebenso Hilfestellungen und Inspirationen von deinem geliebten Menschen sein.

Wer sich mit Nachtodkontakten auseinandersetzt, der wird auf zahlreiche Beispiele stoßen, die sich die Protagonisten nicht ausgedacht haben können, um etwa Dritte davon zu überzeugen oder um sich wichtig zu machen. In den meisten Fällen spricht man nicht über solche Phänomene, man behält sie für sich. Auch, weil es in unserer Kultur hier ein Tabu gibt.

Wenn du sehr skeptisch bist, frage in deinem Umfeld nach solchen Phänomenen und Zeichen. Du wirst erstaunt sein, wie viele Menschen dann mit ihren Geschichten herausrücken, vielleicht sogar ins Schwärmen geraten. Selbst, wenn es bei dir noch viele Fragezeichen gibt, wirst du wahrscheinlich doch von einer gewissen Freude angesteckt werden, die über reine Faszination hinausgeht.

Ablauf

Wenn du bereits (häufiger) solche Kontakt-Erfahrungen gemacht hast und sie nicht von der Hand zu weisen sind, mach Folgendes:

Besorge dir eine sogenannte Bi-Scheibe. Das ist eine kleine, donutförmige Halbedelsteinscheibe (oft aus Jade), die es in Esoterik- oder Edelsteinläden in allen möglichen Ausführungen und Größen zu kaufen gibt.

Zieh einen roten Faden (etwa 30 cm lang) durch das Loch in deiner Bi-Scheibe, sodass du zwei am Ende offene Fadenteile von etwa 15 cm Länge hast, die du miteinander verknoten kannst. Warum einen roten Faden? Weil Rot für die Liebe steht. Aber du darfst selbstverständlich auch Grün nehmen, das für Heilung steht oder Blau für die Kommunikation. Oder eine Farbe, die dir besonders gut gefällt.

Wenn du etwas wahrnimmst, das für dich ohne Zweifel ein Zeichen deiner geliebten Person ist, machst du jeweils einen Knoten.

Wenn du dir häufiger unsicher bist, ob es wirklich ein Zeichen war, kannst du einen zweiten Faden in einer anderen Farbe durch deine Scheibe ziehen. Hier machst du Knoten bei unsicheren Wahrnehmungen, die du aber nicht ganz ignorieren möchtest. Es kann sein, dass du diese Phänomene nicht von Anfang an für dich einordnen kannst. Vielleicht musst du erst einige erlebt haben, um hier sicherer zu werden und dein Gewahrsein zu schärfen.

Deine Steinscheibe sollte möglichst griffbereit in deiner Nähe sein (du kannst sie auch bei dir tragen). Geh es aber nicht zu verkrampft an, indem du z. B. meinst, täglich einen Knoten machen zu müssen. Vergiss es sozusagen zeitweilig einfach und erinnere dich dennoch, für die Zeichen, wenn du ihrer bewusst wirst, einen Knoten zu machen.

Dieser kleine Stein mit Faden wird dir beim Vorbeigehen oder wenn du ihn in der Hand hältst, ein Lächeln ins Gesicht zaubern und dich erden.

Wenn du in einem skeptischen Moment deine Stein-Scheibe mit den Knoten betrachtest, subtrahiere im Kopf 95 % der Knoten und schau dir die verbliebenen 5 % an. Dann sag dir das Folgende: „95 % waren Wunschdenken, Imaginationen, falsche Annahmen, Überinterpretationen, selbst erschaffene Konstruktionen. Aber diese 5 %, die bleiben, die kann mir keiner nehmen.“

7.6 Gucken wir gemeinsam TV & Co.

Wenn du gerne in der Welt der bewegten Bilder unterwegs bist, egal, ob klassisch im TV oder ob du lieber streamst oder dir im Internet Filme anschaust: Diese Beschäftigung kannst du ausweiten. Geh für einen Abend einmal nicht deinen eigenen Vorlieben nach, sondern denen deiner geliebten Person. Schau dir an, was sie gerne anschauen würde. Wirf deine Lieblingssendungen und -filme für einen Abend über Bord und schau aus der Sicht deiner geliebten Person.

Bleib beim Zappen nicht an den üblichen Stellen hängen oder such im Internet nach etwas anderen Begriffen und gestalte so ein Programm aus der Perspektive deiner geliebten Person. Lass dich entführen und auf das ein, was dein geliebter Mensch gerne sehen würde, ob gemeinsam oder allein. Geh dann noch einen Schritt weiter und überlege: „Was würde meine geliebte Person wollen, das ich sehe? Wenn jetzt nicht ich, sondern wenn mein geliebter Mensch hier wäre: Was würde er wohl schauen? Auf was würde die geliebte Person sich einlassen?"

Ablauf

Unabhängig davon, ob du dir tatsächlich gemeinsam mit deinem geliebten Menschen Filme, Dokumentationen oder andere Beiträge in TV & Co. angeschaut hast: In diesem Ritual geht es darum, deine eigenen Sehgewohnheiten zu durchbrechen und sie um diejenigen deines geliebten Menschen zu erweitern.

Geh ohne vorgefertigte Vorstellungen an den Abend heran. Vielleicht wird er gefühlt extrem lang oder doch kurzweiliger als gedacht. Er kann aufwühlend oder langweilig sein. Lass dich ein und werte nicht. Lass das, was du dir anschaust, über dich rieseln und sei mental mit deiner geliebten Person verbunden: War das nicht seine Lieblingssportsendung? Habt ihr nicht einst diesen Film zusammen geschaut und dein geliebter Mensch war damals begeisterter als du? Würde sich die geliebte Person diese Dokumentation ansehen? Nimm dir Zeit, das zu ergründen. Und sobald du für dich einen Ansatz gefunden hast, an die Interessen deiner geliebten Person anzuknüpfen, bleib dabei. Such dann nicht weiter, weil sich sonst die Suche zu sehr in den Vordergrund drängt. Du wirst dann eher verunsichert und verlierst Energie.

Wenn du also schaust und dich auf die Perspektive deines geliebten Menschen einlässt, gestatte dir, auch aufkommende Kommentare, Gedanken und Gefühle zuzulassen. Sei mit deiner geliebten Person in dieser Situation zusammen. Vielleicht merkst du, dass du jetzt gewisse Vorlieben besser verstehst. Oder ein dir bisher weniger vertrautes Thema rückt dir näher, weil du es, wenn du an deinen geliebten Menschen denkst, auf einer anderen Ebene nachvollziehen kannst und jetzt verstehst, worin die Faszination liegen könnte. Vielleicht beflügelt dich dieser Abend ganz unverhofft, weil du auf spielerische Weise deinen Horizont erweiterst oder deine Vorstellung von dem, was du eigentlich nicht besonders magst. Es kann aber auch sein, dass du dich langweilst und feststellen musst, dass etwas, das deinem geliebten Menschen Vergnügen bereitet hat, dir überhaupt nicht gefällt.

Versuche auf jeden Fall, dich auf ein für dich neues und ein für deine geliebte Person vertrautes Gebiet einzulassen. Gib dir dafür mindestens eine halbe Stunde Zeit, besser aber länger. Wenn du es partout nicht aushältst, dann lass alles im Hintergrund laufen, so als würde dein geliebter Mensch dort sitzen und sich eine Sendung anschauen. Lass die akustische Hintergrundkulisse auf dich indirekt einwirken. Vielleicht horchst du an einer bestimmten Stelle doch auf und bist plötzlich wieder dabei.

Dieses Erinnerungsritual soll zu keiner akribischen Analyse werden, bei der du am Ende etwas Wichtiges und Elementares entdeckst. Flieg darüber, wie du es schon immer getan hast. Sei einzig bereit, deinen geliebten Menschen dabei zu haben oder sieh es als Chance, dich in neue Themenwelten oder Genres mitnehmen zu lassen.

7.7 Ich danke dir aus tiefstem Herzen

Du bist dankbar, dass der geliebte Mensch überhaupt da war. Dass er Teil deines Lebens sein durfte und dass du ebenso Teil seines Lebens sein konntest. Das allein ist aber nicht die Quintessenz der Dankbarkeit, da ist noch mehr. Womöglich bist du nach wie vor dankbar für das, was noch immer geschieht, ob in direktem oder in indirekt-direktem Zusammenhang mit der geliebten Person.

Dieses „Nach-Wirken" der geliebten Person wird dir erst richtig bewusst, wenn du es dir vergegenwärtigst. Es gibt viel, für das du „Danke" sagen kannst: in der Vergangenheit, im Jetzt und auch zukünftig. Du wirst verblüfft sein, wie lang die Liste möglicherweise ist und wie dein Dank tiefer und tiefer wird. Mit dieser tiefen, gelebten Dankbarkeit in dir wird auch deine Zuversicht größer und dich mit eigener Dankbarkeit erfüllen. Lass diesen Kreislauf der Dankbarkeit zu.

Du äußerst in dir die Absicht, von Herzen aufrichtig dankbar zu sein. Für das, was mit der geliebten Person in Zusammenhang steht. Für alles, was das für dein Leben bedeutet hat, was es noch immer bedeutet und auch in Zukunft bedeuten wird. Du erkennst, dass das eine zum anderen geführt hat und du bist dankbar. Du sagst „Ich danke dir von Herzen dafür, dass ..." und lässt auf keinen Fall Dankesäußerungen zu, denen noch eine Bedingung oder ein Aber anhaften: „Wäre dies nicht, dann würde ich mich bedanken", „Hätte ich ..., dann könnte ich ...". Dieses Ritual soll ganz direkt und rein sein und dich mit Freude erfüllen. Das bedingungslose „Danke" soll zum Ausdruck kommen dürfen. Immer und immer wieder.

Du kannst das Ritual schriftlich, innerlich oder auf einem Spaziergang durchführen.

Ablauf

Überlege dir: Was ist für dich geeignet, um einen Fluss von Dankesäußerungen zuzulassen? Möchtest du sie in einer ruhigen Minute zu Papier bringen? Möchtest du sie dir innerlich durch den Kopf gehen lassen? Willst du dieses Ritual auf einen Spaziergang mitnehmen und dein „Danke" Schritt für Schritt erkunden? Oder willst du zunächst schauen, wann dich Inspirationen der Dankbarkeit quasi von selbst erfassen?

Für welche Variante oder Kombination du dich entschieden hast: Lass es sprudeln!

Wichtig vorab: Wenn du einen Vorbehalt spürst, und dein „Danke" nur an Bedingungen knüpfen kannst (Wenn das …, dann könnte ich …, aber weil …) und nicht direkt „Ich danke dir von Herzen dafür" sagen kannst, dann verlasse diesen Pfad und finde ein anderes Dankeschön, das du unmittelbar und ohne Wenn und Aber äußern kannst.

Vielleicht hast du am Anfang noch einen Pfropfen, der dich am Denken hindert und der gelöst werden möchte. Wenn du diese Blockade spürst, dann beginne damit, dass du dankbar bist für die physische Existenz dieser Person. Wahrscheinlich fällt dir danach sofort die nächste Dankesäußerung vor die Füße. Wenn nicht, kannst du dich entlang der nachstehenden Eckpfeiler orientieren:

- Gab es bestimmte Situationen, in denen dir die geliebte Person geholfen hat?
- Konntest du etwas von der geliebten Person als Rat annehmen oder etwas fürs Leben mitnehmen?
- Hast du Menschen dazugewonnen, weil es die Person in deinem Leben gab oder sie war, wie sie war?
- Konntest du besondere Erfahrungen mit ihr oder durch sie machen?
- Konntest du deinen Horizont durch die Person erweitern oder neue Dinge lernen?
- Gab es gemeinsame Momente, für die du unendlich dankbar bist?
- Gab es in deinem Leben Richtungswechsel, die es ohne die Person so nicht gegeben hätte? Usw.

Du kannst auch chronologisch vorgehen, entweder vom neuesten Dankbarkeitsanlass rückwärts oder beim ersten Tag beginnen, als die Person in dein Leben kam. Untersuche chronologisch, was seither geschah, wie sich die Wege bahnten, zweigten usw.

- Sei dir des „Jetzt" bewusst: Was passiert derzeit in deinem Leben? Welche Menschen, Orte oder Gegebenheiten, ohne die du nicht stehen würdest, wo du derzeit bist, stehen in Verbindung mit der geliebten Person?
- Sei dir bewusst, was auch künftig an die Dankbarkeit in Verbindung mit deinem geliebten Menschen geknüpft sein wird.

Wenn deine Liste länger und länger wird und sie dich überwältigt, dann grenze die Gebiete ein und führe das Ritual in mehreren Etappen durch. Du kannst dir vornehmen, zuerst im Bereich Familie, Wohnsituation, Gesundheit … zu suchen.

Danke auch denjenigen, die indirekt beteiligt waren, dass die Dinge so zusammenkommen konnten wie sie zusammenkamen. Danke auch denen, die du persönlich nicht kennengelernt hast, ohne die aber gewisse Sachen nicht ihren Lauf genommen hätten. Das könnten die dir persönlich nicht bekannten Großeltern des geliebten Menschen sein, die in vielen Anekdoten von früher auftauchten. Wann immer er davon erzählte, war der geliebte Mensch so fröhlich gestimmt und offensichtlich hatten diese Großeltern ihm eine schöne Kindheit beschert.

Oder danke z. B. der Hebamme, die rechtzeitig die brenzlige Situation bei der Geburt der geliebten Person erkannt und ihr ein gesundes Leben ermöglicht hatte.

Versuche, in diesem Ritual auch den Bogen der Dankbarkeit zu sehen, der sich über die Zeit spannt. Er beginnt noch vor deiner gemeinsamen Zeit mit der Person. Der Bogen greift zudem ins Jetzt und reicht weiter in die Zukunft hinein.

7.8 Ein Selfie für dich

Ob man selbst ein „Selfie-Typ" ist oder ob man andere Menschen immer wieder dabei beobachtet, wie sie sich vor der Kamera positionieren, z. B. Kussmünder machen, um anschließend diese Fotos zu verschicken oder in den sozialen Medien zu posten: Wer es nicht ausprobiert hat, der sollte nicht urteilen. Und wenn man es nur als kurze Spielerei betreibt, um es gleich für sich wieder abhaken zu können. Eine ganz andere Qualität aber kann es haben, ein Foto nur für den geliebten Menschen an einem ganz besonderen Tag zu machen.

Vielleicht naht ein besonderer Tag, den du mit der geliebten Person verbindest. Oder du spürst eine Sehnsucht, die du irgendwie bändigen möchtest. Vielleicht bist du ohnehin mehr der spielfreudige Typ, der sich vom Moment gerne mitnehmen lässt. Oder tust du dich eher schwer damit, spontan, selbstironisch und gewissermaßen leicht zu sein? Dann könnte „Jetzt erst recht" für dich das richtige Motto sein. Das „Selfie-Ritual" ist binnen weniger Momente zu bewerkstelligen. Ein Selfie von dir ist ein Gruß an deine geliebte Person. Ein Kussmund, ein Lächeln und dann – klick – ein Moment der Verbindung.

Ablauf

Die wichtigste Voraussetzung ist, dass du dich überhaupt einlässt. Dein geliebter Mensch ist physisch nicht mehr da und trotzdem ist er um dich, neben dir, begleitet dich innerlich. In Momenten, in denen du an ihn denkst, ist er zugegen und dich ergreift jäh die Sehnsucht, mit ihm zu sprechen, ihm zu schreiben, ihn in den Arm zu nehmen.

Vermutlich hast du ein Handy, und wenn du an einem bestimmten Ort an deinen geliebten Menschen denkst, dann tu einfach das, was weltweit Abertausende Menschen tun. Du schaust in die Kamera, denkst an deinen geliebten Menschen, lächelst und schickst ihm durch die Handy-Kamera einen Gruß, einen Kussmund, einen Blick zu. Fertig.

Weiter musst du nichts damit tun. Das Foto kann im „Meer" deiner anderen Fotos „untergehen". Aber du kannst natürlich auch einen speziellen Ordner für solche „Selfie-Grüße" anlegen. Du kannst die Fotos ausdrucken und ins Tagebuch kleben. Oder du schickst sie an jemand anderen. Bleib offen und verspielt.

Vielleicht naht ein besonderer Tag, an dem du in dieser Form einen Gruß senden möchtest. Du kannst auch Menschen aus deinem Umfeld bitten, eine kleine Selfie-Grußbotschaft an deinen geliebten Menschen zu senden. Nichts leichter als das, oder?

Dieses Ritual dauert nicht lange und falls du auf den Geschmack kommen solltest, es, weil es so einfach ist, häufiger zu tun: Versuche dich zu zügeln und diese Selfies nur in sehr besonderen Momenten oder an besonderen Tagen zu machen. Gut eignen sich beispielsweise Schnapszahl-Tage (siehe 6.3, „Ich feiere dich mindestens zwölfmal im Jahr“).

7.9 Du, ich muss dir etwas ganz Tolles erzählen

Auch wenn dich dein geliebter Mensch – bewusst oder unbewusst – Tag und Nacht begleitet, gibt es immer Momente, wo du wie gelähmt stehenbleibst und denkst: „Wenn meine geliebte Person bloß hier wäre und ich mit ihr sprechen könnte! Wenn ich teilen könnte, was ich gerade erlebe.“ Dir fehlt, dass du nur ein paar Tasten drücken brauchst, um die Stimme deines geliebten Menschen zu hören. Du haderst damit, dass nie mehr eine Verabredung mit diesem Menschen in deinem Terminkalender stehen wird.

Das aber sind nur im materiellen Denken verhaftete Momente, die dich kurzzeitig herunterziehen, derweil du längst eine andere Form der Kommunikation mit deiner geliebten Person pflegst. Vielleicht intensiver und intimer denn je ...

Die Trauer kann vieles. Aber sie kann sich nicht über alle Vorhaben hinwegsetzen, zum Beispiel darüber, dass du einen Kaffee mit deiner geliebten Person trinken willst. Nun, es ist gewissermaßen ein virtueller Kaffee, der in einer anderen Dimension und ganz anders getrunken wird als ein „normaler“ Kaffee.

Du machst eine schwere Zeit durch und trotzdem geht das Leben irgendwie weiter. Wenn auch vielleicht minimal anders gefärbt als früher: Du kommst nicht umhin, weiterhin physisch zu sein, musst schlafen, essen, trinken, atmen – mit dem zu existieren, mit dem du schon vorher existiert hast. Auch wenn es dir sinnlos vorkommt oder als nicht der Rede wert. Doch da bist du. Emotional angeschlagen zwar, jedoch mit deinem Körper in all seiner Funktionalität, mit deinen äußeren Merkmalen, mit deinem Charakter, mit deinen Gefühlen, deinen Erinnerungen, mit deiner Vita. Du bist aber auch im Geist, in der Seele, in den Träumen, im Ausdruck zugegen. Auch über die Begegnungen, die du mit anderen hast, bist du da, du hinterlässt Spuren.

Es gibt so viel, das da ist und in diesem Gemenge findet das Leben, wie schwer es auch ist, tatsächlich statt. Unverhofft gibt es sogar Spannendes, Gutes zu berichten. Eine Kleinigkeit oder eine mittelgroße Sensation, die du so gerne deiner geliebten Person erzählen möchtest. Was hindert dich daran?

Ablauf

Warte nicht auf eine neue, vermeintliche Etappe, ein erreichtes Ziel, eine besondere Wendung. Das „neue“ Leben verläuft nicht so linear wie wir meinen, es geht möglicherweise hin und her. Aus dem vermeintlich Nebensächlichen, noch Dunklen kann sich im Stillen etwas Elementares, später erst Erhellendes herausbilden.

Dieses Ritual kannst du regelmäßig durchführen. Verfahre hier ganz nach deiner Lust und deinen Bedürfnissen.

Ob du dir tatsächlich einen Kaffee machst oder eine zweite Tasse hinstellst, ob du laut oder in Gedanken verfährst, ist einerlei. Es muss auch kein Kaffee sein, du kannst stattdessen auch einen Spaziergang machen. Dann hak dich bei deiner geliebten Person unter und beginne so, wie du es normalerweise tun würdest. Vielleicht sagst du: „Was für ein herrlicher Tag.“, „Schön, dass du da bist.“ Oder: „Du wirst nicht glauben, was ich neulich erlebt habe …“

Es spielt keine Rolle, ob du das Gespräch im Stillen oder ganz leise führst. Aber wenn du dich überwinden kannst, laut zu sprechen, wirst du dir, trotz anfänglicher Vorbehalte, selbst glaubwürdiger vorkommen. Du hörst dich sprechen und hast einen anteilnehmenden Menschen an deiner Seite.

Je regelmäßiger du das machst, desto natürlicher wird sich alles ergeben. Wann immer du Lust dazu hast, beziehst du deine geliebte Person ein, dir kurz oder länger zuzuhören, wenn du ihr etwas erzählen oder mit ihr teilen möchtest.

Hinterfrage nicht den Sinn und rede dir auch nicht ein, was für eine dumme Idee das doch ist und dass du dich dabei ja bloß selbst veräppelst. Erinnere dich stattdessen an Gespräche mit anderen, die auch einfach nur da sind, Kaffee trinken und gar nicht zu Wort kommen. Wir nennen solche Menschen gute Zuhörer.

7.10 Das fantastische Gespräch (Teil 1)

Es ist einige Zeit vergangen, seit du deinen geliebten Menschen physisch gesehen hast. Nun aber ist es endlich so weit. Die Verabredung steht und ihr werdet euch in Bälde treffen. Du hast der geliebten Person so viel zu erzählen! Die Vorfreude könnte nicht größer sein und du zählst die Stunden.

Das alles klingt zu schön, um wahr zu sein. Doch dir ist inzwischen klar geworden, dass du bist, dass du ein Leben hast und nicht nur eine zentrale Rolle darin spielst, sondern auch Regie führst. Du weißt, was dir guttun würde. Und obschon es dich innerlich aufwühlt, möchtest du einen Schritt in Richtung dieses Wunschs gehen, dich mit deinem geliebten Menschen zu verabreden. So wahnsinnig es klingt. Aber du liebst eben auch wahnsinnig. Du bist bereit, dich zu täuschen, einen Schritt ins Leere zu gehen. Doch dieses Stück – wenn auch unwirklicher – Hoffnung willst du dir nicht nehmen lassen. Stattdessen öffnest du dich der Vorstellung, das Unmögliche könnte möglich sein. Hoffnung, Zuversicht, Offenheit und deine innere Ruhe sind die Faktoren, die hier ihr Bestes geben.

Du begibst dich an einen Ort, der sich für ein Treffen mit deiner geliebten Person gut eignet. Es kann eine Bar sein, eine Bank auf einer weiten Wiese, ein Strandkorb ... Oder du lädst die Person zu dir nach Hause ein. Du führst das Gespräch und lässt dich auf den inneren Dialog ein. Wenn Impulse kommen, die das Gespräch lenken: Lass sie zu, gehe mit und folge nicht einem festen Ablauf.

Ablauf

Halte einen gut passenden Termin in deinem Kalender fest. Suche dann nach einem geeigneten Ort, an dem du die geliebte Person imaginär treffen möchtest: Vielleicht in einem Restaurant? Im Wald, auf einen Spaziergang? Oder macht ihr eine längere Auto- oder Zugfahrt? Das Gespräch kann ebenso in der Küche stattfinden.

Notiere dir, ohne sie auszuformulieren, über welche Themen du unbedingt sprechen möchtest. Dies kann etwas Neues, Unerwartetes sein, aber auch etwas zur Gesundheit, zur Arbeit, zu deinem eigenen Prozess oder auch einfach nur Tratsch und Klatsch, Austausch über Erinnerungen.

Wenn der Termin näher rückt, überlege dir, ob du noch etwas berücksichtigen möchtest: Dies kann eine bestimmte Kleidung sein, eine Blume, die du für die geliebte Person mitnimmst, ein Getränk, das nicht fehlen darf …

Lege unbedingt auch ein Blatt Papier und etwas zum Schreiben bereit. Es ist möglich, dass im Laufe des Gesprächs etwas reinkommt, das du aufschreiben möchtest.

Es ist so weit und du bist zu Recht nervös. Vermutlich kommst du dir auch ein wenig seltsam vor mit dem Ritual. Aber niemand muss davon erfahren. Es kann euer Geheimnis bleiben. Betrachte es auch als Spiel, als Experiment.

Versuche, dich am besagten Tag in einen meditativen, entspannten Zustand zu bringen. Wenn du das Gespräch innerlich führst, kannst du auch die Augen schließen. Atme durch und sage dann, was dir da gerade durch den Kopf geht. Es kann sein, dass du just sagst: „Ich bin nervös. Es ist etwas seltsam. Wo soll ich bloß anfangen …?“ Du kannst auch so beginnen: „Schön, dass du da bist. Endlich.“

Du kannst das Gespräch auch laut führen oder leise vor dich hinmurmeln, so wie vielleicht auch sonst in Selbstgesprächen, die jeder gelegentlich führt.

Wenn du bereit bist und die Angst und die Nervosität loslässt, wird das Gespräch wahrscheinlich seinen Lauf nehmen. Habe den Mut zu warten und ein paar Momente in der Stille auszuhalten.

Sieh die Person, wenn du kannst, mit dem inneren Auge an. Es ist denkbar, dass du es anfangs noch nicht wagst, sie in Gänze wahrzunehmen. Vielleicht ist da nur ihre Hand, oder die Person hat keine feste Form, es gibt ein Grundgefühl von Anwesenheit, das dir bekannt oder angenehm ist. Sei offen und fühle keinen Druck in dir, eine 3D-Version vor dir haben zu müssen. Fühle die Präsenz und mit der Zeit wirst du vielleicht immer besser innerlich sehen. Oder du wirst sie sehen, indem du einfach fühlst und weißt, dass die Person da ist.

Deine Notizen liegen bereit, damit du nicht vergisst, was dir wichtig ist zu sagen. Beachte auch „Ich liebe dich“ aufzuschreiben. Obwohl (oder gerade weil) es überpräsent ist, kann es tatsächlich vergessen werden!

Hab keine Angst vor Schweigepausen. Sie können besonders gehaltvoll sein, weil sie Emotionen transportieren. Lass es geschehen. Die Zeit ist da und sie darf genutzt werden, zu sein und sich den Gefühlen zu überlassen.

Möglicherweise findet das Gespräch nicht nur innerlich statt, sondern kommt auch gänzlich ohne Worte aus. Das ist absolut in Ordnung. Wenn du das Ritual ein weiteres Mal vollziehst, wird es vielleicht unentwegt plappern. Oder es bleibt bei dieser tiefen Kommunikation jenseits der Worte. Das ist nicht minder schön. Es gibt kein Richtig oder Falsch und somit auch keine Bewertung.

Das Gespräch wird, wie jedes Gespräch, einen Anfang, eine Mitte haben und sich irgendwann auf ein Ende hinbewegen. Vielleicht magst du dich nur ungern lösen, aber ziehe das Gespräch dennoch nicht endlos hin. Sag lieber: „Ich beende es erstmal hier. Aber ich komme wieder.“ Wann das nächste Mal ist, liegt ja in deiner Hand. Sei dir daher gewiss, dass du bei diesem nächsten Mal wieder lückenlos an das vorherige anknüpfen kannst.

Falls du im Voraus weißt, dass du nur schwer ein Ende finden wirst, dann stell einen Timer, um das Gespräch zeitlich einzugrenzen.

Das Gespräch neigt sich dem Ende entgegen und du verabschiedest deinen geliebten Menschen. Ihr umarmt euch im Geiste, schaut euch in die Augen, steht euch noch ein wenig gegenüber. Vielleicht siehst du den Menschen davongehen oder die Begegnung verblasst allmählich.

Trink einen Schluck Wasser. Atme durch. Schau dir die Notizen an, die du vielleicht gemacht hast, über die Themen, über die du sprechen konntest bzw. wolltest. Wenn du meinst, dass du alles Relevante zu Papier hast bringen können, entferne auch du dich physisch von dem Ort, an dem die Begegnung stattgefunden hat.

Geh ein paar Schritte. Bewege dich ein wenig. Lass das Geschehene, ohne darüber nachzudenken, in dir nachwirken.

Sei vor diesem Gespräch möglichst entspannt. Eine Meditation kann dir helfen, zuvor zur Ruhe zu kommen. Führe diesen ersten Teil des Gesprächs nach Möglichkeit mehrmals durch, bevor du „Das fantastische Gespräch (Teil 2)“ angehst (siehe 7.13). Lass beide Teile nicht unmittelbar aufeinander folgen, sondern lass etwas Zeit dazwischen.

Wenn du ohnehin meditierst, kannst du dieses Gespräch mit in die Meditation nehmen. Sei dann aber mehr auf Empfang eingestellt als darauf ausgerichtet, dich selbst auszudrücken. Du kannst mit etwas beginnen, sodann versuchst du jedoch, entspannt zu horchen, ob etwas außerhalb deiner eigenen Gedanken zu dir kommt. Möglicherweise erlebst du dann sogar eine Art Seelenreise.

Zerbrich dir nicht den Kopf darüber, was wirklich und was Fantasie ist oder ob du dir das alles selbst ausdenkst. Bedeutsam ist der Fluss, in den du dich begibst. Deine Offenheit, dir mit kindlicher Freude zu gestatten, dieses Abenteuer zumindest zu versuchen.

7.11 Ich fühle mich geliebt und geschätzt von dir

Selbstliebe – heißt es – sei die eigentliche Liebe, eine Art Basisstation. Ist sie gegeben, ist es leichter, andere zu lieben. Aber so einfach ist es nicht. Denn, so paradox es klingen mag: Selbstliebe ist wohl auch die schwierigste Form der Liebe.

Wenn dich der geliebte Mensch in physischer Form nicht mehr lieben kann, dann fühlst du dich unter Umständen nicht nur um diese physisch nicht mehr mögliche Liebe betrogen; auch deine Selbstliebe scheint zu schwinden, ist vorübergehend nicht fühlbar. Und gerade deshalb soll man sich umso mehr wertschätzen. – Ist das Leben nicht ein Widerspruch, eine Crux par excellence?

Stell dir das Folgende vor: Du begegnest einem Außerirdischen und sollst ihm erklären, was Liebe ist. Wirst du sie als etwas Materielles und Fassbares beschreiben? Oder wirst du dem Außerirdischen sagen, die Liebe sei nichts Materielles, eher etwas Innerliches, das sich aber durch Berührungen, liebevoll geäußerte Worte, Blicke oder Taten ausdrücken lasse? Wenn du deine Gedanken weiterführst und an deine geliebte Person, die physisch nicht mehr da ist, und an die Liebe, die Verbundenheit und Freundschaft denkst, die du für sie empfindest: Ist diese Liebe, Freundschaft oder Verbundenheit jetzt nicht mehr da, weil sie, materiell gesehen, nicht mehr fassbar ist?

Ablauf

Du weißt: Nur weil der geliebte Mensch in physischer Form nicht mehr da ist, hast du noch lange nicht die Liebe verloren. Deine Liebe ist noch da, und du kannst sie ebenso wenig greifen und erfassen wie sonst auch. Die Art, wie sich die Liebe oder die Verbundenheit zwischen dir und deiner geliebten Person bisher ausdrückte, ist nur vordergründig weg. In deiner Erinnerung, in deinen Gefühlen bleiben die Momente der Liebe, mit allem, was in diesen Momenten oder danach geschah. Nichts, das einmal war, kann verloren gehen. Oder es gibt nichts, das bleibt, weil jeder einzelne Moment ein neuer ist. Schon die alten Griechen wussten: Man steigt nicht zweimal in denselben Fluss.

Diese etwas philosophischen Gedanken sind nur so etwas wie ein Fundament, auf dem du das Ritual der Selbstliebe machen kannst. Gerade jetzt, wo deine geliebte Person physisch nicht mehr da ist, ist Selbstliebe besonders wichtig für dich.

Nimm dir einen Moment Zeit für dich, in Ruhe und am besten allein. Das Handy ist selbstverständlich ausgeschaltet.

Schaff dir eine schöne Atmosphäre. Lüfte gut durch, stell ein paar frische Schnittblumen in eine Vase, zieh etwas Bequemes oder auch etwas Schönes an, leg etwas Parfüm auf. Fühl dich wohl in deiner Haut. Stell ein Getränk neben dich und lass dich von nichts ablenken.

Sieh dich selbst, wo du gerade bist, wer du bist. Gestatte dir, den Raum, in dem du bist, mit Liebe zu füllen. Mit Liebe, die auch dich betrifft. Dich, der / die du bist und so, wie du bist.

Erlaube dir, auch deinen geliebten Menschen hinzuzuholen, mitsamt seiner Liebe, seiner Freundschaft und Verbundenheit. Lass auch diese Gefühle sich im Raum verteilen.

Hüll dich in dieses positive Licht, das reine Liebe ist. Gestatte dir zu sagen: „Dieses Licht meint mich. Die Liebe und die Verbundenheit erfassen mich. Meine geliebte Person: Sie hat mich geliebt, war mir verbunden und so ist es noch immer. Auch ich liebe diesen Menschen weiterhin. Ich fühle mich ihm verbunden. Nichts hat sich aufgelöst und ist weggegangen. Denn das, was war, das war schon vorher nicht eine physische Form."

Fühl die Liebe deiner geliebten Person. Fühl auch die Liebe, die von dir zu ihr ausgeht. Vielleicht spürst du etwas in deinem Körper, eine innere Wärme. Was immer es ist, denk es dir nicht aus. Fühl dich nicht gedrängt, etwas erfassen zu müssen, sondern lass es einfach geschehen.

Nimm deinen geliebten Menschen in den Arm, halte seine Hand, leg dich mit ihm imaginär ins sommerliche Gras. Gib dem Ausdruck eurer Verbundenheit ein schönes Bild und genieße. Fühl dich von der Liebe durchströmt und wisse, dass sie nicht weg ist. Nicht die von deinem geliebten Menschen, nicht die von dir zu ihm, und auch die Liebe, die du dir selbst und anderen geben kannst, ist noch immer da.

Die Liebe ist die Liebe und jede Art geht nahtlos in die nächste über. Deine Selbstliebe ist Teil der Liebe zu deiner geliebten Person und Teil der Liebe insgesamt, deren Teil du effektiv bist.

Wisse: Die Liebe überhaupt ist stets da für dich. Sie ist immer. Sie ist ewig. Und du hast Zugang. Der Zugang zu dieser Liebe liegt in dir. Der Zugang ist durch die gelebte Liebe zu deiner geliebten Person da. Der Zugang ist da, weil die geliebte Person in der Liebe mit dir verbunden ist. Der Zugang zur Liebe ist da, weil Liebe immer ist. Weil du ein liebendes und geliebtes Wesen bist.

Vielleicht schafft du es, am Ende zu dir selbst zu sagen:

Ich liebe mich.
Ich wertschätze mich.
Ich nehme mich an.
Ich bin ein liebendes Wesen.
Ich werde geliebt.
Ich habe alles in mir, um lieben zu können, um Liebe zu erfahren.
Ich bin insofern vollständig.
Ich bin insofern perfekt.
Ich liebe mich selbst.

Es ist sehr gut möglich, dass dieses Ritual beim allerersten Mal sehr emotional werden könnte. Lass es zu oder brich ab und komm zu einem späteren Zeitpunkt darauf zurück. Es wird mit der Zeit harmonischer und weniger aufwühlend sein, was nicht bedeuten soll, dass dadurch die Wirkung gemindert wird.

Kombiniere dieses Ritual mit „Affirmationen, die mir guttun" (siehe 8.3).

7.12 Besuche mich, wenn ich schlafe

Träume sind eine faszinierende Welt, zu der wir Zugang haben. Und doch existiert die Traumwelt nur für uns, wenn wir so entspannt sind, dass sich unser Bewusstsein vom Wachzustand in einen anderen wandelt. Vielleicht sind wir in unseren Träumen außerhalb von uns selbst und gleichzeitig innerlicher denn je. Wenn wir schlafen und träumen, blockieren wir nicht unser physisches System und können die sonst angespannte Muskulatur gänzlich loslassen. Wir sind befreit davon, denken zu müssen. Im Schlaf denkt etwas für uns, das womöglich etwas anderes ist als das, was das Wort „denken" bezeichnet.

Wenn aber nun diese Welt der Träume viel wirklicher wäre als die, in der wir wach sind? Wenn wir hier aus uns heraustreten und andere Realitäten betreten könnten? Jeder darf an dieser Stelle seine Gedanken selbst weiterspinnen, aber fast alle Trauernden bestätigen: Der geliebte Mensch, der physisch nicht mehr ist, ist im Traum auf einmal da, in welcher Form auch immer …

Dieses Ritual ist eher eine Absicht bzw. ein Wunsch, denn die Durchführung und den „Erfolg" überlässt man hier anderen Kräften. Wichtig ist, entspannt zu bleiben, nicht zu sehr zu wollen, sondern vielmehr zu vertrauen und offen zu sein. Von Vorteil ist zudem die Einstellung, dass das Ritual erst mit der Zeit greifen könnte oder bloß punktuell gelingt. Es kann vielleicht in dem Sinne zu einem Ritual für dich werden, weil es sich natürlich in dein Leben fügt und einfach dazugehört.

Ablauf

Wenn dich die nicht immer leicht verständliche Welt der Träume fasziniert, wenn du in deinen Träumen bereits schöne Erfahrungen machen konntest, wie zum Beispiel zu fliegen, auf Lösungen für Probleme zu stoßen oder du bereits lieben Menschen, die physisch nicht mehr da sind, im Traum begegnen konntest, dann könnte dieses kleine Ritual etwas für dich sein.

Wenn du bereits von deiner geliebten Person geträumt und dir eine Fortsetzung gewünscht hast, wirst du wahrscheinlich die Erfahrung gemacht haben, dass das meistens nicht funktioniert. Träume sind keine TV-Serien oder Songs, die man anmachen kann, wenn einem danach ist. Lange Zeit war die Person hier, und jetzt kommt sie nicht mehr. Du willst verstehen. Du möchtest das steuern, aber wenn du nicht zu den geübten Klarträumern gehörst, weißt du nicht, wie du vorgehen sollst. Ganz nebenbei: Selbst diejenigen, die mit dem Klarträumen vertraut sind, können sich oft nur schwach erinnern und können lediglich partiell oder als Bewusstsein in einen Traum eingreifen. Sie können keineswegs das Traum-Setting nach eigenem

Gutdünken gestalten oder Protagonisten selbst auswählen. Sie müssen mit dem vorliebnehmen, was da ist. Dies zum Trost.

Wenn du dir von Herzen im Traum eine Begegnung mit deiner geliebten Person wünschst, dann äußere diesen Wunsch ganz bewusst und klar und zwar dann, wenn du zu Bett gehst. Sprich eine Einladung aus und teile deinem lieben Menschen mit, dass du dich freuen würdest, wenn er in dieser Zwischenwelt zu dir kommen würde. Sei bereit und übe keinen Druck aus, weder auf deine geliebte Person, noch auf dich selbst.

Wenn du dich am nächsten Morgen nicht erinnerst, aber mit einem zutiefst zufriedenen, vielleicht sogar beschwingten Zustand aufwachst, dann vertraue darauf, dass die geliebte Person wahrscheinlich da war. Selbst, wenn du dich nicht klar erinnerst und ins vermeintliche Nichts greifst. Glaube oder wisse, vor allem vertraue darauf, was womöglich war oder noch sein könnte. Bleibe zudem dran und lade deine liebe Person immer wieder ein.

Wenn du eine geliebte Person besonders stark vermisst, sodass dein großer Wunsch dich vielleicht daran hindert, gelassen zu bleiben und du dir den Besuch nicht nur wünschst, sondern wirklich willst, dann lade stattdessen eine andere Person ein, die physisch nicht mehr da ist und um die du nicht ganz so stark trauerst. Betrachte dies als eine Art Vorübung. Wenn hier eine Begegnung stattfindet, wirst du aus dieser Erfahrung Vertrauen schöpfen, sodass es auch mit anderen Lieben oder dieser einen, besonderen, geliebten Person klappen wird.

7.13 Das fantastische Gespräch (Teil 2)

Als Regisseur/in deines eigenen Lebens bist du frei, Zeitgrenzen zu durchbrechen. Du kannst ganz im Jetzt sein und dich trotzdem mit den Gedanken in deiner Kindheit befinden. Vielleicht, weil du gerade auf einer Schaukel sitzt, weil du den Geschmack von Erdbeereis auf der Zunge hast, ... ist da die Präsenz deines fünfjährigen Ichs.

Du kannst nicht nur planen und dir Dinge vornehmen, du kannst sogar vorwegnehmen, wie sich etwas wohl anfühlt, das noch nicht passiert ist. Dies kann sehr vage oder konkret und körperlich deutlich fühlbar sein. Mit Gedanken, Gefühlen, Erinnerungen oder Projektionen kannst du dich in den Zeitebenen bewegen und, egal, wo du bist, einzelne Zeitfenster erhaschen.

Seit du deinen geliebten Menschen physisch gesehen hast und auch, seit du den ersten Teil des imaginären Gesprächs (siehe 7.10) mit ihm hattest, ist einiges an Zeit vergangen. Du begibst dich jetzt an einen imaginären inneren Ort, der sich gut dazu eignet, um deine geliebte Person zu treffen. Dieser sehr besondere innere Ort kann eine imaginäre Bar sein, eine Bank auf einer weiten Wiese oder ein Strandkorb, der mit schönen Erinnerungen verbunden ist. Du kannst die Person aber auch zu dir nach Hause einladen. Das Gespräch findet zeitlich gesehen in der Zukunft statt und du überbrückst mindestens sechs Monate. Nehmen wir an, es ist real der 18. März. Dann führst du das Gespräch aus der Perspektive des 18. Dezembers (oder eines noch späteren Datums). Du lässt dich auf den inneren Dialog mit der geliebten Person ein. Vielleicht hast du konkrete Fragen an sie oder es tauchen welche während des Gesprächs auf. Lass diese Fragen zu, sprich deine geliebte Person direkt an.

Ablauf

Halte einen guten Termin in deinem Kalender fest und ermittle von diesem ersten Termin ausgehend einen guten, imaginären zweiten Termin in der Zukunft, der mindestens ein halbes Jahr später liegt.

Was könnte ein geeigneter Ort sein, um die geliebte Person imaginär zu treffen? Ein Restaurant? Ein Wald, um einen Spaziergang zu machen? Eine Zug- oder Autofahrt? Oder doch besser in der Küche?

Notiere dir stichwortartig Themen, auf die du gerne eingehen möchtest – Gesundheit, Arbeit, etwas zu deinem eigenen inneren Prozess oder auch einfach nur Tratsch und Klatsch, Austausch über Erinnerungen. Vielleicht stehst du auch vor einer Entscheidung, bist dir nicht sicher, was du tun sollst und möchtest das mit der geliebten Person erörtern. Vielleicht möchtest du einen Ratschlag hören oder hoffst zumindest auf eine Richtung.

Wenn der effektive Termin näherrückt, überlege dir, ob du noch irgendetwas brauchst: ein bestimmtes Kleidungsstück, eine Blume, die du für die geliebte Person mitnimmst, ein Getränk, das nicht fehlen darf …

Versuche, dich am besagten Tag in einen meditativen, entspannten Zustand zu bringen. Lege unbedingt auch ein Blatt Papier und etwas zum Schreiben bereit. Es ist möglich, dass im Laufe des inneren Gesprächs tatsächlich Antworten oder andere Themen reinkommen, die du aufschreiben möchtest.

Es ist so weit und du bist zu Recht nervös. Nicht zuletzt, weil du selbst nicht weißt, wie es in einem halben Jahr sein könnte. Der weitere Zeithorizont verunsichert dich ein wenig. Auch hier gilt: Es darf euer Geheimnis bleiben. Betrachte es auch als Spiel, als Gedankenexperiment.

Wenn du das Gespräch rein innerlich führst, kannst du auch die Augen schließen. Atme durch und sage dann, was dir gerade jetzt durch den Kopf geht. Es kann sein, dass du just sagst: „Es ist eine Herausforderung, aber ich versuche jetzt, mich in die nähere Zukunft hineinzudenken und von dort aus auf die letzten sechs Monate zurückzublicken." Du kannst beginnen, indem du sagst: „Schön, dass du da bist."

Du kannst dieses Gespräch laut führen oder leise murmeln, so, wie du vielleicht Selbstgespräche zu führen pflegst.

Wenn du bereit bist und die Angst und die Nervosität loslässt, wird das Gespräch wahrscheinlich seinen Lauf nehmen. Hab den Mut zu warten und ein paar stille Momente auszuhalten.

Beginne von deinem vorgestellten Zukunftsdatum aus rückwärts. Wenn es effektiv März ist und du dich in den folgenden Dezember hineingedacht hast, dann erzählst du also vom Zeitpunkt im Dezember. Es ist zum Beispiel kurz vor Weihnachten und du sagst, was du diese Tage tust. Dann berichtest du, was sich im November ereignet hat, was der Oktober gebracht hat und was im Sommer war usw.

Wenn du kannst, sieh die Person mit dem inneren Auge an. Vielleicht nimmst du sie nicht in Gänze wahr oder auf andere Weise innerlich. Nur ihre Hand, als Gegenüber ohne bekannte Form, als ein Grundgefühl von Anwesenheit, das dir bekannt oder angenehm ist. Sei offen und fühle keinen Druck in dir, eine 3D-Version vor dir haben zu müssen. Fühle die Präsenz, indem du einfach fühlst und weißt, dass dein geliebter Mensch da ist.

Du hast deine Notizen und vielleicht auch Fragen zur Hand, um nicht zu vergessen, was dir wichtig ist zu sagen oder zu fragen. Vergiss auch nicht, „Ich liebe dich" aufzuschreiben.

Hab keine Angst vor Schweigephasen. Nonverbale Pausen können besonders gehaltvoll sein. Sie können die Emotionen transportieren, die da sind. Lass es geschehen. Die Zeit ist da und darf auch genutzt werden, zu sein und sich den Gefühlen zu überlassen.

Fühl keinen Druck, wenn du Fragen stellst. Sei offen und erwarte keine Antwort. Eine Frage zu formulieren, ist bereits die halbe Arbeit. Sei dankbar dafür. Solltest du tatsächlich eine konkrete Antwort oder das Gefühl einer Richtung bekommen, fühl dich beglückt und beschenkt.

Es kann wie gesagt sein, dass das Gespräch nicht nur innerlich stattfindet, sondern dass es gänzlich ohne Worte auskommt. Das ist absolut in Ordnung. Wenn du das nächste Mal das Ritual vollziehst, wird es vielleicht umso flüssiger verlaufen. Oder es bleibt bei dieser tiefen Kommunikation jenseits der Worte. Das ist wunderbar so. Es gibt kein Richtig oder Falsch.

Auch dieses Gespräch wird einen Anfang und eine Mitte haben und sich irgendwann zum Ende hinbewegen. Du wirst dich nicht gerne lösen wollen, aber ziehe das Gespräch nicht endlos in die Länge. Schließe es ab, obschon es dich innerlich ein wenig zerreißt und freue dich bereits auf ein nächstes Mal. Falls du im Voraus weißt, dass du Mühe haben könntest, ein Ende einzuleiten, dann stelle einen Timer, um das Gespräch zeitlich einzugrenzen.

Das Gespräch neigt sich nun dem Ende und du verabschiedest deinen geliebten Menschen. Ihr umarmt euch im Geiste, schaut euch in die Augen, steht euch noch ein wenig gegenüber. Vielleicht siehst du ihn davongehen oder die Begegnung verblasst allmählich.

Trink einen Schluck Wasser. Atme durch. Schau dir deine Notizen an. Gibt es möglichweise Antworten auf offene Fragen? Wenn du meinst, dass du alles Wichtige hast aufschreiben können, entferne auch du dich physisch von dem Ort, wo die Begegnung stattgefunden hat.

Geh ein paar Schritte. Bewege dich ein wenig. Lass das Geschehene in dir nachwirken, ohne darüber nachzudenken.

Sei vor diesem Gespräch möglichst entspannt. Eine Meditation (zum Beispiel „4711 – das kenne ich doch …“, siehe 8.2) kann dir helfen, zur Ruhe zu kommen. Führe nach Möglichkeit Teil 1 (siehe 7.10) mehrmals durch, bevor du Teil 2 des Gesprächs angehst. Führe beide Gesprächs-Teile auch nicht unmittelbar nacheinander, sondern lass zeitlichen Raum dazwischen.

Führe diesen Teil 2 des Gesprächs nicht allzu oft. Du kannst dich hier an der Zeitspanne für deine Zukunftsprojektion orientieren. Wenn das Gespräch von jetzt aus betrachtet in sechs Monaten angesiedelt ist, dann lass bis zum nächsten Ritualdurchgang mindestens ein halbes Jahr verstreichen.

Wenn du ohnehin meditierst, kannst du dieses Gespräch mit in die Meditation nehmen. Sei dann aber mehr auf Empfang eingestellt und nicht so sehr darauf ausgerichtet, dich selbst auszudrücken. Du kannst mit etwas beginnen, sodann versuchst du jedoch, entspannt zu horchen, ob etwas außerhalb deiner eigenen Gedanken zu dir kommt. Möglich, dass du dann sogar eine Art Seelenreise erlebst.

Zermürbe dir auch hier nicht den Kopf darüber, was wirklich und was Fantasie ist oder ob du dir das alles nur ausdenkst. Bedeutsam ist der Fluss, in den du dich begibst. Deine Offenheit, dir mit kindlicher Freude zu gestatten, dieses Abenteuer zumindest zu versuchen.

7.14 Ich lade dich ein, hier zu sein

Gefühlt sind viele Trauernde mit der geliebten Person die ganze Zeit verbunden. In Gedanken, durch die Emotionen und überhaupt. In manchen Momenten wünschst du dir aber ganz besonders, der geliebte Mensch möge wirklich hier und bei dir sein. Nicht in dir drin, in deinen Gedanken oder in anderen, weit entlegenen Sphären, sondern just neben dir. Hier. Auf diesem Stuhl. Beim Autofahren auf dem Beifahrersitz und auch beim Spazierengehen oder Einkaufen neben dir.

Was du dir so sehr wünschst, wird physisch nicht mehr gehen, aber du kannst dir stellvertretend ein Objekt auswählen, eine Art Platzhalter, von dem außer dir niemand etwas wissen muss. Es kann ein kleiner Kieselstein sein, den du auf einem Stuhl platzierst, während du im Garten arbeitest und dir vorstellst, der geliebte Mensch sitzt dort und schaut dir entspannt zu. Es kann eine neue Einkaufstasche sein, die dich an die geliebte Person erinnert, und mit der ihr „gemeinsam" einkaufen gehen könnt. Es kann ein Pullover sein, der auf dem Beifahrersitz liegt, wenn du einen Ausflug machst usw.

Nimm deine geliebte Person nicht „nur" in Gedanken und in deinen Gefühlen mit, wenn du etwas unternimmst oder unterwegs bist, sondern finde etwas, das du visuell und greifbar als physischen Platzhalter mitnehmen kannst. Dieser Gegenstand sollte handlich genug zum Mitnehmen sein, aber nicht zu klein, damit du ihn nicht verlierst. Es sei denn, du entscheidest dich z. B. für einen Kieselstein-Platzhalter, der nicht immer derselbe Stein sein muss. Kurz: Es soll etwas sein, das dir passt und es sollte kein Stück der Erinnerung sein, denn die ist sowieso stets bei dir und du lebst sie ja aktiv. Wichtig ist, dass dieser Gegenstand sichtbar ist, um so den geliebten Menschen auf gewisse Weise sichtbar werden zu lassen.

Ablauf

Beobachte dich und dein Leben und spüre nach, wo und wann es schön wäre, die geliebte Person in einer physischen Ausprägung tatsächlich da zu haben. Neben dir, bei dir, um dich.

Was könnte in dieser speziellen Umgebung ein passender, sichtbarer, nicht allzu großer und auch nicht zu kleiner Gegenstand sein? Eine Feder eignet sich zum Beispiel weniger gut bei Unternehmungen, die draußen stattfinden.

Du hat keine Idee? Ich finde es beispielsweise wunderschön, ein Licht mitzunehmen. Es gibt heutzutage Teelichter, die man aufladen kann und die einen Tag lang halten. Aber auch ein Handschmeichler, ein gefundener Stein oder ein Halbedelstein sind schöne „Vertreter" und schaffen beim Anblick Behagen.

Dieses Ritual projiziert sich zwar aufs Äußere, findet aber dennoch mehr innerlich statt. Es darf dein Geheimnis bleiben. Auf Kommentare und Fragen kannst du sagen, dass das dein Glücksbringer, eine Gewohnheit oder eben ein Geheimnis ist.

7.15 Ich bade in einer Fotografie

In einer Fotografie mit dem geliebten Menschen zu baden und tauchen zu gehen kann bedeuten, die Emotionen und Wahrnehmungen von einst, die man manchmal kaum noch spürt, neu zu wecken. Es bedeutet auch, Neues zu entdecken. Es heißt, innere Reisen zu machen, die über den Rand des Fotos hinausführen. Man kann dabei die Zeit dehnen, anhalten, in kleine Einheiten zerschneiden oder in größere Zeitrechnungen einschließen. Ein Foto-Bad kann herrlich öffnend und innerlich befreiend sein. Auch wenn es zunächst aufwühlend ist, kann es mit längerer Dauer sehr entspannend werden. Mit dieser Art von Bad betritt man einen Zeitraum, der in einer Fotografie eingefroren ist und auf den man jetzt wieder Zugriff hat.

Weil das Ritual einen meditativen Charakter hat, sind eine gewisse Grundruhe, die Bereitschaft dazu sowie ausreichend Zeit hier hilfreich. Es ist nicht wichtig, welches Foto man zur Hand nimmt. Eine zufällige Auswahl ist unter Umständen sogar förderlicher, weil man sich auf etwas Neues einlassen muss und somit die Fantasie einen unvoreingenommenen, freieren Lauf haben kann. Von einer nüchternen Beobachtung gehst du immer tiefer ins rein Subjektive, höchst Subtile hinein. Du wechselst zwischen inneren und sichtbaren Landschaften, erkennst neue Fakten oder du erfasst, was abstrakt über allem liegt.

Ablauf

Du benötigst etwas Zeit für dieses Ritual (ca. eine Stunde). Entweder bist du bereits in gelassener Stimmung oder du möchtest durch das Bad in der Fotografie zur Ruhe kommen.

Nicht du suchst ein Foto, sondern lass dich nach Möglichkeit von einem Foto finden. Schließe gegebenenfalls die Augen. Schlag ein Fotoalbum auf einer zufälligen Seite auf oder nimm irgendein ein Foto aus einer Kiste, Schublade … Es wird nicht ausbleiben, dass dir wahrscheinlich tausend Gedanken durch den Kopf gehen, sobald du das Bild anschaust. Gehe aber diesen ersten Eindrücken und Empfindungen zunächst nicht nach, sondern verfahre wie folgt: Betrachte das Foto so, als wäre es der Ausgangspunkt zu einer Geschichte, die du schreiben willst.

Teil 1

Beschreibe zunächst ganz nüchtern, was du auf dem Foto siehst. Wenn das nicht ganz so viel ist, erweitere die Faktensammlung, indem du das hinzunimmst, was wohl auch da ist, auch wenn es nicht 1:1 auf dem Foto abgebildet ist. Du kannst das mögliche Jahr, die Saison hinzunehmen, geographische Angaben, den Anlass usw. Selbst wenn es stockt und du meinst, dir alles aus den Fingern saugen zu müssen: Mach weiter, bis du wirklich meinst, alles Nötige gesagt zu haben.

Teil 2

Im nächsten Schritt gehst du auf die sinnliche Ebene, indem du Fragen beantwortest.

Was kann ich **hören**? Was war (möglicherweise) vor der Aufnahme zu hören? Gab es ein Gespräch während der Aufnahme, welche Geräusche gab es nach dem Klick?

- Nimm dir einen Moment und höre in deinem Inneren nach, hole diesen Soundtrack so gut wie möglich in dir hervor.

Wenn ich dabei wäre, was könnte ich **sehen**? Wenn du tatsächlich auf dem Foto bist: Worauf ist mein Augenmerk gerichtet? Auf etwas Zentrales oder etwas Nebensächliches? Was sehe ich vorher, was nachher? Wie ist / wäre mein innerer Zustand?

- Versuche dir vorzustellen, du würdest ins Bild schlüpfen. Was würdest du aus dieser Position sehen beziehungsweise erneut erleben?

Was **fühle** ich? Was fühlte ich damals, nach der Fotoaufnahme? Was empfinde ich jetzt, im Rückblick?

- Geh ganz und gar hinein in das Gefühl. Lass es sich jetzt in dir gestalten und entfalten.

Was **rieche** oder **schmecke** ich?

- Vielleicht spürst du flüchtig auf der Zunge diesen Geschmack oder hast kurz diesen Geruch in der Nase.

Was **weiß** ich in diesem Moment?

- Versuche, in deinen Kopf von damals zu gehen. Was ist dir klar, welche Gedanken spielen sich in dir ab? Wenn du auf dem Foto nicht abgebildet bist: Was würdest du wissen?

Wichtig ist, dass du wirklich versuchst, dich mit den Sinnen in das Foto hineinzubegeben. Es ist nicht ganz leicht, aber es ist Übungssache. Erwarte keine Wunder, sondern genieß es, wenn du für Millisekunden etwas spüren, hören oder sehen kannst. Selbst, wenn es nur Fragmente sind.

Teil 3

Erweitere nun die Sinneswahrnehmung auf die Umgebung – auf das, was abgebildet ist, aber auch auf das, was in der Nähe war bzw. hätte sein können. Gehe auch hier nach dem obigen Schema vor:

1. Was hören die Personen, beziehungsweise die eine, die abgebildet ist?
2. Was sehen die Personen, beziehungsweise die eine, die abgebildet ist? Jetzt, vorher, nachher?
3. Wie bzw. was fühlen diese Personen / diese eine Person?
4. Was riechen oder schmecken sie?
5. Was wissen sie, welche Gedanken haben sie wohl?

- Versuche, dich sinnlich hineinzubegeben. Wenn auf dem Foto sehr viele Menschen abgebildet sind, suche dir die Personen aus, in die du dich am leichtesten hineinversetzen kannst.

Teil 4

Erweitere deine Sinne nun auf deine geliebte Person. Idealerweise ist sie auf dem Foto abgebildet oder sie ist in der Nähe – nicht physisch sichtbar, jedoch da. Wenn sie auf dem Foto zu sehen ist und du hast soeben die Teile 1 bis 3 durchgespielt, kannst du das mit etwas zeitlichem Abstand (ein paar Minuten reichen) erneut tun oder Teil 4 auslassen.

Wenn dein geliebter Mensch nicht sichtbarer Teil dieser Aufnahme, aber in der Nähe ist oder er ist etwas weiter entfernt, kannst du die Sinneswahrnehmungsfragen im Konjunktiv stellen und ihn quasi mit ins Bild holen:

Was würde meine geliebte Person hören, sehen, fühlen etc.?

Du kannst aber auch ein neues Foto auswählen, auf dem deine geliebte Person zu sehen ist und die Fragen aus ihrer Sicht beantworten:

1. Was hört meine geliebte Person?
2. Was sieht sie? Was sieht sie vorher, danach?
3. Was fühlt sie?
4. Was riecht oder was schmeckt sie?
5. Was weiß sie? Worüber denkt sie nach?

In dieser Runde mit der geliebten Person ist es schön, wenn du dich von ihr an der Hand geführt fühlst und mit ihr nachspüren darfst. So, als würde sie es sein, die dir davon erzählt und als würde sie dir das, was du fühlst, gerade ins Ohr flüstern. Sei daher offen und bleibe auf Empfang. Versuche nicht, dir mithilfe des Denkens

Antworten zu geben – sei nicht (nur) im Kopf. Die Schwierigkeit ist zunächst, dass die Impulse überhaupt reinkommen und dass du sie überhaupt wahrnimmst. Oft besteht die Gefahr, dass sich dein Verstand und alsbald deine eigene Fantasie einschalten und übernehmen. Die Antwort sollte jedoch nicht aus dieser Perspektive kommen. Das Ritual möchte dich daher bekräftigen, mit den Sinnen und nicht mit den Gedanken mitzugehen.

Teil 5

Finde zuletzt etwas Abschließendes, was du zusammenfassend von deiner kleinen Reise mitnimmst oder aus dem, was du nach deiner Reise auf dem Foto erkennst. Du kannst folgenden Satzanfang zu Ende bringen: Um bei der Geschichte zu bleiben, deren Ausgangspunkt dieses Foto ist, ist am Ende zu sagen, dass …

Es ist völlig in Ordnung, wenn du dieses Ritual laut vorträgst, als würdest du jemandem davon erzählen.

Beachte hier auch Fotos, auf denen die geliebte Person nicht ganz oder überhaupt nicht zu sehen ist, aber dir bewusst ist, wo sie zu diesem Zeitpunkt war. Vielleicht hat sie gar hinter der Kamera gestanden?

In diesem Ritual hat das Foto die Funktion eines Portals, durch das du Zugang zu einer Zeit hast, die in der Fotografie eingefroren ist. Ein Tor, das darauf wartet, durchschritten zu werden, um die Geschichte dahinter zu bergen oder um sie neu zu erkunden.

8.

Noch ein paar besondere Rituale und Übungen für mich selbst

8.1 Noch eins für mich selbst

Man ist sich selbst so nah, und doch ist man oft sehr weit von sich entfernt. Mit der Trauer geht oft eine Sinnkrise einher, in der man auch nach einer Neupositionierung sucht. Nicht, weil man sich verändern muss, sondern weil alles um einen herum nicht mehr an derselben Stelle zu sein scheint wie vor der Trauer.

Die Adventszeit ist speziell. Man spürt Besinnlichkeit, die Familie rückt in den Vordergrund, die Feste halten freie Tage bereit. Gleichzeitig geht das Jahr dem Ende entgegen und möglicherweise lastet es auch ohne die Trauer schwer auf dir. Das neue Jahr ist nah und mit ihm verbunden sind Empfindungen, es könnte einen Neustart und neue Ausblicke geben, da ist ein Gefühl von Übersicht und neuer Ordnung. Allerding können Kälte und Dunkelheit die Laune trüben, dir den Antrieb nehmen und so gar nicht verheißungsvoll sein. Wenn du ohnehin schon einen Endjahresdruck spürst, so wird dieser noch stärker.

Gerade in dieser Zeit zwischen den Zeiten und zwischen den Jahren ist es vielleicht umso wichtiger, bei sich zu sein. Sein Herz zu öffnen, innezuhalten und da zu sein, anstatt sich von den alten oder neuen Tagen überrollen zu lassen.

Vom 1. bis 24. Dezember meditierst du über die zentrale Frage *Wofür bin ich (heute) dankbar?*

Vom 1. bis 24. Januar über die Frage *Was ist (heute) mein Wunsch?*
Wichtig: diesen Wunsch schriftlich festhalten.

Vom 1. bis 24. Februar meditierst du über die Frage *Was ist das Bedürfnis hinter dem Wunsch?* Dafür greifst du auf das zurück, was du dir im Januar notiert hast.

Dreimal 24-Mal für sich selbst Gutes tun. Fast ein Quartal von diesem Guten, das aber auf einzelne Tage aufgeteilt sich nicht so mächtig anfühlt. Und doch werden am Ende 72 gute Dinge (gut im Sinne, da du dir erlaubst, darüber zu reflektieren) für dich dabei herauskommen.

Schön an der Zahl 24 ist, dass zwischen dem Ende eines Teils und dem Anfang des nächsten Teils jeweils sieben bis acht Tage bleiben, wo man dem, was man erfahren hat, nachspüren kann, ohne aktiv in der Aufgabenstellung zu sein. Der Monat Dezember ist ein perfekter Beginn für dieses Ritual. Eventuell hast du einen Adventskalender mit Türchen, hinter denen sich Schokoladenstückchen oder kleine Geschenke verbergen und der dich in dieser Zeit begleitet. Warum aber nicht dir selbst etwas schenken, nämlich 24 Mini-Reisen in dein Inneres?

Ablauf

1. bis 24. Dezember

Finde jeden Tag, wenn möglich um dieselbe Zeit herum, einen kleinen Moment für dich.

Geh an einen ruhigen, schönen Ort, an dem du dich wohlfühlst. Das kann unter der Dusche sein, am Fenster, in der Natur oder einfach dort, wo du kurz Zeit hast, zum Beispiel beim Warten auf die Bahn.

Atme ein paar Mal bewusst und tief ein und aus.

Wenn du dich ruhiger fühlst als vor der Atemübung, schließe deine Augen. Gehe in dich hinein und frage dich, wofür du dankbar bist.

Wofür bin ich dankbar?

Denke über diese Frage nicht nach, sondern spüre vielmehr in dich hinein und lass zu, was kommen möchte.

Eine Ausformulierung ist nicht wichtig. Es genügt ein Wort, ein Moment, eine Szene, die du mit dem Wort Dankbarkeit in Verbindung bringst.

Wenn dir diese Frage zu allumfassend erscheint, dann frage dich: ***Wofür bin ich HEUTE dankbar, was stimmt mich dankbar, glücklich?***

Lass diesen Gedanken nun vorbeiziehen und konzentriere dich wieder auf die Atmung, auf das ruhige Gefühl.

Wenn du Zeit hast, mach diese Übung etwa drei bis fünf Minuten lang. Wenn du wenig Zeit hast, dann solange du kannst. Du darfst dir hierfür einen Timer stellen oder nach deinem Gefühl gehen.

Gegen Ende, wenn du meinst, dass die Übung zum Abschluss kommt, frage erneut, wofür du als Erstes Danke oder heute Danke sagen möchtest.

Vielleicht ist es dasselbe wie vorher, vielleicht etwas anderes.

Nimm das letzte, das dir in den Sinn kommt. Notiere es auf einem Blatt Papier, das du mit dem Tagesdatum versehen hast.

An den nächsten Tagen machst du dasselbe.

Eine Variante kann darin bestehen, dein „Danke“ zu vertiefen (oder auch nicht).

Es ist ganz dir überlassen, ob du zum Beispiel am Tag 1 etwas spontan notiert hast und am Tag 2 genauer ausformulierst. Wichtig ist nur, dass dein „Danke" aus einer tieferen Ruhe zu dir kommt.

Dies führst du bis zum 24. Dezember fort.

Wichtig: Nimm entweder von vornherein für jeden Tag ein eigenes Blatt oder lass zumindest etwas Platz zwischen den einzelnen Tagen. Später, wenn du Lust und Zeit dazu hast, kannst du deine Dankesblätter hervorholen, darüber nachdenken und sie für dich mehr ausformulieren. Du darfst die Blätter aber auch einfach zur Seite legen, bis dieser Abschnitt des Rituals am 24.12. beendet ist.

*

1. bis 24. Januar

Das neue Jahr liegt vor dir und – bewusst oder unbewusst – verbindest du vielleicht so viele Wünsche mit diesem Jahreswechsel. Oder du verzichtest ganz bewusst darauf, weil du befürchtest, dir damit Druck zu machen. Vielleicht spürst du aber auch den Druck an anderer Stelle, weil du meinst, dir für das neue Jahr etwas wünschen zu müssen, weil man das „so tut". Am Ende entpuppen sich solche jedoch oftmals als unrealisierbare Vorhaben und bleiben gute Vorsätze.

Und doch gehen viele Menschen in dieser Zeit in sich und unternehmen ihre ganz individuelle „Wunsch-Reise". Und genau das wirst du jetzt tun. In diesem Ritual solltest du deine Wünsche spontan und ganz tief in dir entstehen lassen, ähnlich wie deine Danksagungen im Dezember – einzelne Wörter genügen. Du darfst sie aber auch ausformulieren und gegebenenfalls mit einem Datum verbinden.

Vorgehen:

Finde jeden Tag, wenn möglich in etwa um dieselbe Zeit herum, einen kleinen Moment für dich selbst.

Geh an einen ruhigen, schönen Ort, an dem du dich wohlfühlst. Das kann unter der Dusche sein, am Fenster, in der Natur oder einfach dort, wo du kurz Zeit hast, zum Beispiel beim Warten auf die Bahn. Es kann in diesem Monat ein anderer Ort sein als im Dezember, aber wenn dein „Dezember-Ort" gut für dich passt, dann bleib auch gerne dabei.

Atme ein paar Mal bewusst und tief ein und aus.

Wenn du dich ruhiger fühlst als vor der Atemübung, schließe deine Augen.

Gehe in dich hinein und frage dich, was du dir wünschst. *Was wünsche ich mir?*

Beantworte diese Frage nicht im Kopf. Denke nicht darüber nach, sondern spüre in dich hinein. Lass zu, was kommen möchte.

Eine Ausformulierung ist nicht wichtig. Es genügt ein Wort, ein Moment, eine Szene, die du mit dem Wort Wunsch in Verbindung setzt.

Wenn dir diese Frage zu umfassend erscheint, dann frage dich: *Was wünsche ich mir HEUTE, gerade in dieser Lebensphase?*

Lass diesen Gedanken nun vorbeiziehen und konzentriere dich wieder auf die Atmung, auf das ruhige Gefühl.

Wenn du Zeit hast, mach diese Übung für etwa drei bis fünf Minuten. Wenn du wenig Zeit hast, dann solange du kannst. Du darfst dir hierfür einen Timer stellen oder nach deinem eigenen Zeitgefühl gehen.

Gegen Ende, wenn du meinst, dass die Übung zum Abschluss kommt, frage erneut, was auf deiner Wunschliste zuoberst steht oder was du dir heute besonders wünschst.

Vielleicht ist es immer noch derselbe Wunsch, vielleicht ein anderer.

Nimm den letzten Wunsch, der dir in den Sinn kommt und notiere ihn auf einem mit dem Tagesdatum versehenen Blatt Papier.

Am nächsten Tag machst du dasselbe.

Als Variante kannst du dir überlegen, ob du deinen jeweiligen Wunsch eventuell vertiefen möchtest. Du könntest zum Beispiel am ersten Tag etwas spontan notieren und es am nächsten Tag weiter ausformulieren.

Wichtig ist nur, dass dein Wunsch aus deiner tieferen Ruhe zu dir kommt.

Wichtig: Nimm entweder von vornherein für jeden Tag ein eigenes Blatt oder lass zumindest etwas Platz zwischen den einzelnen Tagen. Später, wenn du Lust und Zeit dazu hast, kannst du deine Wunschblätter hervorholen, über deine Wünsche nachdenken und sie für dich mehr ausformulieren. Du darfst die Blätter aber auch einfach zur Seite legen, bis dieser Abschnitt des Rituals am 24.1. beendet ist.

*

1. bis 24. Februar

Im Januar hast du an 24 Tagen deine Wünsche notiert, zuletzt vor acht Tagen. Hinter Wünschen verbergen sich meist unbewusste, tiefere und damit womöglich die eigentlichen Wünsche. Anders gesagt: Ein Wunsch steht nicht allein da, sondern birgt fast immer ein **Bedürfnis**, das eng mit dem Wunsch verknüpft ist. In diesem Sinne fühlst du in diesem Monat deinen 24 Wünschen vom Januar auf den Zahn.

Wichtig: Es geht nicht darum, deine Wünsche zu bewerten oder gar zu verurteilen. Sieh diesen Ritualabschnitt vielmehr als eine Art Schatzsuche.

Wie findest du das hinter dem Wunsch stehende Bedürfnis heraus? Den Schlüssel liefert die Frage „Warum wünsche ich mir das?“ Durch sie offenbart sich ein vielleicht gut gehütetes Geheimnis.

Möglicherweise stellst du fest, dass hinter all deinen Wünschen mehr oder weniger dasselbe Bedürfnis steckt. Das zu erkennen kann einerseits erstaunlich sein, es kann aber auch weh tun. So viele Wünsche, und alle meinen dasselbe.

Nicht selten stehen hinter einem Wunsch aber auch mehrere Bedürfnisse, was völlig in Ordnung ist. Sei daher auch offen für mehrere Antworten auf deine Frage nach dem Warum.

Vorgehen:

Finde jeden Tag, wenn möglich in etwa um dieselbe Zeit herum, einen kleinen Moment für dich selbst.

Geh an einen ruhigen, schönen Ort, an dem du dich wohlfühlst. Das kann unter der Dusche sein, am Fenster, in der Natur oder einfach dort, wo du kurz Zeit hast, zum Beispiel beim Geschirrspülen. Es kann in diesem Monat ein anderer Ort sein als im Dezember oder Januar, aber wenn sich bislang etwas für dich bewährt hat, kannst du gerne dabei bleiben.

Atme ein paar Mal bewusst und tief ein und aus.

Wenn du dich ruhiger fühlst als vor der Atemübung, schließe deine Augen für einen Moment.

Wenn du bereit bist, öffne deine Augen wieder.

Nimm den Zettel mit dem 1.1. hervor und schaue, was du dort als Wunsch notiert hast. Frage dich: *Was ist mit dem Wunsch gemeint? Warum wünsche ich mir das?*

Auch hier grüble nicht zu sehr über die Frage nach, sondern spüre in dich hinein, lass zu, was kommen möchte.

Eine Ausformulierung ist nicht wichtig. Es genügt ein Wort, ein Moment, eine Szene, um auf die Frage „Warum dieser Wunsch?“ oder „Was will mir dieser Wunsch sagen?“ respektive „Was ist das Bedürfnis hinter dem Wunsch?“ zu antworten.

Wenn dir diese Frage zu umfassend erscheint, dann grenze sie ein und frage dich: *Was könnten HEUTE die Gründe für meinen Wunsch sein?*

Lass diesen Gedanken nun vorbeiziehen und konzentriere dich wieder auf die Atmung, auf das ruhige Gefühl.

Wenn du Zeit hast, mach diese Übung für etwa drei bis fünf Minuten. Wenn du wenig Zeit hast, dann solange du kannst. Du darfst dir hierfür einen Timer stellen oder nach deinem eigenen Zeitgefühl gehen.

Frag dich gegen Ende erneut, welches Bedürfnis hinter deinem Wunsch stehen könnte. Vielleicht ist es dasselbe Bedürfnis und dieselbe Antwort wie vorher, vielleicht eine andere.

Nimm die letzte Antwort, die dir in den Sinn kommt und notiere sie direkt auf ein mit dem Tagesdatum versehenen Blatt Papier. Auch hier kannst du, wenn du später Zeit und Lust dazu hast, dein Bedürfnis umfassender ausformulieren. Du kannst das Blatt aber auch einfach zur Seite legen.

Am nächsten Tag machst du dasselbe.

Als Variante kannst du dir überlegen, ob du dein jeweiliges Bedürfnis eventuell vertiefen möchtest. Du könntest zum Beispiel am ersten Tag etwas spontan notieren und es am nächsten Tag weiter ausformulieren.

Wichtig ist nur, dass dein Bedürfnis, deine Antwort („Darum / wahrscheinlich deshalb dieser Wunsch …“) aus einer tieferen Ruhe zu dir kommt.

Was nun?

Dreimal hast du dich mit 24 intensiven oder leichteren Antworten und Fragen beschäftigt. Lass dir Zeit und vertraue darauf, dass das Essenzielle in dich einsickert und das für dich Wichtige zum richtigen Zeitpunkt wieder an die Oberfläche kommt. Auch wenn du die Wirkung (vorerst) nicht spürst – sie bleibt nicht aus. Dein Unterbewusstsein war stets dabei.

Vertraue also und warte den Zeitpunkt ab, an dem du Lust verspürst, dich aktiv deinen Antworten zuzuwenden. Das kannst du „häppchenweise" tun oder in einem Durchgang. Widme dich dem, wofür du dankbar bist sowie deinen Wünschen und Bedürfnissen. Nimm an, reflektiere, vertiefe, horche in dich hinein. Bei welchen Notizen verspürst du Lust, aktiv zu werden? Was möchtest du umsetzen, planen und anders angehen? Welcher Sache möchtest du auf den Grund gehen?

Wichtig: *Hab keine Angst, auch Wünsche zu formulieren, die unrealistisch sind. Auf dem Papier hat alles Platz, weil das Papier geduldig ist. Erlaube dir, diese Wünsche zu haben, auch wenn sie sich nicht erfüllen.*

Was die Dankbarkeit betrifft: Erwarte hier nicht zu viel von dir. Es muss nichts besonders „Salbungsvolles" oder „Ehrenhaftes" sein, auch Dinge, die klein und oberflächlich erscheinen, sind hier vollkommen in Ordnung. Sei ehrlich – und nimm dich nicht allzu ernst. Du kannst dich mit deinen Dankbarkeitsnotizen auseinandersetzen, indem du sie z. B. in eigene Affirmationen, Mantras oder Herzgebete einarbeitest.

Was die Wünsche betrifft: Vielleicht bist du derzeit so weit von dir selbst entfernt, dass sich deine Wünsche vor allem auf andere Mitmenschen beziehen. Das ist in Ordnung. Versuche aber, dir dessen bewusst zu sein und frage später erneut nach, ob es nicht doch einen Wunsch gibt, der nur dich betreffen könnte. Wenn dann etwas aufkommt, blende es nicht aus falscher Bescheidenheit aus. Vielleicht machst du zwei Spalten: eine für die anderen, eine für dich.

Du kannst das Ritual natürlich auch in anderen Monaten machen und du kannst zudem zwischen den einzelnen Abschnitten weitere Zeit verstreichen lassen, wenn es sich für dich intensiv anfühlt.

Vordergründig ist in diesem Ritual wenig von der Trauer zu erkennen. Du aber weißt, dass sie noch irgendwo schlummert und unsichtbar zugegen ist, dich insbesondere in der Adventszeit herunterzieht. Das Ritual hilft dir, dich in dieser Zeit aufzufangen. Wenn das neue Jahr anbricht und viele Menschen von Neuanfängen sprechen, dir aber möglicherweise nicht danach ist, kannst du mit diesem Ritual neue Perspektiven gewinnen. Es geht hier um dich und darum, dich so auf dich selbst zu konzentrieren, dass die Trauer keinen Platz hat. Betrachte dieses Ritual als eine verspiegelte Schatztruhe mit vielen Fächern, in der es viel zu entdecken gibt und du dir – ohne die Trauer – nahekommen kannst. Du darfst aber auch spielerisch in der Truhe herumwühlen und dich anstecken lassen, kannst dich dort reflektieren, dich bestaunen.

8.2 „4711 – das kenne ich doch …"

Nicht selten wird trauernden Menschen angeraten, zu meditieren. Doch dieser gutgemeinte Ratschlag könnte leicht abprallen. Zum einen stehen bei den Trauernden vielleicht gerade andere Themen an, als eine entspannte Mitte zu suchen. Zum anderen lindert Meditation nicht unbedingt den Schmerz, sondern kann gerade dorthin führen, wo es brennt und höllisch weh tut.

Oft ist den Ratgebenden auch nicht bewusst, dass es viele Meditationsarten gibt und nicht alle passen zu jedem Anlass. „Meditation" ist also ein Oberbegriff, der allein nicht weiterführt. Für jemanden, der sich in seiner Trauer nackt bis auf die Eingeweide fühlt, sind manche Meditationsformen absolut ungeeignet, denn sie fangen nichts auf, sondern führen nur noch tiefer in das Elend hinein. Auch sind manche Tipps, die man bekommt, zu abstrakt und zu wenig greifbar.

Wer sich der inneren Ruhe jedoch annähern möchte, weil es in der Tat zentral wichtig ist, gut bei sich zu sein auf der inneren Reise, die mit dem physischen Verlust eines geliebten Menschen einhergeht, der tut gut daran, tief und bewusst zu atmen. Das ist eine solide und entspannende Basis für alle möglichen Stürme oder konstruktiven Etappen des inneren Prozesses. Wir können, ja wir müssen atmen. Und auch entspannt zu atmen ist nicht so schwer.

Ablauf

Es gibt eine schöne Atemübung, die man sich leicht merken und vor allem leicht umsetzen kann. Sie heißt 4711 und basiert auf dieser Formel:

> 4 + 7
> elfmal

> 4 Sekunden lang: einatmen
> 7 Sekunden lang: ausatmen
> Das Ganze elfmal wiederholen

Suche dir einen ruhigen Platz und setz dich bequem hin.

Schließe die Augen.

Atme, wie du es möchtest und wie es für dich stimmt: entweder durch die Nase ein und durch den Mund aus oder atme nur durch Nase, sowohl ein als auch aus, oder atme nur durch halb geöffneten Mund ein und aus.

Versuche nicht, mit der Länge der Atemzüge bis an die Grenze zu gehen. Behalte den Atem ruhig und weit. Anstatt besonders tief und lange einzuatmen, versuche lieber, die Schultern locker zu halten und den Brustkorb zu öffnen.

Wenn dein Atem zu sehr vom Kopf bestimmt ist, wirst du beim Einatmen möglicherweise den Bauch einziehen. Beim entspannten Atmen jedoch sollte sich beim Einatmen der Bauch aufblähen und beim Ausatmen zusammenziehen.

Übe diesen Prozess nicht, sondern beobachte deinen natürlichen Atem. Dieser sollte wie oben beschrieben sein. Wenn dies nicht so ist oder weil du hier bereits zu sehr im Kopf bist und unbewusst umgestellt hast, dann stelle dich neu um, indem du beim Einatmen den Bauch aufblähst, beim Ausatmen zurückziehst. Mit der Zeit wird der Atem von selbst tiefer und größer werden.

Du kannst diese Atemübung mit Sätzen begleiten, die du innerlich in dir aufsagst. Solche Sätze können sein:

> (Atme 4 Sekunden lang ein, der Bauch wölbt sich): „Ich atme ein."
> (Atme 7 Sekunden lang langsam aus, der Bauch zieht sich zusammen):
> „Ich atme aus."

Oder:

> „Ich atme Licht ein."
> „Ich atme Licht aus."
>
> „Ich bin Liebe."
> „Liebe bin ich."
>
> „Ich bin hier."
> „Ich bin da."
>
> „Ich atme Energie ein."
> „Ich atme Entspannung aus."

Spüre nach, ob einige dieser Sätze in dir resonieren. Finde sonst andere Sätze für dich, die dich stärken und beruhigen.

Tipp: Zähle die Anzahl der Durchgänge (11) an den Fingern ab. Das ist einfacher, als sie im Kopf zu behalten. Das gilt insbesondere dann, wenn man offen bleiben möchte für mögliche Sätze, die einem zufliegen.

Wenn du mit dem Ablauf gut eingeübt bist, kannst du vor dem Ausatmen zusätzlich kurz innehalten (Atempause). Möglicherweise passiert dies jedoch von allein durch die gegebene Struktur.

8.3 Affirmationen, die mir guttun

Affirmationen sind keine Suggestionen und ihnen haftet nichts Manipulatives an. Vielmehr sind sie eine Form der Selbstkommunikation, die frei von Bedingungen und voll von guten und wohlwollenden Absichten ist. Man muss jedoch offen dafür sein und sich auf eine Art des Verständnisses einlassen können, die nicht kognitiv, sondern erfahrungsbasiert ist. Doch auch mit einer leicht skeptischen Haltung kann man sich auf das Erlebnis einlassen, nach dem Motto: Wenn es nichts nützt, dann hat es wenigstens nicht geschadet.

Gespräche mit dir selbst verlaufen manchmal in seltsamen Bahnen. Sie winden sich womöglich, zeigen Kompliziertes auf oder führen in Gedankengänge, aus denen du kaum mehr herausfindest – erst recht nicht, wenn Emotionen zu Ködern für Gedanken werden. Affirmationen hingegen sind ganz unkomplizierte Gespräche mit dir selbst. Sie führen die Gedankengänge effektiv und an einer kurzen Leine. Sie lassen sich von den Emotionshaken nicht ködern.

Ablauf

Mit den nachstehenden Affirmationen kannst du dich gut selbst motivieren. Du darfst dich auch „reisend" mit diesen Gedanken beschäftigen, was bedeutet: Du denkst nicht über sie nach, beschäftigst dich nicht kognitiv mit ihnen.

Eine Affirmation, die du dir vor Augen führst, entfaltet bereits eine Menge an positiver Kraft. Für eine solche Visualisierung könntest du die Texte (oder eine Auswahl) abschreiben, auf kleine Kärtchen oder in ein schönes Heft. Du kannst sie aber auch so, wie sie im Buch abgedruckt sind, einfach lesen.

Verstärken kannst du die Affirmationen, indem du sie innerlich oder noch besser laut aufsagst.

Wichtig: Leiere die Texte nicht herunter oder überfliege sie nur, sondern lese bzw. sprich sie bewusst. Eine gewisse Langsamkeit ist hierbei hilfreich.

Es ist in Ordnung, wenn du nicht immer gleich konzentriert bist. Die Wirkung geschieht auf der unterbewussten Ebene. Es ist viel wichtiger, dass du nicht mit den Gedanken abwanderst und dich beispielsweise mit einer Einkaufsliste beschäftigst. Wenn solche Gedanken kommen, sage ihnen: „Kommt später" oder notiere kurz das für dich Wichtigste und lass sie dann vorbeiziehen.

Es ist dir überlassen, ob du eine einzelne Affirmation erst mehrfach durchgehst und dann eventuell zur nächsten weitergehst oder ob du mehrere Durchgänge mit verschiedenen Affirmationen machst. Wichtig ist eine gewisse Wiederholung. Am besten probierst du aus, was dir am meisten zusagt.

Wenn du dich nicht auf eine bestimmte Anzahl festlegen möchtest, kannst du dir auch einen Timer für vier Minuten stellen und solange in dieser Übung bleiben.

Vorschläge für Affirmationen zum Ausprobieren

Du kannst sie für dich allein lesen oder auch verschiedene Affirmationen mit in eine Gruppe nehmen. Und natürlich bist du frei, sie durch deine eigenen Ideen zu ergänzen oder zu ersetzen:

Ich bin ein lichtvolles Wesen.

Ich erlaube mir, Selbstliebe zu spüren und sie zu entfalten.

Ich vertraue meinen Gefühlen, meiner inneren Intuition.
Ich kann mich auf mich verlassen.

Ich bin im Frieden.
Mit mir selbst.
Ich bin im Frieden.
Mit dem, was ist.
Ich bin im Frieden.
Mit der Welt.
Ich bin im Frieden.
Mit meiner geliebten Person.

Ich bin ein wunderbares Wesen.
Ich bin perfekt durch meine Einzigartigkeit.

Trotz Trauer bin ich zuversichtlich.

Ich bin dankbar.

Ich habe die Macht, Ängste und negative Emotionen loszulassen.

Meine Trauer wird von der Liebe abgelöst werden.

Ich nehme und gebe mir die Zeit, mit der Trauer mitzugehen.

Ich vertraue, dass sich einst ungeahnte Türen öffnen werden zum Licht.
Ich werde zurückfinden zur Geborgenheit.
Ich werde das Glück spüren.

Ich werde geliebt.
Ich liebe.
Ich bin nicht allein.
Ich wurde geliebt.
Ich werde lieben.

Ich bin eine Seele.
Ich bin mehr als mein Körper.
Mehr als meine Gedanken oder Gefühle.
Ich bin eine Seele.

Ich fühle mich meinem geliebten Menschen innig verbunden.

Ich bin in der Lage, die Dinge zu akzeptieren wie sie sind.

Ich wachse an dem, das mir passiert.

Ich bin wertvoll.
Ich bin liebenswert.
Ich sage zu dir: Schön, dass es dich gibt.
Ich sage zu mir selbst: Schön, dass es dich / mich / uns gibt.

Jeder Atemzug ist ein Kraftspender.
Wenn ich bewusst atme, ist diese Kraft spürbar.
Jeder Atemzug ist ein Neubeginn.

Andere Affirmationen, die für dich gut passen, findest du möglicherweise in den Herzgebeten (siehe 2.1., „Ein Herzgebet für dich"), wo du wahrscheinlich bereits ein paar persönliche Sätze für dich gefunden hast.

Es ist denkbar, dass zunächst nur lästige Alltagsgedanken auftauchen. Sollten sich jedoch in der Übung ganz andere Informationen einstellen, halte hierfür Stift und Papier bereit, um sie zu notieren. Nicht selten tritt eine Entspannung ein, die mit sich bringt, dass du auf einmal Inspirationen oder Antworten bekommst auf Fragen, die dich innerlich beschäftigen und die du eventuell noch gar nicht für dich ausformuliert hast. Suche aber nicht nach ihnen und unterscheide zwischen Gedanken, die dich ins Grübeln bringen oder störenden Charakter haben, und solchen Gedanken, die Botschaften und Antworten für dich bereithalten. Gewissermaßen störende Gedanken versus strömende Gedanken.

Wenn dir die Affirmationen in diesem Buch nicht zusagen und du selbst keine finden kannst, such im Internet unter dem Begriff „Mantras" und du findest unzählige Beispiele zum Thema sowie Bücher und Kartensets.

Eine gute Möglichkeit, für dich eine passende Affirmation zu finden: Fasse eine Angst oder einen Zweifel in eine positive Aussage. Nehmen wir an, du hast Angst vor der Dunkelheit. Die entsprechenden Affirmationen könnten lauten: „Ich bin vor der Dunkelheit geschützt."; „Die Dunkelheit ist außerhalb meiner Welt. Sie hat keinen Platz in meiner heilen, geschützten Welt."

Noch besser ist es, das negativ konnotierte Wort (hier „Dunkelheit") durch ein positiv konnotiertes (z. B. „Licht") zu ersetzen:

„Mein neuer Weg ist das Licht."; „Das Licht ist mein Helfer und unterstützt mich, positiv, eingebettet zu sein." Etc.

8.4 Wenn ich zu dir reisen möchte – Angebot zum Innehalten

Jeder Mensch ist höchst individuell, ebenso die Beziehung zwischen Menschen. Entsprechend kann auch die Trauer nur höchst eigen sein, manchmal eigensinnig und allemal subjektiv. Ob man anfangs zerfließt vor Kummer, ob eine gewisse Starre über Jahre hinweg besteht und sich keine Träne lösen möchte, ob sich bei schönstem Wetter ganz unvermittelt die Dämme öffnen und einen überfluten – es scheint alles ohne plausible Regeln zu passieren, ohne klare Abläufe. Zuweilen sind die Prozesse geradezu willkürlich, geschehen ohne eigene Einflussnahme. Wer wieder einmal weinen möchte, kann nicht. Wer aufhören will, glaubt nicht mehr daran, je wieder einen Tag zu erleben, ohne nicht mindestens einmal das Taschentuch hervorzuholen.

Das nachstehende Angebot kann etwas lösen, auslösen, bekräftigen oder neu aufspannen. Zu viel auf einmal ist zu viel. Weniger ist mehr. Weniger ist hier nicht weniger, sondern geht vielmehr in die Tiefe. Ob das Angebot triggert oder besänftigt, ist weniger wichtig, als dass etwas passiert, etwas sich regt. Es lenkt aus der gewohnten Bahn in eine neue Richtung. Vielleicht schläft danach etwas ein oder etwas hat die Chance, kurz zu erwachen.

Ablauf

Wichtig ist, dass du nicht komplett neben dir stehst oder am Ende deiner Kräfte bist. Es ist gut, wenn du relativ gut zentriert und ausgeglichen, das heißt ganz bei dir bist. Oder wenn du vielleicht gar eine Sehnsucht verspürst, die Gedanken und Emotionen, die sich womöglich durch die Trauer, durch die neue Beziehungsform zum geliebten Menschen eine Art Bahn geschaffen haben, mit neuen Wegen und Erfahrungen zu ergänzen.

Das Angebot beinhaltet Nebenpfade, Ausflugsziele oder neue Orte der Begegnung außerhalb derjenigen, die dir bereits vertraut sind.

Selbst wenn du dir viel Zeit für dieses Ritual reserviert hast, ist es nicht empfehlenswert, das gesamte Angebot auf einmal durchzuspielen. Bildhaft gesprochen würde das einer Erlaubnis gleichkommen, sich eine Nacht lang in einer Konditorei einzuschließen und dort nach Lust und Laune alles zu naschen, was das Auge begehrt. Bereits nach kurzer Zeit würden sich wohl die ersten Nebenwirkungen zeigen …

Beginne gerne mit einem Text aus dem Angebot und lass es auf dich wirken. Schließ dabei die Augen und lass die Gedanken schweifen. Wenn Emotionen aufkommen, lass dich auf sie ein, selbst, wenn sie heftig sind. Du weißt ja, dass auch sie vorübergehen. Und wenn es doch zu viel werden sollte, hast du für alle Fälle deine Gegenmittel bereit: Vielleicht musst du früher ins Bett oder noch rausgehen in die Natur, um tief Luft zu holen oder dich dort zu erden. Vielleicht möchtest du ein Bad nehmen oder was auch immer tun, um dich in eine friedvolle Stimmung zu bringen. Lass dich darauf ein, was das nachstehende Angebot, auf das du dich langsam einlässt, mit dir macht.

Du kannst bei einem zweiten Mal vielleicht zwei Angebote ausprobieren. Wenn du Lust hast, mach auch drei. Aber denk daran, dass es effektiver ist, wenn du nach jedem einzelnen Angebot in dich gehst und besser ein andermal fortfährst.

Suche dir einen ungestörten Ort, an dem du für dich sein oder zumindest nicht gestört werden kannst. Reserviere dir auch etwas Zeit, mindestens 15 Minuten. Besser noch: Du bist zeitlich völlig ungebunden.

Schließ nun die Augen. Sei bei dir. Atme bewusst ein und aus. Fühl dich geborgen und beschützt.

Geh langsam und behutsam auf eines der nachstehenden Angebote ein. Entscheide dann, ob du gleich fortfahren möchtest oder lieber ein paar Tage auf das nächste Angebot warten willst. Bleib so lange bei dem Angebot, wie es dir wohl ist. Das heißt, wiederhole die Sätze so oft wie du magst. Verfahre ähnlich wie bei einem Mantra oder Gebet, das du wiederholt aufsagst. Oder lass dich von den Gedanken, Gefühlen und deiner Intuition entführen, die dir auf der „Reise“ von selbst zuströmen.

Wenn möglich, schließe mit dem folgenden Satz ab: „Ich umarme dich und verabschiede mich für heute von dir.“

Angebote

Ich bin an einem guten und sicheren Ort, um mit dir sein zu können.

Ich atme ein. Ich halte den Atem an und sehe ein Bild von dir. Ich atme aus. Ich atme ein. Ich versuche, dasselbe Bild wieder einzufangen. Ich atme aus. Ich atme ein. Das Bild kommt wieder. Ich atme aus … ein …

Ich atme ein und aus und sage dabei immer wieder deinen Namen. Ich werde ruhig. Es wird mir dabei warm und wohl.

Ich lasse Musik für dich laufen. Ich lade dich ein mitzuhören.

Ich denke ganz fest an dich und mein Gedanke formt sich zu einem warmen, endlosen Strahl, der zu dir findet. Wenn er dich erreicht, durchdringt er auch mich und erfüllt mich mit großer Zufriedenheit.

Ich gestalte einen wunderbaren Raum in mir für dich. Dort gestatte ich dir Zugriff auf alles, was essenziell ist: meine Gedanken, meine Gefühle, mein Ich-Empfinden, meine Dunkelheit, mein Licht.

Ich vertraue meiner Seele, dass sie dich findet. Ich vertraue deiner, dass sie sich finden lässt. Ich vertraue meiner Seele, dass sie sich von deiner finden lässt.

Ich schließe meine Augen und ich spüre deine Gegenwart. Du bist hinter mir. Dann neben mir und um mich herum. Du bist ganz da, aber du bist in einer anderen Form hier. Gebündelt, als Licht, als Schleier, als Schutzhülle. Ich kann dich weder sehen noch anfassen. Aber ich spüre dich überdeutlich, lichtvoll und in einem weichen Schleier aus Liebe um mich herum. Du durchdringst mein Sein und ich lasse es mit tiefer Freude zu.

Ich schaue in dein liebes Gesicht. Ich lasse meinen Blick auf diesem Gesicht wandern.

Ich berühre dein Gesicht ganz zärtlich. Ich nehme das Gefühl dieser Berührung in mich hinein.

Ich schließe meine Augen. Ich lasse mich von dir umarmen. Ich lasse mich von dir küssen. Ich lasse mich von dir liebevoll anschauen. Ich spüre, wie es sich anfühlt. Ich spüre, wie es ist, mich liebevoll von dir anschauen zu lassen. Ich spüre es ganz deutlich.

Ich fühle deine Energie auch in mir. Deine Worte. Deine Berührungen. Dein Wirken. Dein So-Sein.

Ich lausche in mich hinein. Ich höre dich. Ein Wort, ein Lachen, etwas Typisches, das du sagst.

Ich denke an die Natur. Diese starken Bilder verbinde ich mit dir, mit mir. Ich sehe diese Natur, ich bin in ihr mit allen Fasern. Ich sehe durch diese gewaltigen Bilder dich und uns. Diese Bilder der Natur geben mir Zuversicht und Kraft.

Ich denke an all deine Energie, die du überall hinterlassen hast, wo du warst, etwas sagtest, lachtest, etwas tatst oder dachtest. Diese Energie ist überall, wo du warst. Sie ist immer da. Sie ist gleichwohl weitergezogen. Weil du warst, hast du die Welt verändert. Ich glaube an die Kraft dieser Energie, die weiter vorhanden sein wird.

Ich denke an deinen Körper. Ich spüre die Wärme, die Proportionen, sehe deine Hände. Ich sehe die Gesten, die Hautfarbe, das Haar. Ich sehe kleine Narben, Fältchen, Muttermale. Ich sehe deine Blicke, wie du andere anschaust, wie du mich ansiehst, lächelst, wieder wegschaust. Du bist ganz bei dir, bist du selbst, und ich beobachte dich unmerklich, ich genieße diesen Anblick.

Ich denke an einen besonderen Tag, der mir vorkommt, als wäre er gestern. Ich sehe dich, ich sehe uns an diesem Tag. Ich höre die Gespräche, sehe, wie wir waren, was wir sprachen, wie wir miteinander umgingen, wie wir lachten, sehe, was um uns herum war. Ich sehe das alles ringsum ganz plastisch vor mir. Ich fühle die Temperatur, spüre die Kleider an meinem Körper. Ich rieche, ich schmecke. Alle meine Sinne sind wach und ich bin wieder in dieser Situation.

Ich sehe dich, wie du guter Dinge bist, wie du dabei bist … Ich erzähle mir innerlich erneut diese Geschichte, als würde ich sie zum ersten Mal hören … Ich erlebe diesen Tag, diesen Moment.

Ich denke an den Moment, wo wir einander zu wertschätzen, zu lieben lernten.

Ich sehe mich selbst, wie ich guter Dinge bin, wie ich dabei bin … Ich erzähle dir diese Geschichte, so als würde ich sie zum ersten Mal erzählen. Ich erlebe diesen Tag, diesen Moment.

Ich erinnere mich an das, was ich an dir bewundert habe, an all das, was ich selbst nicht habe oder bin. Ich überlege, was ich von dir gelernt haben könnte oder jetzt noch lernen darf. Wie ich versuchen kann, das, was bisher bei dir war, zu erfüllen oder weiterzuleben oder in Ehre zu halten … Oder es einfach in meinem Herzen zu tragen wie einen kostbaren, lebendigen Schatz.

Ich sehe dich vor mir in Bewegung. Ich sehe dieses Bild „in motion" wie einen kleinen Film, eine Szene ablaufen.

Ich nehme einen Gedichtband hervor und lese dir daraus ein Gedicht laut vor.

Ich denke an den Ort, wo wir uns zum ersten Mal sahen. Ich denke an den Ort, wo wir gerne waren. Ich denke an den Ort, wo wir oft waren.

Ich denke an mich und meine Schattenseiten. Auch ich habe Fehler gemacht, war nicht immer ein guter Mensch, war dir gegenüber nicht immer fair. Ich verstehe, warum es so war, wie es war und ich verstehe deine Enttäuschung, deine Wut, deine Verletztheit. Ich entschuldige mich aufrichtig bei dir. Ich verzeihe mir auch selbst. Ich spüre, dass wir uns versöhnen können und dass wir nicht nur perfekte Menschen sind und waren, die lernen und die sich entwickeln. Ich bin dankbar für die Entwicklung, die ich durch diese Fehler habe machen können und ich hadere nicht mit dem, was war. Denn es hat mich weitergebracht. Ich stehe, wo ich bin, auch wegen dieser Erfahrungen.

Auch wenn das Positive überwiegt und das Essenzielle positiv ist, denke ich jetzt ganz bewusst an die schwächeren Aspekte, an Fehler, an Enttäuschungen. Ich lasse diese Gedanken und Emotionen zu. Ich verstehe, warum es so war, wie es war. Ich verzeihe und vergebe aus der Tiefe meines Ichs, wo es keine Verletzungen mehr gibt.

Ich kann diese negativen, trüben Empfindungen aus heutiger Sicht vielleicht noch besser einordnen. Ich kann sie allemal annehmen. Ich kann sie in bestimmte Momente einpacken. Momente, die waren. Ich bin heute in einem anderen Moment. Ich bin gerade in einem guten, einem klaren Moment. Es ist ein friedlicher Moment.

Und es ist ein Tag, um Frieden zu schließen. Die Liebe überwiegt und durchströmt alles mit positiver Kraft. Die Liebe ist stärker. Immer.

Ich bin dir nicht böse. Ich werfe dir nicht vor, dass du gegangen bist. Ich spüre diese Emotionen, aber ich bin in der Lage, sie in Dankbarkeit umzuwandeln. Ich bin dir dankbar, dass du da warst. Dass wir ein Stück unserer Leben gemeinsam haben gehen können. Ich könnte nicht glücklicher darüber sein. Ich würde es nicht missen wollen.

Ich freue mich über die Zeit, die wir physisch miteinander verbringen durften. Ich freue mich auf die Zeit, in der wir anders miteinander verbunden sind. Ich bin auch in dieser Zwischenzeit zugegen, wach, verbunden.

Ich stelle mir vor, dass du nicht alleine bist, dort, wo du bist. Dass du all jene um dich hast, die dir, die mir vorausgegangen sind, die dir seelenverwandt sind, die dich lieben oder dich zum Freund haben möchten – oder du sie.

Ich bin voller Sehnsucht und ich lasse diese Sehnsucht als etwas melancholisch Schönes zu. Ich erzwinge in dieser Sehnsucht keine Überbrückung der Distanz. Ich lasse die Sehnsucht zu als Ausdruck meiner Liebe und als Zeichen meiner momentanen Ohnmacht. Die Sehnsucht ist echt, aber ich weiß, dass sie vorüberziehen wird. Sie wird mich nicht verzehren. Sie wird sich verabschieden und sie wird wiederkommen. Ich lasse dieses Kommen und Gehen zu.

Meine Tränen haben viele Formen. Sie sind nass und äußerlich. Sie sind trocken und innerlich. Meine Tränen sind kleine Zeichen meiner Liebe, die sich manchmal nur so zeigen kann. Es sind Botschaften, Grüße, Verzweiflungsknäuel, die sich lösen möchten …, Worte, die unsagbar bleiben.

Wenn Emotionen, wenn Wut, Zorn und Ohnmacht über mich herfallen, dann lasse ich sie zu, lasse alles raus. Ich denke laut, weine, schimpfe, ich schreie. Ich nehme auch mal einen Eimer und brülle alles in ihn hinein, was in mir aufkommt. Ich akzeptiere, in eine größere Ordnung eingebunden zu sein und zu wissen, dass ich nie das gesamte Bild ganz sehen kann.

Ich lasse die Fragen „Warum?", „Warum du?", „Warum ich?" nicht zu. Es gilt, diesen Fragen die Liebe, die Erinnerungen, die Dankbarkeit und ein Lächeln entgegenzusetzen, die größer und mächtiger sind als jede klug anmutende Antwort.

Ich bin morgens, wenn ich aufwache und guter Dinge bin, dankbar für eine gute Nacht. Es ist vorstellbar, dass du mich in meinem Unbewussten in einer solchen Nacht besucht hast, in meiner anderen Daseinsform im Schlaf. Ich danke dir dafür und dass der aufbrechende Tag damit noch schöner wird.

Ich pflege die Leichtigkeit und nehme dich mit als innere/n Gesprächspartner/in. Bei alltäglichen Dingen. Bei solchen, die sehr wichtig sind. Ich vertraue dir, dass du mir antwortest und mir Hinweise gibst, wenn ich selbst nicht weiterkomme. Ich fühle mich von dir begleitet.

Ich denke an die Träume zurück, in denen du zu mir kamst und an die ich mich erinnere. Ich schöpfe aus diesen Träumen Kraft. Sie sind nicht „nur" Träume. Sie sind eine andere Wirklichkeit, die ich hinübertrage in die physische, sichtbare Wirklichkeit, die die anderen sehen können und mit denen ich sie teile. Selbst, wenn ich nicht darüber spreche.

Ich schöpfe aus diesen Träumen Kraft, Zuversicht und Vertrauen. Auch dann, wenn ich mich an die Träume nicht bewusst erinnern kann.

Ich nehme dich mit in mein aktives Leben, auch in Gespräche mit anderen. Ich teile auch schöne Augenblicke mit dir: „Na, was sagst du? Ist das nicht wunderbar?" „Ich freue mich, dass du das sehen und mitfühlen kannst auf deine Art. Weil du für mich da bist, ist es ein Leichtes, dir auch in physischer Form Raum und Ausdruck zu geben." Ich sage, wenn ich mit anderen zusammen bin: „XY würde an dieser Stelle sagen …" Oder: „Wenn XY jetzt hier wäre …" Durch dich schaffe ich neue Wege der Begegnung. Für diese Geschenke bin ich dir und mir selbst dankbar. Ich fühle mich gut begleitet von dir. Ich fühle mich beschenkt durch das, was möglich ist, wenn ich dich mitnehme und wir vielleicht eine Art Lichtbrücke erschaffen. Weil andere sehen, wie verbunden wir sind. Wie wir zusammenhalten, nach wie vor.

Ich versuche mir vorzustellen, dass du da, wo du bist, den allertiefsten Seelenfrieden und das allergrößte Glück hast. Wo du ganz du selbst sein darfst. Der, der du bist oder der, der du im Ganzen und Wesentlichen bist. Ich wünsche dir, dass du ganz bei dir bist.

Wenn ich keine Antworten in mir finde, wenn ich keine Zeichen von dir bekomme, wenn ich nicht mit anderen sprechen kann, weil die Worte nicht zu finden sind, dann wende ich mich an meinen Schutzengel. An denjenigen, der mich von Anbeginn meines Lebens bis zu meinem Lebensende begleitet. Ich spreche mit ihm. Ich suche seinen Trost und Rat. Ich weiß, dass ich nicht allein bin, gerade in solchen Momenten ist dies deutlich spürbar. In der Tiefe meines Herzens weiß ich, dass ich nie allein bin. Dass du hier und ganz in der Nähe bist. Dass wir in derselben Welt leben.

Ich weiß, dass du nicht nur in mir bist. Auch in der Familie und bei Freunden hast du einen guten und sicheren Platz.

Ich bete für dich und finde die Worte aus der Tiefe meines wohlwollenden Herzens für dich.

Ich wähne dich an einem hellen, sicheren Ort, der voller Liebe ist und voll von Licht. Du bist dort aufgehoben. Du bist ganz du, lebst ohne physischen Körper eine neue Dimension, die unbegreiflich schön ist. Ich freue mich für dich, dass du es da gut hast. Ich weiß, dass du dich dort weiterentwickeln und du selbst sein kannst. Dass du dich keineswegs verloren hast, im Gegenteil: dass dort dein wahres Licht strahlt. Ich ahne diese Dinge. Ich wünsche sie mir für dich.

Auch wenn ich dich geborgen in mir weiß und bei mir haben möchte, so bist du dennoch und zu jeder Zeit stets frei, wie du es schon immer warst. Du darfst kommen und gehen, nur einen Augenblick oder länger bleiben. Du darfst dir Zeit nehmen, um länger fernzubleiben. Aber du sollst wissen: Du bist mir jederzeit willkommen. Meine Seelentore sind weit offen für dich. In mir ist für dich stets ein warmer Platz vorhanden. Du entscheidest, wann, ob, wie oft du kommen magst, ob du meine Einladungen hörst oder ob du nicht immer bereit dazu bist oder ich dich manchmal nicht wahrnehmen kann. Die Beziehung zu dir ist voller Liebe, Verbundenheit und tiefer Freundschaft. Und diese Liebe, Freundschaft und Verbundenheit sind frei.

Ich habe etwas Symbolisches, das immer bei mir oder in meiner Nähe ist und das ich mit dir verbinde. Ein Erinnerungsstück, ein Wort, ein Bild … Ich habe es bei mir, wenn es mir nicht gut geht. Ich habe es bei mir, wenn es mir gut geht.

Ich lebe. Es fällt mir in der Trauer nicht leicht zu sagen, dass ich gerne lebe. Es fühlt sich nicht immer so an. Aber es ist Fakt und ich kann nicht zum lebendigen Toten werden. Ich muss das Leben leben, indem ich es lebe und es nicht verleugne. Ich darf mich mit meinen Sinnen an das Leben verschwenden. Insbesondere kann ich leben, weil ich dich hatte und in neuer Form noch immer habe. Das Leben ist ein Geschenk. Du bist ein Geschenk. Ich bin ein Geschenk.

In meinem Geist bin ich in der Lage zu reisen. In meinem Geist war ich noch nirgendwo sonst als auf Reisen. Ich reise auch jetzt. In meinem Geist kann ich Zeit und Raum überwinden. Ich kann das Undenkbare erahnen. Ich kann Dinge begreifen, die ich nicht in die materielle Welt der Sprache übersetzen kann.

Ich habe geliebt. Ich liebe. Es ist ein Geschenk. Diese Liebe ist auch mit dir verbunden. Sie wird mehr, wenn ich mir ihrer bewusst bin. Sie kann größer werden. Sie verkümmert nicht. Sie kann sich weiter entwickeln, wenn ich liebe. Daher bleibe ich in der Liebe.

Ich bin frei. Ich kann die Zeit umwandeln. Ich kann in der Gegenwart vergegenwärtigen, was war. Ich kann ins Gestern zurückgehen. Ich kann versuchen, Lichtpunkte in der Zukunft zu erhaschen. Ich sehe mich lachen, damals, jetzt, morgen. Ich kann dich fühlen und dich mitnehmen und du mich.

Ich werde den Zeitpunkt meines eigenen Todes nicht beeinflussen können. Ich werde, bis es so weit ist, leben. Denn dies ist meine derzeitige Daseinsform: im Körper, mit Sinnen ausgestattet, primär in Zeit und Raum und umgeben von anderen in dieser Form. Ich kann versuchen, mir das Unvorstellbare vorzustellen: Wie es ist, dir wieder zu begegnen. Dich, wenn es so weit ist, wiederzusehen und dir wieder ganz nah zu sein in neuer Daseinsform. Du bist nur wenige Augenblicke davon entfernt und ich freue mich aufs Wiedersehen, ohne es selbst in der Hand zu haben, wann es so weit sein wird, dass wir einander begegnen. Ich habe keine Angst um mich. Denn ich werde wieder mit dir sein, so wie ich auch jetzt mit dir bin. In dieser Form als ich selbst. In jener Form als du. Bis dahin lebe ich in der mir jetzt gegebenen Form.

Ich wurde geliebt. Was für ein Geschenk. Diese Liebe wurde mir geschenkt und sie ist in mir. Sie ist in mir gut geborgen und in großer Dankbarkeit aufgehoben. Ich werde diese Liebe nicht verlieren. Sie wird bleiben. Wie sie schon immer war. Daher bleibe ich in der Liebe.

Ich atme für jedes deiner gelebten Jahre tief ein und aus. Mit jedem Jahr wird es heller, lichter, wärmer. Ich wiederhole diese Übung, bis es mir rundum wohl ist und ich ganz in mir ruhe.

Was unsere Beziehung ausgemacht hat, war nicht physisch. Es fand physischen Ausdruck. Aber das Wesentliche war nicht physisch. Das Wesentliche kann nicht verlorengehen, so, wie auch die Energie nicht verlorengehen kann. Das Wesentliche ist noch da. Ist immer da. Es ist nicht verlorengegangen. Das Wesentliche ist.

Ich bin offen für die Zeichen, die du mir sendest. Ich kann in manchen Fügungen und Zufällen dich und deine Zeichen entdecken. Wenn dies passiert, lasse ich es zu. Ich lächle, danke dir und ahne, was du mir damit womöglich sagen möchtest.

Ich bin offen für meine eigenen Einfälle, spontanen Gedanken, Intuitionen und Gefühle. Ich vertraue ihnen. Ich lasse sie zu, ohne zu werten, ohne zu hadern, ohne zu korrigieren. Ich betrachte sie als Geschenke. Geschenke dafür, dass ich mich für sie offenhalte.

Kaum ein Tag ohne dich. Jeden Tag, wenn ich X mache, an Ort Y bin, denke ich fest an dich. Ich pflege die kleinen Rituale, diese Gesten in deine Richtung. Ich pflege sie, indem ich lächle und Danke sage.

Ich glaube zutiefst an die Kraft der Liebe. Sie ist stärker als alles andere. Sie ist, was uns im Wahren ausmacht und woher wir die Kraft nehmen. Aus der Liebe schöpfe auch ich die Kraft.

Ich wandle um: Ich nehme die Kraft von gestern, die wir gemeinsam erfahren haben, als Kraft in die neue Zukunft hinein.

In der Tiefe unserer Seelen können wir uns begegnen. Wir können dort unsere Beziehungsform fortführen. Sie ist innig. Sie ist nicht in Worte fassbar. Ich spüre das tiefe Vertrauen in diese neue Form, die lebendig ist und wirklich.

Ich beginne im Kopf, einen imaginären kurzen Brief an dich zu schreiben. Er muss nicht länger sein als ein Satz. Wenn noch andere Sätze sich anfügen möchten, lasse ich sie zu. Wenn nicht, wiederhole ich den ersten Satz des Briefes noch einmal, noch zweimal, noch dreimal. Der Satz ist derselbe, aber ich verstehe, dass er tiefer und tiefer geht. Dass du verstehst.

Ich bin demütig davor, dass du warst, wie du warst und was du an Fülle in mein Leben gebracht hast. Du hast es bereichert, hast ihm neuen Sinn verliehen. Du hast mich mit wertvollen Nährstoffen angereichert, von denen ich noch immer zehren kann. Ich verbeuge mich vor dir.

Ohne Raum und Zeit bist auch du da. Manchmal im Nu spürbar, manchmal nur erahnbar, und somit nie wirklich weg. Die Allwirklichkeit ist für mich schwer erfassbar, aber sie ist kein Gespinst und kein Trostkonstrukt. Sie ist eine andere Wirklichkeit, die das Kognitive und Logische übersteigt. Mit meinem Herzen und durch dich kann ich sie erahnen, erkennen und dankbar annehmen.

Wenn ich ganz gelöst und selbst in Wärme, Liebe und Licht bin, kann ich dir begegnen, so zärtlich wie nie. Wir können dann ineinander verschmelzen, eine einzige Lichtquelle werden, aneinander wachsen in diesem Licht der Liebe und uns danach wieder sanft voneinander lösen. Du ziehst mit diesem Licht weiter und ich bin mir gewiss, dass ich dir auf diese Weise wieder begegnen darf. Vielleicht schon morgen. Das Licht bleibt in mir und lässt mich von innen erstrahlen.

Es gibt keinen Raum, keine Zeit. Es ist alles eins. Es gibt kein Gestern, kein Morgen. Es ist alles allgegenwärtig. In dieser Nicht-Zeit und diesem Nicht-Raum ist mein wahres Ich, bist du. Wir sind da, zutiefst miteinander verbunden. Wir leben in derselben Welt. Es gibt keine Welt außerhalb dieser Welt. Keine, die trennen kann. Es gibt eine Welt, in der du mehr vorhanden bist als ich. Und es gibt eine Welt, in der ich mehr bin als du. Das ist alles in Ordnung. Wir können nicht aus den Welten fallen, uns lediglich einander annähern. Wir waren, also sind wir, also werden wir sein.

Ich gehe weiter, weil ich nicht stehenbleiben soll. Alles ist in Bewegung. Ich komme dir nicht durch Stillstand, aber durch Stille näher. Ich lasse es allmählich zu, die Nuancen zu leben, das nicht leicht fassbare Dazwischen anzuerkennen. Ich lasse dich los, um auch dich deine Bewegungen machen zu lassen. Aber ich verlasse dich nicht. Ich verlasse dich niemals. Selbst wenn ich loslasse, so nur, damit wir uns weiterhin frei bewegen können. Voneinander weg und wieder aufeinander zu.

Ich umarme dich und verabschiede mich für heute von dir.

Ich lasse die Bilder von dir sich allmählich in einem Nebel auflösen und verblassen.

Platz für Notizen, umgewandelte Rituale, eigene Affirmationen, Herzgebete usw.